おもちゃ教材で育む
人間関係と

# 自閉スペクトラム症の療育

～親・保育園・幼稚園・学校・児童発達支援・
放課後等デイサービスのためのガイド～

白石雅一 著

東京書籍

自閉スペクトラム症の子どもを支援するすべての人に捧げます

# 目 次

# この本のねらい

　自閉スペクトラム症の子どもが苦手とする対人関係への支援を通して、愛着関係や信頼関係という基本的な人間関係を育み、改善、発展に導くための方法をおもちゃ教材を媒介にした実践例で、具体的に紹介します。

# まえがき

## ■この本の特徴

　一般的に、人間関係は、親（養育者）との愛着関係に始まり、祖父母やきょうだいに広がり、先生や友だちへの信頼関係、そして、親しい人との恋愛関係、夫婦関係へと深まって、発展していきます。人の成長・発達とその生涯は、人間関係を抜きに考えられません。本書ではまず、**この人間関係について、見て分かるように可視化をして、説明しています。**

　さて、周知のとおり、自閉スペクトラム症の人たちは、対人関係の障害によって、人間関係を結ぶことや育むことを苦手とします。彼らは、対人関係が苦手な分、「物との関係」（対物関係）に囚われた生活を送りたがります。この特徴を踏まえて、おもちゃ教材を用いることで、彼らの対人関係にアプローチし、人間関係の形成を目指す支援を行いたいと思います。

　具体的には、お母さん・お父さんと目を合わせてくれないのなら、おもちゃ教材を見せることで、親の目にも視線が合うように場面を設定していくことです。また、呼んでも振り向いてくれない、指差しても見てくれない、ちょうだいと求めても応じてくれないなどの状態に際しては、**おもちゃ教材を媒介にして改めて求めてみると、人に応じられるようになっていきます。**

　これを進めていくと、「おもちゃ教材を用いて自閉スペクトラム症の子どもが応じられる課題を設定する」→「その子どもが課題を理解し安心して取り組めるように手本やモデルを見せて」→「分からせて」→「課題遂行を支援し」→「やり抜く体験をさせて」→「達成感を得てもらい」→かつ「自信をもたせて」→「人への愛着関係や信頼関係を築き」→「人間関係を深めさせ、発展させていく（または、修復させていく）」ことになります。

　このおもちゃ教材を媒介にした**人間関係の形成の流れ**もイラストを用いて分かりやすく図説しました。

　言うまでもなく、育児も保育も教育も発達支援も放課後支援も「人間関係が基盤にあってこそ、成り立つもの」でありましょう。この観点から、本書は、自閉スペクトラム症の子どもとの「対人関係」や「人間関係」で困り、悩んでいる**親御さんや保育園、幼稚園、学校の先生、児童発達支援や放課後等デイサービスに関わる支援員の皆さんのために、書き上げました。**

　お忙しい皆さんに配慮して、**購入しやすくて、すぐに使えるおもちゃ教材を、ふんだんに掲載**しています。それらは、個別から集団に至るまで使えるように使用方法も「視覚化」して説明を加えています。これら"おすすめ"のおもちゃ教材を用いて、情緒・認知課題の設定をして、一日のうちで５〜10分でも構いませんので、自閉スペクトラム症のお子さんとのやりとりを楽しんでください。子どもとの新たな人間関係が始まると思います。

## ■本書の基本「子どもの療育相談室」について

　児童発達支援や放課後等デイサービス事業の広がりに伴い、「早期発達支援」すなわち「療

育と相談」という専門の機能が事業者に強く求められるようになりました。これは、親御さんの願いであり、厚生労働省の方針でもあります。

　私は、26年前に「子どもの療育相談室」を大学内に立ち上げて、「療育と相談」に努めてきました。元々、社会福祉法人が運営する通園施設（児童発達支援センター）や精神科外来の子ども治療施設での経験がありましたので、「療育と相談」を行うにあたってのハード面とソフト面には、強い思い入れがありました。

　プレイルームと相談室というハード面においては、①「個別の療育ができる個室があり、遊具が設置できること」、②「親御さん対応の部屋があること」、③「きょうだいや祖父母に対応できる部屋も確保できること」、④「その全員が交わり活動できる集団対応のスペースがあること」、⑤「それらの諸活動を一望でき、かつ、記録（録画など）ができる設備配置や操作が可能な観察室が設けられること」という条件です。

　ソフトの面では、①「個別療育」とともに②「親子の関係調整」を行い、③「家族支援」を目指すという「パッケージ・プログラム」を実践の柱にすることです。**詳しくは、第6章と第7章をご覧ください。**

　この実践は、利用者から喜ばれ、そして着実に成果をあげたので、多くの専門家や関係機関から高い評価を得てきました。その結果、2005年からはこの「子どもの療育相談室」の機能をほぼ丸ごと、宮城県発達障害者支援センター「えくぼ」に移動させて「公的なサービス」としての運用を開始しました。

　現在では、発達障害者支援センターの役割が間接支援（第三次機関）に集約されているので、「療育」の実践は地域の児童発達支援センターにお任せしています。ただし、これまでの蓄積があるので、「専門家の皆さんへのアドバイス」という役割でもって力を発揮しています。

　本書で示した「子どもの療育相談室」のハードとソフトに基づく実践を、これからの保育や児童発達支援、放課後等デイサービスの参考にして頂ければ幸いです。

　　　2023年11月3日

白石 雅一

深い人間関係 〜握り合う手と手〜
　ある自閉スペクトラム症の青年との
　　　十数年ぶりの再会場面
（覆うのが青年の手、支えるのが筆者の手）

# 第1章

・・・・・・・・・・・・・・・・・・・・・・・・・・・・・・・・・・・・・・・・

# 人間関係の発達と
# 自閉スペクトラム症

　本書では、自閉スペクトラム症（Autism Spectrum Disorder）を略してASDと表記します。

　人は、人との関係の中で育ち、成長していきます。これを「人間関係」と言いますが、「対人関係」と称する時もあります。また、愛着関係や信頼関係、友だち関係、恋愛関係など、「人間関係」は多様でかつ、横や縦、斜めの方向へと発展し深まり、変化していきます。

　人の発達や成長、そして、生活に欠かせない大事な「人間関係」ですが、実は、抽象的であり、なかなか実態が掴めない印象もありました。これは、ASDの子どもにおける対人関係や人間関係においても同様です。

　そこで本書では、改めて、「人間関係とその発達」を整理し直しました。そして、「人間関係の定型発達」と「人間関係の輪 〜うつりかわり〜」、「人間関係の輪 〜広がりと成長〜」という図を用いて、「人間関係」を“可視化”することにしたのです。

　そのうえで、ASDの子どもが辿る「人間関係」を論じて、留意点を具体的に提示しました。

# 1. 対人関係と人間関係

## (1) 対人関係と人間関係の違い

人は、「対人関係」につまずき、「人間関係」に悩むことが多くあります。逆に、「対人関係」のスキルを磨いたことで、「人間関係」が深まって、幸福度を増すことも体験します。

現代人にとって関心の高いこれら「対人関係」と「人間関係」。私たちの生活や人生に欠かすことのできない「対人関係」と「人間関係」。避けて通ることもできない「対人関係」と「人間関係」。

そのどちらも Interpersonal Relationship と英訳され、日本語でも多くの場合、同義語として用いられています。

このように、とても似通っている用語なのですが、その使われ方で性格が異なることが分かります。例えば、「対人関係」は「磨く」とか「向上させていく」という慣用表現で用います。それに対して、「人間関係」は、「作る」とか「育む」という脈絡で使います。つまり、「対人関係」は、「人との関わり方」に関する技術的な面を強調し、「人間関係」は「人とのあり方」としての根本的なところに注目しています。

したがって、「対人関係」は「技術のように磨きをかけ」、「人間関係」は「信頼や絆を育み積み上げて」いくものとして理解することができます。

それでは、「対人関係」と「人間関係」について、もう少し、それぞれの特徴を見ていきたいと思います。

## (2) 対人関係

状況や場面における個人と個人の関係に注目します。ここでは、人とのコミュニケーションや社会性のスキルに主眼が置かれ、クラスメイトとうまく会話する方法、同僚や上司の話を聞く方法、相手に意図を伝える方法、マナーや暗黙のルールに沿う方法などが扱われています。それらは、"対人的な技術"と言って良いでしょう。

他方、研究の分野（主に社会心理学）では、対人認知や対人距離、対人魅力などが扱われています。

## (3) 人間関係

個人と個人の関係のみならず、個人と集団との関係も含めて、広く捉える場合に用いられています。具体的には、親子関係、きょうだい関係、親戚関係、学校での人間関係、教室での人間関係、部活での人間関係、会社での人間関係などで、人と人の縦の関係（親子）や横の関係（友だち）、そして、斜めの関係（きょうだい・親戚）と対象は多様です。

また、親子の愛着関係や信頼関係、依存関係というように、人間発達の基本としても人間関係は捉えられています。この用い方は、主に発達心理学や保育、教育の分野でなされています。

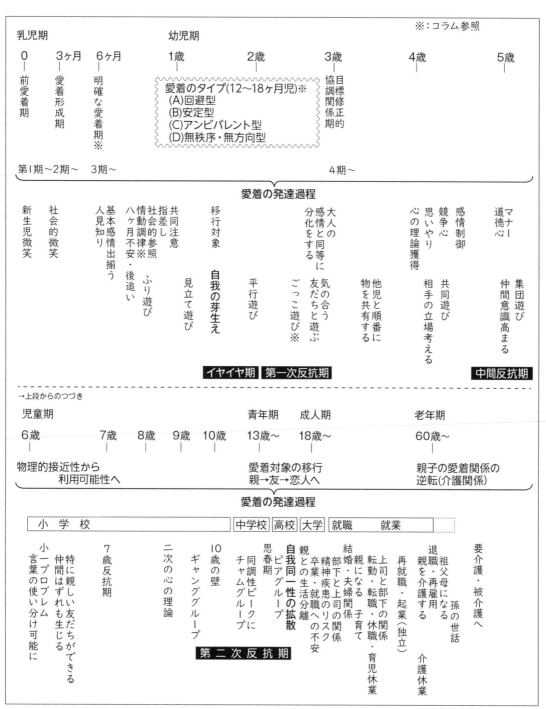

**乳児期**

0 — 前愛着期
3ヶ月 — 愛着形成期
6ヶ月 — 明確な愛着期※

**幼児期**

1歳
2歳
3歳 — 目標修正的協調関係期
4歳
5歳

愛着のタイプ(12〜18ヶ月児)※
(A)回避型
(B)安定型
(C)アンビバレント型
(D)無秩序・無方向型

第1期〜2期〜　3期〜　　　　　　　　　　　　4期〜

**愛着の発達過程**

新生児微笑

社会的微笑

人見知り

基本感情出揃う

情動調律※参照
社会的参照
八ヶ月不安・後追い

指差し
ふり遊び

共同注意
見立て遊び

移行対象

**自我の芽生え**

平行遊び

大人の感情と同等にする
分化をする
ごっこ遊び※
気の合う友だちと遊ぶ

他児と順番に物を共有する

心の理論獲得
相手の立場考える

感情制御
競争心
思いやり
共同遊び

マナー
道徳心
集団遊び
仲間意識高まる

**イヤイヤ期**　**第一次反抗期**　　　　　　　　　　　　**中間反抗期**

---

→上段からのつづき

**児童期**

6歳
7歳　8歳　9歳　10歳

**青年期**

13歳〜

**成人期**

18歳〜

**老年期**

60歳〜

物理的接近性から利用可能性へ

愛着対象の移行
親→友→恋人へ

親子の愛着関係の逆転(介護関係)

**愛着の発達過程**

| 小　学　校 | 中学校 | 高校 | 大学 | 就職 | 就業 | |

小一プロブレム
小一言葉の使い分け可能に

特に親しい友だちができる
仲間はずれも生じる

7歳反抗期

二次の心の理論

10歳の壁
ギャンググループ

思春期
同調性ピークにチャムグループ

**自我同一性の拡散**
同調性ピークにピアグループ

親との生活分離
卒業・就職への不安
精神・疾患のリスク

結婚・夫婦関係
親になる子育て

上司と部下の関係
転勤・転職・休職・育児休業

退職・再雇用
再就職・起業(独立)
親を介護する

祖父母になる
孫の世話
介護休業

要介護・被介護へ

**第 二 次 反 抗 期**

**図1-1 人間関係の定型発達 (目安)**

# 2. 人間関係の発達ストーリー

## (1) 人間関係と愛着

動物の赤ちゃんは皆、顔も目も額も大きくて、「かわいらしさ」を周囲に強く印象づけします。これは、人間も同じで、この「生まれもったかわいらしさ」は、ベビーシェマと呼ばれています。そして、このベビーシェマの効力によって、赤ちゃんは、親や大人を魅了して、育児や養護の行動を引き出させていくのです。

人間の赤ちゃんの場合、生後、数日が経つと「生理的微笑」とも言われている「新生児微笑」が現れてきます。これも赤ちゃんの意図に関わりなく出現する"表情変化"なのですが、親や大人に「嬉しさ」や「安心感」「満足感」「幸福感」を与えて、育児や養護の行動に駆り立たせる原動力となります（**写真1-1**）。

写真1-1

それが生後2ヶ月頃になると、まだ無差別ではありますが「人を意識して、人に笑顔で反応する」という「社会的微笑」が出現します（**写真1-2**）。また、近くで動いている大人を目で追うことも見られるようになり、さらに親や大人を喜ばせてくれるようになります。

その後、生後3ヶ月くらいまでの時期の赤ちゃんは、大人に抱かれれば無条件にくっついて身を託し、おっぱいや哺乳びんが口元に差し出されれば反射的に吸いついて生きていきます（吸啜反射）。

写真1-2

さて、赤ちゃんが親や周囲の大人に見せる「くっつく」行為のことを「愛着」と呼びます。赤ちゃん研究で著名な遠藤利彦氏は、この「愛着」を「（人間）発達のゆりかご」(2017)と呼び、「（愛着とは）くっついて安心感を得る不安解消のシステム」(2022)と定義しています。これは、「愛着」が赤ちゃんや子どもにとって、「安心の基地」や「安全の避難所」となって機能して、発達を支え、促すものであるということなのです。このことから「愛着」は、「情緒的な絆」とも呼ばれています。

つまり「愛着」は、人間関係の基本であり、人間発達の源でもある、ということができます。この愛着は、**図1-1**（13ページ）に示したように、生後3ヶ月までは「前愛着期」、3ヶ月以降は「愛着形成期」、6ヶ月からは「明確な愛着期」、そして、3歳以降は「目標修正的協調関係期」に分けて捉えられています。それは、ボウルビー（Bowlby, J.）による4段階説です。次ページでそれぞれを簡単に説明します。

## ① 前愛着期：出生～３ヶ月

人を追視したり、人に笑顔で反応したり、手を伸ばしたりしますが、この時期の愛着は、対象が無差別な段階で、人を選んだり、特定の人を決めたりということではありません（写真1-3）。

## ② 愛着形成期：３ヶ月～６ヶ月

母親や父親に愛着を多く示すようになって、他人との区別が始まります。ただし、愛着の対象者は、母親や父親に限りません。常にかたわらにいて世話をしてくれたり、継続的に応答してくれたりする大人、例えば祖父母との間にも愛着は形成されます（写真1-4）。

## ③ 明確な愛着期：６ヶ月～３歳

親が愛着の対象者であることがより明確になって、親と他人を区別しての「人見知り」が起こります（写真1-5）。また、親を「安心の基地」としたり、「安全の避難所」としたりしながら、探索行動を始めます（写真1-6）。

## ④ 目標修正的協調関係期：３歳～

母親が「ご近所のコンビニへお買い物に行ってくるから待っていてね」と家から出て行っても、子どもは「それは行きっぱなしではなくて、すぐに戻ってきてくれるから大丈夫」と思いを巡らせて、家で待てるようになる時期を指します。

つまり、母親の「家を出て行く」という目標は、「帰ってくる」ことに修正されること、また、不安になったり、悲しくなったり、落ち着かなくなったりしても、自分で気持ちを調整することができて、待てることを子どもが予測している、ということを表しています。

この根底には、安心、安全の拠り所としての愛着対象のイメージ（母親の存在）が子どもの心の中に根づいている（内在化されている）ことが挙げられます。なお、これは、３歳以降に見られる行動だと言われています。

写真 1-3, 1-4, 1-5, 1-6

子どものこのような親への洞察や推測は、「他者の信念や意図、心の状態などを推し測る能力」としての「心の理論」の獲得に、その後つながっていきます。

ちなみに、児童精神科医の髙橋脩氏（2022）は、この目標修正的協調関係期を「自立段階」と呼んでいます。

# コラム①　明確な愛着期のキーワード

　この「明確な愛着期」（6ヶ月～3歳：13ページ図1-1と15ページ参照）には人間関係の発達にとって重要な事柄が連鎖的に起こりますので、具体的に紹介していきます。

　まず、「喜び」「怒り」「悲しみ」「嫌悪」「恐れ」「驚き」という基本的な感情が生後6ヶ月くらいまでに出揃います。ちなみに、子どもの感情は、生後3歳頃までには、大人の複雑さを増した感情と同程度までに分化していくと言われています。

　そして子どもは、生後8ヶ月になるとハイハイが上手になって、その探索行動もより活発になります。すると、行動範囲が広がり、母親との距離も離れることから、「八ヶ月不安」という「母子分離不安」も強まって、母親に対する「後追い」がかえって盛んとなります。

　不安が強まる、ということは悪いことではありません。子どもは、不安だからこそ、「親の表情や態度を見て、判断の材料にしよう」という態度に出ます。これを「社会的参照」と呼びます（写真1-7）。

写真 1-7

　また、自分の向かう先や障害物などを「指差し」て、親や大人の目線をそちらに誘導することも覚えます。それと同時に、相手が指差した先を見たり、差し出された物を見たりする力もつけて、伸ばしていきます。これを「共同注意」と言います。

　共同注意とは、子どもと親が"物を介してつながっている"という「三項関係」の成立を意味します。三項関係は、「自分が指差した物を親も見てくれている」という「相手の心を推測する力」の芽生えであるとともに、「人と一緒にいることの安心感」を実感することに他なりません（50ページ参照）。

　したがって、子どもと親が一緒に絵本を見る、テレビや動画を鑑賞する、音楽を共に楽しむことは、絶好の「お互いを確認できる安心の場」になるわけです。

　このような「自分と親は、物を介してつながっている」という「安心感」が、次第に「物に安心感を詰め込んで"安心のお守り"にしよう」という働きになっていきます。子どもは、探索行動を発展させたり、一人でいる時間が増えたりすると、逆に不安も増すので、「安心の基地」を手持ちの縫いぐるみや毛布に「移し替えて」、気持ちの安定を図ります。「特定の人に対する愛着が物に移され、その物が愛着の対象になる」という意味で、これを「移行対象」と呼びます。

　そのことから、1歳6ヶ月以降、盛んに見られるようになる「縫いぐるみや毛布、タオルケットに対する執着や固執」は、子ども自身による「不安に対する感情調整」であり「不安解消のための対処行動」でもある、と肯定的に捉えることができます。

　また、この頃は、自我の芽生えの時期であり、何についても「イヤイヤ」と抵抗して自己主張を試みるという「イヤイヤ期」に入り、「第一次反抗期」へとつながっていきます。

# コラム② 愛着の型（タイプ）〜ストレンジ・シチュエーション法による〜

　子どもの愛着は、対象である親、特に母親との分離や再会の場面で顕著に見られることが知られています。先に示した愛着の4段階（前愛着期、愛着形成期、明確な愛着期、目標修正的協調関係期）を提唱したのがボウルビー（Bowlby, J.）ですが、このボウルビーの研究協力者である、エインズワース（Ainsworth, M.D.H.）女史は、ストレンジ・シチュエーション法という「母親－子ども　分離、再会」の実験を通して、「子どもの愛着の型」を分類しました。それらについて、簡単に解説します（13ページ**図1-1**も参照）。

**(A) 回避型：**母親が部屋から出て行っても後追いせず、一人で遊んでいる。母親が帰ってきて再会しても特段、喜ばない。

**(B) 安定型：**母親と一緒の際は探索行動をしてよく遊ぶ。母親が部屋を出る際は、後追いして泣く。その後、母親が帰ってきて再会すると喜んですぐに落ち着く。このタイプの子どもが一般的だと言われている。

**(C) アンビバレント型：**相反する感情（例えば愛と憎）が同時に起きてしまい、母親と一緒にいても不安で探索行動が起こせない。その母親が部屋を出て行くと激しく泣いて抵抗する。その母親が帰ってきても怒りや不機嫌が収まらない。

**(D) 無秩序・無方向型：**エインズワース女史の実験では示されなかった群。他の研究者たちの実験結果から、後に追加された。それは、(A) (B) (C) のいずれにも該当しない子どもの愛着の反応。具体的には、母親が出て行く場面と母親との再会場面において、追う、追わない、喜ぶ、喜ばないのいずれにも定まらない、どっちつかずな状態にあって、分かりにくい。また、立ちすくんだり、後ずさりしたり、怯えたりして、行動にまとまりがない。

　なお、このエインズワース女史の実験は、生後12ヶ月〜18ヶ月の子どもを対象にして行われました。詳しく言うと、子どもの身体機能としては、ハイハイからつかまり立ちを経て、二足歩行に至っている状態ということになります。

## ⑵ その後の愛着と人間関係：4歳〜

　3歳を過ぎ、4歳頃になると、子どもは"相手の立場を考えること"ができるようになる「心の理論」を獲得するようになります。これは、人への思いやりや同年代の子どもたちとの共同遊びにもつながっていき、人間関係の幅を広げていきます。また、他児との間に競争心も生まれ、感情制御の必要性にも駆られて、自分の感情をコントロールしていく力をつけていきます。

　5歳になると仲間意識が高まって、集団での遊びが多くなります。また、この時期は、1歳代の半ばから2、3歳代に経験したイヤイヤ期並びに第一次反抗期と、10歳前後にやって来る第二次反抗期の"間に挟まれた"「中間反抗期」となります。この反抗期は、上述の友だちとの仲間

意識が高まる分、乱暴なことばも覚え、語彙（ごい）も増やし、自信もつけるので、親への依存度が下がるために生じます。

　ただし、人間の成長・発達は、多面的です。この時期の5歳児は、反抗的でありながら、しかし、「道徳心」や「マナーに従うこと」も併せて学び身につけていくのです。

　このように子どもは、人間関係の幅を広げながら人への対応力や自分の感情コントロールを身につけていくと、愛着の対象にも大きな変化が生じてきます。

　ここに達する以前の子どもは、身近にいつでも存在してくれる親や祖父母を愛着の対象として暮らしてきました。すなわち、「安心して、かつ、安定してくっついていられる存在」は身近にあることが前提でありました。これを専門用語では「物理的接近性」と言います。

　これに対して、6歳以降の子どもは、その親に対して、困った時に相談相手になってくれるとか、求めた時にアドバイスをくれるということでも安心感を抱くようになります。これを「利用可能性」と呼びます。

　6歳以降の子どもは、親に対して「物理的接近性」よりも「利用可能性」の方を重要視していくようになります。これが児童期における愛着の大きな特徴になります。

　このような変化が子どもの行動や生活にも大きな影響を与えます。例えば、クラスメイトと「共同制作」に打ち込むことができるようになったり、対面する人によって言葉遣いを変えられるようになったり、友だちの中から「特に親しい友だち」を見出したりするようになります。

　ただし、そうした友だちとの関係が深まる一方で、意見の対立や遊びの志向の違いを指摘し合うようにもなって、「仲間はずれ」という現象が起きてきます。

　その後、子どもの「心の理論」は、「太郎君のことを、花子さんは○○って思っているだろうな」というように、自分と他者（花子さん）ともう一人の他者（太郎君）の複雑な関係の中でも、人の考えを推論できるように発展します。これを「二次の心の理論」と言い、6歳から9歳頃に獲得されていきます。

　この9歳の頃（小学3〜4年生）の子どもたちは、何かにつけて徒党（仲間集団）を組みたがり、そこだけに通用する秘密を作ったり、閉鎖的に振る舞ったり、他からの参入を拒んで排他的になったりして過ごす時期（ギャングエイジ）を迎えます。

　その後、男子は男子だけの集団（ギャンググループ）を形成し、女子は女子だけの集団（チャムグループ）を形成して、同性同士の連帯感や結束を強めていきます。そして、この頃より、第二次反抗期も始まって、「縦（タテ）の人間関係」すなわち「人の上下関係」への反発と「横（ヨコ）の人間関係」すなわち「対等な関係」の追求が顕著になり、独立心も加速されていきます。

　特に親からの独立心は強まって、愛着の対象も親から友だちへ、そして親友へ、さらには、恋人へと移行していきます。ちなみに、この第二次反抗期のことを「心理的離乳」とか「脱衛星化」と呼んでいます。

　なお、この時期は、子どもが周囲と自分を比べて「劣等感」を抱きやすくなり、自己評価や自己肯定感も下げやすくなる頃でもあります。この危機状況を「10歳の壁」と呼びます。

こうした状況においても、親は、愛着の対象であり続け、「安心の基地」や「安全の避難所」であることにも変わりはありません。また、環境によっては、担任の先生や身近な支援者も愛着の対象になって、子どもに安心や安全を提供することもあります。要するに、子どもにとって愛着は、いつでも人間関係の核であり続けるのです。

　その後、子どもは中学生、高校生となって青年期を過ごし、教室以外の場所でも部活動やアルバイトの機会を通して、人間関係を急速に拡大していきます。成人期に至れば、恋愛や結婚を通して、愛着の対象が恋人や伴侶に移行します。夫婦に子どもが生まれれば、今度は、自分たちが「子どもの愛着の対象」にもなっていくのです。

　さて、親はその後、歳を取り、介護される側に回ります。そして、養護の対象であった子どもたちがその親の世話にあたることになります。ここで、「愛着関係の逆転」が起こります。すなわち、子どもの方が親からの「愛着の対象」に替わる日がやって来るのです。

---

# コラム③　情動調律 (13ページ 図1-1 参照)

## ■情動調律とは

　生後7ヶ月から9ヶ月頃の子どもは、八ヶ月不安の到来の前後ということもあって、不安感が強く、よくむずかり、よく泣き、母親にしがみついて離れなかったり、ハイハイして懸命に後追いをしたりします。さらに、この頃の子どもは、まだ自分で情緒の調整や制御がうまくできませんから、「困った時は養育者にくっついていたい!」という、愛着本来の姿がそこによく表されてきます。

　それに対して、親の方は、育児にもだいぶ慣れてきて、子どものあやし方やなぐさめ方をいろいろと試しては自信を重ねてきている状況にあります。

　その対応例が、代弁であったり、なぞりであったり、鏡映化 (ミラーリング) であったりします。

　代弁は、まだことばを使用できない子どもの気持ちを察して、子どもの代わりに気持ちを言い表すことです。具体的には、「さびしかったんだね」とか「かなしかったね」「なんか怒っちゃったみたいだね」と言ってなだめようとするのがそれです。

　なぞりは、子どもの表情や身体表現を実況中継してあげることです。具体的には、「かわいいお顔がもうグチャグチャになっちゃいましたね」とか「手・足バンバンッてして、怒ったぞぉってなって、怒っちゃったねぇ」と言い表してあげることです。

　鏡映化は、子どもの叫び声や表情、動作を親が真似をして、あたかも鏡に映し出したようにして子どもに提示するやり方です。

　これらは、子どもの情緒や身体表現に親が「同調」し、「調律」することなので、専門用語では「情動調律」と呼ばれています。

　このようにいろいろな「情動調律」を受けることによって、子どもの情緒は、ピアノや楽器が調律師にその音色を調律されていくように、安定し静まっていきます。

さて、「情動調律」は、子ども自身による「感情の調整・制御」に大きな影響を及ぼします
し、これからの人とのコミュニケーションにも大きく関係していきます。したがって、もう
少し、例を挙げて見ていきたいのですが、ここでは、「わらべ歌やふれあい遊び」を織り
交ぜたより動的な「情動調律」を紹介します。

## ■「泣き」に対する情動調律

赤ちゃんがおでこをぶつけて泣いた際に、よく見られる母親の「情動調律」の一つです。
具体的には、母親が「イタイイタイしちゃったねぇ」と赤ちゃんの気持ちを代弁してあげ
ながら、おでこをさすって見せて、「いたかったねぇ、その痛いのは、♪イタイのイタイの、
遠くのお山にビュッと飛んでけ、ビューッと飛んでけ！♪」と歌い、「ほら大丈夫だよ」と言っ
てなぐさめつつ、そして、高い高いをしてあげて、喜ばせるのがそれです。

## ■「むずかり」に対する情動調律

また、赤ちゃんが眠いのにもかかわらず、興奮してしまい、眠れずに、むずかっている時、
その赤ちゃんの額に親が指をあてて、「おねむでちゅねぇ。静かにして、ねましょうか？
それでは、♪でこちゃん、はなちゃん、きしゃぽっぽ♪」と優しく歌い、繰り返し聴かせ
ていきます。そして、徐々に声を小さくし、テンポもゆっくりさせて、興奮を沈静化に導き、
赤ちゃんを眠りに誘うのがそれです。

## ■「気持ちを呼び起こす」情動調律

また、赤ちゃんがつまらなそうにして気持ちを沈ませている時、母親は、赤ちゃんの気
持ちを盛り上げるべく、歌とゲームに誘うことがあります。具体的には、赤ちゃんの腕や
お腹に触れながら「♪いっぽんばし　こちょこちょ、たたいて　つねって、かいだんのぼってぇ
♪……」と歌いつつ、わざと途中で歌を止めて、息も止めて（これまでのリズムを乱して）、
もったいぶって見せて、赤ちゃんの期待でワクワクしているような反応を見ながら、今度
は急にテンポを速めて、大きな声で「こちょこちょこちょ！」と言って、赤ちゃんの全身をく
すぐっていきます。

その結果、赤ちゃんは身をよじらせて大笑い！　その反応で母親も大笑いして大満足。
それにつられてさらに赤ちゃんも大興奮して上機嫌になっていきます。

情動調律は、このように子どもの気持ちを呼び起こす効果もあるのです。

## ■情動調律の波及効果

このような「心地よく、楽しい調律」を体験した赤ちゃんは、一層、親に注目し、頼りに
して、不安な時や困った時に親を確認する「社会的参照」や目線や意図を共有して安心す
る「共同注意」「指差し」を増やしていきます。これらは、人とのコミュニケーションの進
展にもつながっていきます。

そして、「情動調律」という「他者調律」を経て、子どもは自分の感情を自己調整・制御
できるように自立（自律）していくのです。

さらに、子どもは、「情動調律」する親の言動に触れて、自分の乱れて、混沌としている情緒について、「さびしい」とか「かなしい」、「おこった」ということばで表すことを知る契機となります。これは、後の「ことばによる自己コントロール」の基にもなります。

# コラム④　ごっこ遊び (13ページ 図1-1 参照)

## ■ 遊びとシンボル

2021年の東京オリンピック・パラリンピックで注目を集めたピクトグラムを思い返してみてください。そのピクトグラムは、全33競技50種目を絵記号にして表したものでした。

この"実際のオリンピック競技という事物を表した絵記号"をシンボルまたは、象徴と言います。

また、子どもが食事の前に口をアムアムさせて「食べるふり」をして見せて、周囲の大人に「何か食べたいの？ お腹が減ったんだね」と気づかせたりするのも、食べるという事象をアムアムする動作でシンボルにして見せているから、なのです。

さらには、保育園の園児が園庭に転がっている石を自動車に見立てて遊ぶのも、園児が砂場に集まって怪獣ごっこをして遊ぶのも、自動車や怪獣をシンボルとしているから成り立つものなのです。

したがって、子どもの行う"ふり遊び"も"見立て遊び"も"ごっこ遊び"もひっくるめて、象徴遊び (シンボリック・プレイ Symbolic Play) と呼ばれています。

ただし、それらの象徴遊びには出現する順序があります。それぞれの出現時期の目安とともに、特徴を記します。

## ■ 各象徴遊びについて

(1) **ふり遊び：** 子どもは、生後9ヶ月頃になると、「お昼は何を食べたのかな？」と問われると、パンを持ったふりをした後に、それをアムアムと食べるふりもして、身振りや手振り、動作でもって相手に「食べた物」を伝えられるようになります。また、ある時は、目の前の食べ物を食べないのに「食べるふり」をして見せたり、座布団に寝転んで「寝たふり」をしたりして、大人を笑わせることもあります。

(2) **見立て遊び:** 子どもは、1歳を少し過ぎた頃から、石を自動車に見立てたり、小箱をコップに見立てたり、さらには、積み木を飛行機に見立てたりして遊べるようになります。このことから、実際のおもちゃがそこになくても、石ころや空き箱、積み木といったシンプルな材料があれば遊びが成立していきます。

(3) **ごっこ遊び:** 子どもは、2歳6ヶ月頃より、「お母さんになったつもり」「怪獣になったつもり」のごっこ遊びを始めるようになります。これは、子どもの中に「お母さんのシンボル」や「怪獣のシンボル」ができ上がっていることの証拠なのです。

## ■象徴遊びの特徴

　子どもにとって、象徴遊びとは、端的に言って、「実物がなくてもそのシンボルだけで人と共有する世界を作ることができる」から「楽しい」のだと思います。したがって、象徴遊びの成立条件は、まず、「事物をシンボル化できる認知能力」と「人を意識していること」「人とコミュニケーションしようとする意欲」が挙げられます。

## ■ ASDの子どもの場合

　ASDの子どもたちは、道路標識や地図の絵記号、自動車メーカーや企業のエンブレム（紋章＝マーク）を好みます。指導中、文字カードには興味を示さないのに、道路標識の絵カードを出した途端、それに食いつくASDの子どもが多くいます。

　この道路標識も「シンボル」の一つで、交通ルールを象徴して表しています。ASDの子どもたちは、こうしたシンボルや象徴に親和性があるから、「象徴遊びも得意」かと思いきや、そうではありません。

　それは、相手が示す"ふり"が伝わらないことが多くあるからです。例えば、先生が「あっちに座って」という意味で"座るふり"をして見せると、ASDの子どもは一緒になってその場に"座ってしまう"ということなどがそれです。

　この原因は、ASDの子どもたちが「人の意図を共有できない」ことにあると思います。

　また、ASDの子どもたちは、"見立て"でも独特な表現をすることがあります。それは、「赤いコカコーラの缶」を"京急の車両に見立て"て、「けいきゅう！」と言ったり、空き缶からこぼれた「コーラの汁」を"京急電車のオイルに見立て"て「けいきゅう、こしょう、しちゃったね」と言って泣いたりすることです。当然ながら、周囲の子どもたちは、その"見立て"に付き合うことができません。

　これなどは、ASDの子どもたちがもつ独特なイメージの世界があって、それが強く反映されていることが原因だと思います。

　また、ASDの子どもたちの場合、特に「ごっこ遊び」でつまずいてしまうケースが出てきます。それは、「怪獣と正義のヒーローの両方を独りで担当してしまう」ので、他児を「怪獣ごっこに参加させない」からです。つまり、「独りごっこ」になってしまうのです。

　この原因は、「相手の立場を理解できない」ことと、「人とのコミュニケーションがうまく図れない」ことにあると思います。

　このようなことから、究極の「ごっこ遊び」の場面である「学習発表会での子ども劇」が苦手で、そこから逸脱したり、参加を拒んだり、終了後に状態を乱したりすることがよく起こります。

　しかし、「ごっこ遊び」が成立しない、参加できない状態だと、遊びが広がらず、友だちも増えません。結果、対人交流の機会が限られて、人間関係も深まらず、育ちません。

　「ごっこ遊び」は、子ども同士の遊びの「スキル」と捉え直して、「ごっこ遊び」にASDの子どもたちが参加できるように、保育者や先生方は配慮と工夫をしてください。

次にその配慮と工夫の例を示します。

## ■配慮と工夫の対策例

① 人の"ふり"の理解は苦手でも、絵記号や紋章、そして絵カードというシンボルは大好きなので、絵記号や絵カードにして提示、説明して、状況を理解させる。

② 独特な"見立て"や特徴的な"イメージの世界"は、"特異"ではなく、"長所"や"強み"としてクラスメイトに紹介して、皆がその"世界観"を理解して、つき合うように促す。

③ 絵やイラスト、写真カードを用いて、ソーシャルスキル・トレーニングを重ねていく。

④ 一対一（マンツーマン）での対応関係を育てて、そこで得られた自信や経験を基にして、一対二、一対三、一対四、一対五、そして、一対集団でコミュニケーションが図れるように段階を踏んで指導していく。

⑤ 「視線の共有」「注意の共有」そして「意図の共有」が成立するように、日頃から「指差しの先をキチンと見る」ことや「そこ注目ね」「ここ大事」という指摘に「注意を向けること」を促し指導して、さらに、「先生の狙いや願いはこういうこと」と「具体的に説明すること」を心がける。

# 3. 人間関係の輪と成長

## (1) 人間関係の輪の変化

　図1-2 を左から順に見てください。人間関係は、本人を中心にして、年を追うごとに、水面の波紋のように広がっていきます。図の左端に示したように、最初（乳児期）の人間関係は、子ども本人にとって、親（母親もしくは父親）との「二者関係」があるのみです。これは、最小単位の「社会」でもあります。この関係は、愛着の関係とか情緒的な絆とも呼ばれて、第二次反抗期が到来する前まで、この強い関係は持続されていきます。言い換えるならば、ここは、人間発達や人間関係の展開における「核心のゾーン」と言うことができます。

### 図 1-2 人間関係の輪 〜うつりかわり〜〈例〉

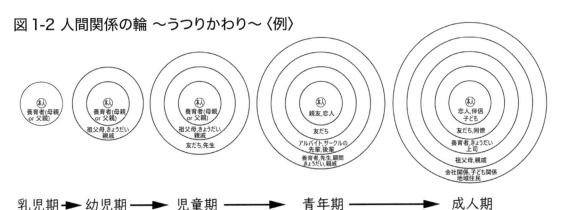

その後の幼児期は、この強固な関係を取り巻くようにして、祖父母やきょうだい、親戚の輪が生まれ、人間関係の幅が拡大します。

　そして、児童期では、さらに、樹木の年輪のようにして、友だちや保育園・幼稚園、学校の先生との関係の輪が加わっていきます。

　ここまでの流れは、定型的な発達を示していて、定型発達の子どもは大方、このコースを辿ることでしょう。

　青年期になると、人間関係の構造が大きく変わるとともに、ここからは、個人差も出てきます。その一番大きな変化は、これまで強い「くっつき」の対象であった親の位置が大胆に変わることです。図1-2の青年期にあるように、親のポストに親友や恋人が代わっていきます。そして、その次の強いつながりとして、友だちが位置づけられ、その次にはアルバイト先やサークル、部活での先輩や後輩が収まっていきます。これは、青年期においては、日常会話も相談事も活動の何もかもが親友、恋人、友だち、サークル仲間、バイト仲間で満たされる時期になるからです。

　すると必然的に、親との関係は、年輪の一番外に追いやられる事態を迎えます。ただし、これはあくまでも典型例をイメージした図です。子どもによっては、反抗期が短かったり、反抗自体も小さかったりして、親との絆は変動しなかったというケースもあって、本人との関係が一番強い位置に親があり続けることも起こります。

　さて、成人期を迎えると、人間関係の輪の形は、百花繚乱、千差万別の状態となります。特に、親とのつながりの強弱は個人差が大きくなります。

　それでも、定型的には、結婚もし、子どももできた状況においては、親とは再び「接近」していく過程を辿ります。本人が子どもの世話を親に頼んだり、結婚を機に同居したりする場合など、親とのつながりは一気に回復し、強められます。

　また、成人期は、「仕事（就労）」「自立」というステージに上がるので、人間関係も多様化して複雑化します。さらに、子どもが大きく成長すれば、親としての学校や地域での役割も加わり、予想もしていなかった人間関係の展開も生じたりします。そのうえ、カウンセラーやソーシャルワーカーという「心や生活の支援者」との交わりも濃くなる可能性があります。したがって、図1-2に示した以外の輪が形成されることもあろうかと思います。

## ⑵ 人間関係の輪のそだち

　人間関係は、横の広がりとともに、上に積み重なって、縦の方向へと伸びていきます。それは、図1-3のように、まるでラッパのごとく逆向きの円錐型をなしています。

　そして、この逆さ円錐の"底"には、子ども本人と親との強固な関係（愛着＝情緒的な絆）があります。ここが基盤となり、以降に広がって、成長していくところの「人間関係」を支えていく構造です。そこで注目していただきたいのが、図中に示した「本人」の輪の大きさの変化です。

　人は、人間関係の広がりと成長とともに、発達を遂げる生きものです。このイメージから、「本人」の輪も徐々に大きく表していますので、気に留めてご覧ください。

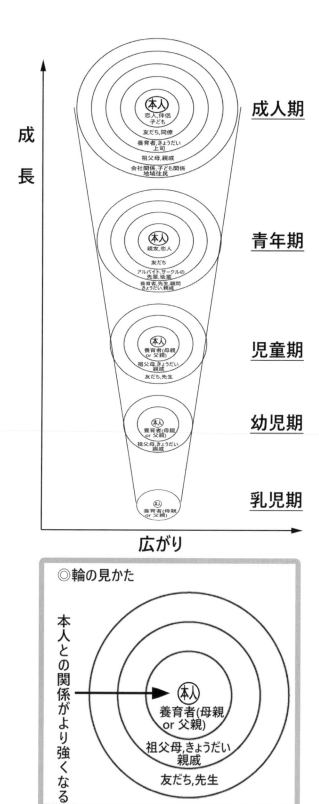

成長

広がり

成人期

本人
恋人,伴侶
子ども

友だち,同僚

養育者,きょうだい
上司

祖父母,親戚

会社関係,子ども関係
地域住民

青年期

本人
親友,恋人

友だち

アルバイト,サークルの
先輩,後輩

養育者,先生,顧問
きょうだい,親戚

児童期

本人
養育者(母親
or 父親)

祖父母,きょうだい
親戚

友だち,先生

幼児期

本人
養育者(母親
or 父親)

祖父母,きょうだい
親戚

乳児期

本人
養育者(母親
or 父親)

◎輪の見かた

本人との関係がより強くなる

本人
養育者(母親
or 父親)

祖父母,きょうだい
親戚

友だち,先生

図 1-3 人間関係の輪 〜広がりと成長〜 〈例〉

# 4. ASDの子どもの人間関係と対物関係

## (1) ASDの子どもたちと人間関係の特徴

　コミュニケーションの障害、社会性の障害、すなわち、対人関係の障害を生まれながらにして有するASDの子どもたちは、それでも親との間に「愛着」を形成することが知られています。ただし、うまく抱かれない、目線を合わせない、抱くと顔を背けるなどの難しさが早期に出てきて、親を不安にさせます。ASDの子どもの中には、誰にでも平気に反応して、人見知りをしないで乳児期・幼児期を過ごすケースがあります。これなどは、親を「自分にとって特別な存在」として捉えていないからではないかと考えられています。したがって、親への後追いも見られない場合があります。

　このASDの子どもたちに見られる独特な「愛着」について、髙橋脩氏（2022）は、ボウルビー（Bowlby, J.）の「**愛着4段階説**」を参考にして、次のように段階的に捉えて、説明しています。

### 第一段階 (出生〜3ヶ月)：混沌段階

　乳児期の前半。親を探索することもなく、分離不安も見せない。再会しても様子に変化は認められないので、親は悲しみを覚えてしまう状態にある。

### 第二段階 (3ヶ月〜6ヶ月)：道具段階

　乳児期の後半。ポーカーフェイスで名を呼んでも反応がない。しかし、親や大人の手を持って自分の代わりに物を取らせたり、操作させたりするなどのクレーン現象が出てくる。

### 第三段階 (6ヶ月〜3歳)：快適段階

　乳児期から幼児期。養育者の髪の毛の匂いを嗅いだり、髪をずっと触っていたり、顔を急に近づけたり、耳たぶを触っていたりなどの「一方的で唐突」な行動が出現する。これらはよく観察すると「家族の中でも気に入った相手にしか行わないこと」が判明して、ASDの子どもにとって「特有な愛着行動」であることが分かる。

### 第四段階 (3歳〜)：依存段階

　幼児期以降。表情にも変化が認められるようになり、視線もよく合い、母親の表情にも注目するようになる。そして、前段階で見られたASDの子どもに特有の母親へのスキンシップ行動は次第に減少する。また、母親との分離には抵抗し、再会すると微笑み、手を広げた母親の胸に飛び込んで、しばらく抱きついて離れないなどの安堵の反応が出現する。

　なお、この段階で始まる「母子分離不安」は、「退行現象（赤ちゃん返り）」と誤解されることがある。

　以上のように、ASDの子どもの「愛着」は定型発達の子どもに比べてだいぶ遅れて始動することや、母親の身体への「こだわり行動」から、「分かりにくい」と言うことができます。したがって、親の不安は増長されていきます。

　それでも3歳くらいから、分離不安や再会の喜びといった「愛着」の行動が顕著になることも

あるので、親にとっては光明が射すひとときとなります。

それに対して、この時期の定型発達の子どもたちは、気の合う友だちとごっこ遊びに興じるような人間関係を形成するまでに成長しています。

残念ながら、そこに同年代のASDの子どもが加わることは難しい状況です。その理由は、ASDの子どもが物や自分のイメージに強くこだわるために、人を招き入れる「ふり遊び」や「見立て遊び」「ごっこ遊び」に到達しないからです。

なお、これには、ASDの子どもたちに、先述の「社会的参照」や「指差し」、「共同注意」が出てこなかったことも影響しています。

したがって、「共同遊び」に加われず、「仲間意識」や「道徳心」、「マナー遵守の気持ち」も育ちません。そのことから、誰にも「誉められず」、いつも「孤独」で「人間関係」が広がらず、深まらないという結果を招くことになるのです。

このように、ASDの子どもたちには、「人間関係」の発達における様々なポイントでの遅れやつまずきが生じてきます。そして、それぞれが悪い影響を及ぼし合って、さらにASDの子どもの「人間関係」の発達を阻害していきます。

## ⑵ ASDの子どもの「対物関係」と「人間関係」

ASDの子どもが有する「対人関係の障害」を際立たせるのが、ASDの子どもの「対物関係」です。

ASDの子どもたちが示す物への関心の始まりは早く、生後間もない頃のある赤ちゃんは「もう目が合ったよ！」と父親を喜ばせましたが、実は父親の眼鏡の"鼻パッド"を見詰めていただけ、というケースがありました。またあるASDの子どもは、1歳代から辞書の薄紙が好きになって、以降ずっと辞書類を手放さない状態が続きました。さらに、文字が読めない年齢なのに、文字やマークが大好きで、ずっと新聞や広告に貼りついて過ごしていたASDの子どももいました。

薄紙が大好きなその子は、その後、薄紙をよじってコヨリを作ることに関心が移り、保育園でもずっとそれに専念して過ごすようになりました。彼が「人に求めるのは薄紙ばかり」で、「活動もコヨリ作りだけ」という状況に、両親と保育士さんたちは、「彼の人への"愛着"は、薄紙とコヨリへの"執着"に掻き消されている」と嘆く日々でもありました。

「物への執着が人への愛着に勝る」という実態。ある期間、ASDの子どもたちは、「対人関係」を無視したり避けたりしながら、「対物関係」を中心に生活していることがあります。

当然のことですが、物は人に応答しません。人からの物に対する一方的な関係があるだけです。そして、物は励みにはなっても、人をダイレクトに励ましてはくれません。

それに比べて、人は、人に応答し、双方向の関係を築き、高め合うことができます。そして、「さぁ頑張れ！」と言って励ましてくれたり、「残念だったけど、大丈夫！」と肩を抱いてなぐさめたりしてくれます。それが「人間関係」です。

「対物関係」は、その物の供給が続く限り、安心と安定も続きます。しかし、先のASDの赤ちゃんのお父さんの眼鏡は掛け替えられます。薄紙も不足したり、小学校に上がればコヨリ作りも

容認されなくなったりします。新聞や広告が好きでも、児童館や放デイでは他児に奪い取られて安心できなくなるかも知れません。

　そうした時に、必要になるのが、「対人関係」の力、すなわち、コミュニケーションや社会性（ソーシャルスキル）なのです。

　具体的には、父親の眼鏡が突然に替えられて動揺して泣く赤ちゃんを「よしよし、だいじょうぶ、だいじょうぶ、お父さんのお顔は変わりませんよ」とあやして、なだめる父親。

　「ちょうど薄紙が切れちゃったから、思い切って、絵や字をノートに書いてみることを始めてみない？ コヨリに似た△のピラミッドや△のロケットはどうかな？」と丁寧に誘ってみる保育士さん。

　「新聞や広告を奪って持っていかないで、"一緒に見ましょう"って、相手に言って、頼んでみましょう。先生も一緒について行ってあげるから」とソーシャルスキルを教えてくれる児童館職員。

　このような「応答」や「対応」の「関わり」を受けることで、子どもたちの窮状が改善されていけば、ASDの子どもの「くっつきたい」という愛着の対象は、「物から人へ」移行するでしょうし、人への「信頼」が生まれることでしょう。

　それを「人間関係」の形成と呼びます。

# 5. ASDの子どもの人間関係の育て方

## (1) 乳児期〜幼児期：育み・受け容れ期

　乳児期から幼児期におけるASDの子どもは、感覚が過敏であったり、気になることに集中していたいのに邪魔されたり、思い通りにならないことが多かったり、人の視線が怖かったりと、不快感や不満、不安感に恐怖感でいっぱいです。

　それらのことを考慮して、まずは、人に対する「安心感」と「信頼感」をゆっくり、丁寧に育んでいきましょう。そして、子どもの主張や要求は、キチンと受け止めて、可能な限り、受け容れてあげられるように努力してみましょう。

　以下にその具体策を記します。なお、乳児期でまだ「ASD」という診断を受けていなくても、「その疑いがある」子どもの場合は、参考にしてください。

① **環境調整**：ASDの子どもを脅かしたり不安にさせたりするような音や物を片づけて、生活環境を変えて、整えましょう。物理的な配慮で子どもの安心と安定を築きます。

② **感覚的な遊びの提供**：ASDの子どもの好む感覚遊びを見つけて、子どもが満足するまで提供しましょう。子どもに「大人って楽しいなぁ」という印象をもってもらいます。

③ **あやしとなだめ**：ASDの子どもの泣きやむずかりに、あやしやなだめで対応して、できる限り、沈静化に導きましょう。子どもに「大人って頼りになるなぁ」という印象を与えます。

④ **目線を合わせる**：目線が偶然でも、少しでも合った際は、「よく見たね！」「お母さん（お父さん）のおめめ見てえらいね！ 嬉しいよ」と言って、よく誉め、大いに喜んで見せましょう。

子どもに「目を合わせても怖くない！」「目を合わせると誉められて嬉しい！」という感動を与えます。

⑤ **目で追わせる**：目線で親や大人を追うようになったら、ゆっくりゆっくりと動いて見せたり、「ドンドンドン」とか「バンバンバン」「シューッ」という擬音（オノマトペ）を発したりして、さらに子どもの注目を引きつけ、かつ、喜ばせてあげましょう。子どもが「大人は目線で追ってしまうくらい楽しい存在」ということを伝えます。また、オノマトペは、子どもが真似しやすく、発しやすいので、ことばの促しにもなります。

⑥ **クレーン現象対応**：ASDの子どもに特徴的なクレーン現象（人の手を掴んで物を取らせる）に対しては、まず、受け容れて、意図を汲んで「○○を取って欲しいのね？」と子どもの気持ちを代弁して、実際に物を取りながら、「○○を取ってちょうだい、って言うと良いんだよね」と手本となるモデルを示してあげます。これは、「ことばのない段階の子ども」に対する「ことばでの意思表示、コミュニケーションの手本の提示」になります。このことで、子どもが「ことばで意思を伝えよう」という気持ちになっていきます。

⑦ **代替行動の提示**：親に対する「一方的で唐突な行動」であっても「ASDの子ども特有の愛着行動」と受け止めて、叱らず冷静に応じていきましょう。そして、「代替となる行動」を見つけてあげて、そちらに徐々に誘導して、その「代替行動」が起きたら、ここで大々的に「誉めて」対応すると、段々と「代替行動」の方が多くなって、それが次第に定着することでしょう。これは、適切な行動を「具体的に教え、増やす」ことで、結果、不適切な行動を減らしていく、という方法です。

⑧ **情動調律**：ASDの子どもが表す情緒の乱れや混乱においては、子どもの情緒に「同調」し「調律」して「調整」するという「情動調律」の対応をして、落ち着かせていきましょう。これが後々の子ども自身による「情緒の自律」につながって、「感情のコントロール」へと発展していきます。

**〈育み・受け容れ期のまとめ〉**

このように、親が意図的に、環境を整え、感覚遊びを提供し、情緒の調整や調律を行い、クレーン現象や一方的かつ唐突な行動にも許容的に応じていけば、自ずと ASD の子どもにとって親は、「愛着の対象」となり「安心の基地」「安全の避難所」として機能していくことになるでしょう。

ただし、注意も必要です。それは、以上の対応、応対、関わりを一人の親だけが担い、行っていると、ASDの子どもの「こだわり行動」の対象に陥ってしまう危険性があります。すなわち「マンツーマンこだわり」や「対人的な一番こだわり」の形成です。こうなると他の人との人間関係が広まりませんし、対人的な体験が減る分、発達も促されなくなってしまうので、避けたいものです。

したがって、①〜⑧は、養育者たる者（母親、父親、祖父母など）が全員で実施すべきです。これは、保育者にも勧めたいアドバイスです。

## ⑵ 児童期：やりとり期

　ASDの子どもの児童期は、できることが増し、活動範囲が大きく広がる分、こだわり行動も急拡大する時期にあたります。登校時の服装、持ち物、道順、遊ぶ友だち、遊ぶ場所、椅子に座る姿勢、トイレの回数、給食で食べない物など、次から次にこだわり行動が出てきては継続していきます。それでいて、学校生活は運動会や遠足、学習発表会など変化に富むので、こだわり行動とバッティングして、ASDの子どもたちの混乱も増していきます。これは、対人関係にも変化が求められる機会が増えるということでもあります。

　だからこそ、児童期は、提示された課題を見て、聞いて、操作して、達成感や自信を得て、人への信頼感を高めていくための「人とのやりとり」が重要となる時期なのです。

　下記にASDの子どもの児童期における「人間関係」の育て方のポイントを示しますが、先に「育み・受け容れ期」で示した①〜⑧のポイントを基盤にして、それらも継続して用いていくことを承知おきください。

① **好きな物のリサーチ**：ASDの子どもたちの児童期は、こだわり行動が増える時期なので、彼らが好む物も当然増えていきます。ASDの子どもたちは、興味の幅が狭く、人に応じられる状況も限られるので、彼らが「好きな物」をあらかじめリサーチしておいて、それを「やりとり」の題材に用いることが大切です。

② **おもちゃ教材によるやりとり**：ASDの子どもの「好きな物」から「教材として用いることができる」おもちゃを選び出し、それをASDの子どもに提示して、注目させます。そして、「やって欲しいこと」や「どうやって行うのか」「どこまでやったらおしまいになるのか」を事前によく説明をして、かつ、「やり方の手本」や「行った後の完成品」も見せて、「見通し」と「安心」と「動機づけ」をもたせて、課題に応じてもらいます。

　　その際、いろいろな抵抗や反抗、回避などの言動が生じても、情動調律の要領で「なだめ」「励ます」というやりとりをして、遂行に導きます。

　※**おもちゃ教材**：子どもにとっておもちゃは何よりも魅力的です。これは、ASDの子どもにとっても同じことです。ASDの子どもは、一般的な教材教具を示しても興味関心を示してくれませんので、あえて、おもちゃの中から、ASDの子どもたちが好み、かつ、「教材としても用いることができるおもちゃ」を厳選して用意し、対応を求める課題を設定しているのです。☞ 第2章から第5章で詳しく説明しています！

③ **すぐ誉め、誉め続ける**：抵抗や反抗、回避を叱るのではなく、「抵抗しても座っている」とか「反抗しても投げなかった」ことや「回避しようとしたが留まった」ことを認め、すぐさま「我慢したね！」「できたね！」と誉めましょう。さらに、ASDの子どもが「見てくれた」「持ってくれた」「応じてくれた」「完成させた」などの行動に際して逐次、「よく見たね！」「持ってくれてありがとう！」「やってくれて感激！」「できたね！ すごいよ！」と誉め続けていきましょう。これによって、ASDの子どもは、「多少の困難があっても、先生や大人の求めに応じて課題に取り組んで良かった！」と思ってくれることでしょう。

④ **課題は連続提示**：ASDの子どもに設定する課題は、簡単で短時間に終えることができる

内容を想定します。したがって、1つや2つの課題設定では、達成感の積み重ねも小さく、満足感や自信も大きくなりません。せっかく、1つの課題を成し遂げて、達成感を得たのですから、さらに、やる気も引き出させて、複数の課題にチャレンジさせて、大きな満足感と自信を得てもらいましょう。そのために、ASDの子どもに提示する課題は、パッケージとして複数用意すると良いでしょう。その際、課題に連続性をもたせることと、課題の用意や提示に余計な時間を掛けない、間延びさせないことが大切です。

⑤ **他者を知り社会を知る**：親や先生、大人に提示された課題に応じる、ということは、「人の意図を共有すること」を意味する「共同注意」が成立していることを示していて、これは、子どもの社会性が育ってきていることの証でもあります。したがって、課題への対応が増えれば増えるほど、ASDの子どもはより「他者のことを知る」ことになり、人への対応力もつき、社会性を促すことになります。

⑥ **協働作業から共同、集団へ**：おもちゃ教材を用いた課題に応じてもらうということは、おもちゃ教材の選定、提示の仕方、見せ方、分からせ方、励まし、誉めなどを担う大人との「協働作業」になります。ここでの達成感や満足、そして自信が子ども同士における「共同遊び」や「集団遊び」にも役立っていくことでしょう。

⑦ **ごっこ遊びの導入**：ASDの子どもたちは、おもちゃを遊びの道具として使うよりも、ヒラヒラさせて眺めたり、ガンガンと叩いてその反響音を楽しんだりする「独り・感覚遊び」に専念することが多く見受けられます。そのように、遊びに人を呼び入れないので、「ふり遊び」を人に見せるとか「見立て遊び」をして人を楽しませること、ママやパパ、先生になりきって「ごっこ遊び」をみんなで楽しむという展開もありません。このことから、遊びも人間関係も広がらない原因となっています。ここに親や先生は、積極的に「食べるふり」や「跳ぶふり」をして見せてASDの子どもたちの注目を集めたり、ブロックや葉っぱを「飛行機や船に見立てて」遊んでみたりして、「演じてみせて」遊びの手本を提示すると良いでしょう。「フリして」「見立てて」「楽しい！」となれば、ASDの子どもも「ごっこ遊び」に参加するようになることが期待されます。

　ちなみに、ASDの子どもがごっこ遊びを経て、青年期にロールプレイに参加することで人間関係を大きく改善した例があります。☞ これは第7章の事例でも詳しく紹介しています。是非、ご覧ください。

⑧ **時間を意識し、やり抜くことを知る**：あらかじめ時間を決めて、おもちゃ教材による課題に応対することで、時間の枠や時計を見ることを学ぶことができます。また、課題遂行にあたり、飽きたり、諦めそうになったりした際に、課題の難易度を上げたり下げたりして調整し、かつ、励ますことで、課題達成に導き、「やり抜く」ことを習慣化させることができます。このことによって、ASDの子どもの学校生活がとても楽になります。

### 〈やりとり期のまとめ〉

　ASDの子どもが親や先生に提示された課題に応対しながら、やりとりするということは、彼らが苦手とするコミュニケーションや社会性を改善に導き、向上させることでもあります。そして、提示された課題を人に支えられながら「やり抜き」、達成感や満足感、自信を得ることで、

親や先生への信頼感が生まれ、人間関係が築かれていきます。

　児童期は、これらの事柄が求められる時期ですし、育み、伸ばし、発展させたい時期でもあります。

　おもちゃ教材による課題設定と遂行は、個別支援・個別療育という「マンツーマン」の人的枠組みで行われることが理想です。しかし、一日に何時間もこれに費やせるわけではありません。それでも、一日のうち、15分から30分間、この「おもちゃ教材による課題設定」の個別支援・療育時間を設けて、個別にやりとりしてください。これは、家庭でも学校でも、児童デイでも放デイでも同様です。

　それ（おもちゃ教材による課題設定と遂行）は、ASDの子どもたちが有するコミュニケーションの障害と社会性の障害を包含するところの対人関係の障害を改善して、人間関係を育むことができる方法の実践になるからです。

## ⑶ 青年期：状況に応じた現実対応期

　ASDの子どもたちの青年期（中学生、高校生）は、所属する学校によって状態像が大きく異なり、対応も違ってきます。したがって、学校別に話を進めていきます。

### 【特別支援学校の中学部・高等部】

　まず、特別支援学校における青年期のASDの子どもたちの人間関係について取り上げたいのは、「相互理解」の問題です。ここでは、事例を用いて詳しく述べたいと思います。

### ① ASDの特性は理解されにくい（事例紹介）

　はじめに、ASDの生徒さんの訴えから紹介します。

　「あの人がうるさい！」「あの人がいちいち文句言うのが我慢できない！」「いっつも、話しかけてくるのが嫌だ！」と担任の先生に訴えるのが、ASDのA子さん。

　その訴えられた側のB子さんとC子さんは、知的障害者です。この二人は、親切で気の利く性格の持ち主で、共にクラスのリーダー格です。きっと、A子さんは、B子さんとC子さんからの元気な声かけやクラスの場を盛り上げようとしている陽気な言動を指して訴えたのでしょう。

　それは、A子さんにはB子さんとC子さんの意図が伝わらず、結果、「耳障りな雑音」としか聞こえなかったからでありましょう。このような"勘違い"によるトラブルが特別支援学校では頻繁に起きることがあります。

　その後、担任の先生がB子さんとC子さんに対して、A子さんの敏感さについて説明をして、「急に声を掛けたり、驚かせたりするような態度は控えて、仲良くしてね」とお願いすると、両名は「それだったら、A子さんの"ぶつぶつ言う"独り言や突然の大声、ドタバタ走り回る行動をやめて欲しい！　私たちだって、我慢してきたんだから！」と逆に訴えてきました。そうです、A子さんには、「独り言」と「奇声」と「粗大運動を伴う常同行動」が強くあったのでした。

　さて、元々、A子さんは、クラス替えの前は、ASDの子どもたちが多いクラスで学んでいましたが、ASDのD男さんから「A子さんの声や動作が気になって我慢できない！」と言われた

ので、現在のクラスに編入された経緯があります。

　担任の先生は、どう対策を打つべきか、思案に暮れてしまいました。

　このようにASDの生徒の中には、自らの迷惑行為をそれとは認識しないで、他者からの行為に過敏に反応して迷惑だと思い込んで訴える人が少なくありません。

## ② できることを提案してお互いが誉め合えるように導く

　思い悩む担任の先生に学年主任の先生が「当事者は、"仲良くしてね"と言われてもどうすることか分からないでしょう。具体的に"仲良くする方法"を教えてあげないといけません」と助言しました。

　翌日、担任の先生は、A子さん、B子さん、C子さんを一堂に集めて以下のように話しかけて提案しました。

　まず、A子さんには、「A子さんが人の声に困っているように、A子さんの大声や動作に困っている人がいます。B子さんとC子さんです。だから、お互い、相手を困らせない努力をしましょう。そのために、A子さんは、大声が出そうだったり、身体を大きく動かしたくなった時は、周りを見回して、人が少ないところに移動してから、声を出したり、身体を動かしてください。その場所が見つからなかったら、先生に一声掛けて、廊下に出て、大声を出したり、運動したりして良いよ」と言いました。

　それから、B子さんとC子さんには、「A子さんは、急に話しかけられたり、教室内で急に話が盛り上がったりすることに驚いたり、恐怖を覚えたりすることがあるから、元気が良く、みんなのムードメーカーでもあるB子さんとC子さんは、A子さんに声を掛ける時は、前もって、"声かけていい？"って聞いて、確認してあげて。また、クラスが盛り上がる時は、A子さんに配慮して、大きな音にならないように気を配ってね」とお願いをしました。

　そして、3者に対して、「それぞれに宿題を出します。それは、今、各自が言われたことを実行したかどうかをちゃんと見て、できたかできなかったかの判定をして、相手にも先生にも伝えてください。そうやって、お互いが頑張ったことを、ちゃんと見て、できていたら評価して、誉めることが良いことだと思います」と提案したのでした。

## ③ 実行を誉める

　数日後、担任の先生が3者を集めて話を聞くと、A子さんは「B子さんとC子さんは、話をしてくる前に"今話し掛けてもいい？"と聞いてくれるので、安心。ありがとうございました」と答え、B子さんとC子さんは、「大きな声と動作は最近、気にならない所でやってるみたい。えらいなぁ、と思って、もう全然気にしない。ただ、独り言はあるけどけね。これも気にならなくなった」と報告しました。

　担任の先生は「A子さんもB子さんもC子さんもみんな、言われたことを実行して、えらいぞ！そして、ちゃんと相手のことを誉めて、評価して、すごく成長したね！それができるようになった関係はね、"友だち"って言うんだよ」と語りました。

　以上のように、特別支援学校においては、障害がある者同士の相互理解に関する問題が存

在します。また、異なった障害がある生徒間にも相互理解の問題が生じます。そのような時、「仲良くしてね」という抽象的な介入では何も解決されません。また、「けんか両成敗」のごとく両者を叱ったり、ましてや「ここでお互い謝っちゃって、なかったことにしてしまいましょう」と"もみ消し"を提案したりするのでは、怨恨を残して事態を悪化させかねません。

　生徒間、そして、生徒と先生間の「人間関係を壊さず」に「人間関係を構築していく」ための介入のポイントは、

　　第一に、実行に移しやすい提案をすること、

　　第二に、実行されたことを即誉めること、

　　第三に、皆で誉め合う機会を設けること、

　　第四に、「○○はいけません」とか「やめなさい」「ダメです！」と生徒を否定し、行動を止めに掛かるのではなく、「○○のようにしてください」と代替案を常に用意して、提示すること、

　　第五に、障害特性のうち、「独り言」のようなコントロールが大変に難しいものと、奇声や常同行動のように意識的に若干、コントロール可能なものを分けて、後者には代替行動を提案するようにすること。

### 〈その他のポイント〉

　特別支援学校での青年期における「人間関係」を育てるためのその他のポイントは、以下の通りです。

① **作業学習の活用:** 作業学習での「課題設定」を媒介にしたやりとりを通して、技術の修得もさることながら、コミュニケーションや社会性についても学ばせ、対人関係における自信をつけて、「人間関係」も育みましょう。

② **就労の準備としての対人関係:** 障害者雇用を行っている企業や事業所の責任者が障害者に望むことの第一条件は「コミュニケーション」にあることは間違いありません。そして、企業人が意味するところの「コミュニケーション」とは、「挨拶がキチンとできること」にあると思います。これは、企業が障害者に求めるある種の「型」だと理解します。したがって、挨拶の「型」を生徒たちに繰り返し教えていくことが良いと思います。

　　例えば、「お辞儀をする際は、自分の靴の先っぽが見えるまで頭を下げる」というように教えることです。そこに、「気持ちを込めて」とか「礼儀正しく」といった抽象的な求めを加えることは、逆に混乱や戸惑いのもとにもなりかねません。

③ **お金の価値を教える:** 職に就く、仕事をする、働き続けることで、予想以上に「人間関係」が広がり、深まって、自己評価も他者評価も高まり、よって、報酬も上がって、より充実した生活が送れるようになることがあります。ここで確認したいことは、職業人として「**報酬（賃金）を得ること**」と「**職場の人間関係**」は仕事を続けていく上での「**欠かすことができない両輪**」である、ということです。

　　「仕事は、お金を頂くためにして、お金がもらえれば、自分で好きな物が買える。そして、

良い仕事をして、評価されると賃金が上がり、賃金が上がれば、これまで以上に好きな物が買える」という原理は、「職場の良い人間関係」があってこそ、成り立つものだということです。

前者は「賃金」という数値で評価されるから分かりやすいので、しっかりと教えてください。

ただし、後者の場合は、抽象的なので、教える際には、「通勤の約束時間を守る」「忘れずにタイムカードを押す」「○○分ごとに仕事の報告をする」「指示されたことを実行する」「休憩時間の約束を守る」「廊下掃除やトイレ掃除の担当を守り、きれいにする」「午後の仕事を順番通り実行する」「質問に笑顔で答えられた」「仕事終わりの反省会に出る」「時間を守って着替えをする」「タイムカードを押し忘れずに帰る」というチェックリストを作成して、「全てに✓が入れば、信頼されて、職場での良い人間関係が維持されますよ」とアドバイスするのも良い方法だと思います。

④ **異性関係:** 思春期まっただ中、ですから、当然、異性への関心も高まり、つき合い方を教える必要も出てきます。ただし、心配のあまり、「あれダメ」「これダメ」と禁止事項ばかり並べてしまうと、当人を萎縮させてしまいます。したがって、「異性に近づくなら、○○cmまでなら良いよ」とか、「LINEするのは、○○回までならOKね」「電話中にご飯になったり、お風呂の時間になったりすると、相手にも悪いから、晩ご飯やお風呂の後に電話しましょう」などの「合意条件」を作っておきましょう。

⑤ **当事者の会:** 特別支援学校の生徒さんは、部活動の機会がなく、帰宅時もスクールバスを利用することが多いので、「異性との出会いの場」が極端に限られています。このことが「経験不足」や「知識の欠如」と重なって、思わぬ事故や事件に巻き込まれてしまう危険性を生じさせます。

その対策として、「健全に異性と交流する機会」をあえて設け、そこに生徒さんたちを参加させていく必要があります。それを「当事者の会」などと呼んで、設置、開催している団体もあります。特に、各県の発達障害者支援センターが窓口になっている場合もありますから、お問い合わせください。

## 【中学校・高等学校における青年期の対応】

いわゆる一般の中学校や高等学校における、ASDの生徒さんたちへの配慮を述べます。

① **教科担任制の周知:** ご存じの通り、中学校からは教育システムが「教科担任制」に変わります。こだわり行動が強くあるASDの生徒は、このシステムの変更に最初は戸惑い、慣れるのに時間が掛かることが予想されます。中学校での「対人関係」を円滑に進めるためにも、中学校進学前の小学校高学年から、繰り返し「教科担任制」に変わることを説明しておいてください。

② **部活動の活用:** 生徒間の「横の人間関係」は、クラスで学べます。そして、「縦の人間関係」は、部活動で学ぶことを期待します。残念ながら、クラスでの人間関係が希薄で、居場

所が得られない場合でも、部活動で活躍の場を得たり、先輩後輩に厚遇されたりすることで、「行き渋り」や「不登校」に陥らずに「救われる」可能性も出てきます。そのような意味でも青年期にとって部活動は大変に重要です。

　これも小学校時代からよく調べて、本人に適合する部活を選定しておいて、中学校の入学を迎えたいものです。

③ **進路に関する自己選択や自己決定：**ASD の生徒は「将来の仮定」としての話をすること、考えることを苦手にしている場合が多いです。これは一般的に「想像する力」が弱いからだと捉えられています。したがって、彼らの多くは、「3年後に○○高校に入って、そこを卒業する際には、○○大学を受験して、入学後は、○○を専攻して学びたい」という計画を立てていないのが現実でありましょう。

　また、ASD の生徒は、「確信をもって自分で決めること」にも弱点を見せます。それは、これまでの経験上、「自分で決めたことは大方、批判されるか否定される」かのいずれかだったので、「決めることに自信がもてない」からでありましょう。ASD の生徒は、進路相談会などで担任の先生や親に「勧められた高校や大学」を鵜呑みにして受け容れ、決めてしまうことになりかねません。すると、入学後に何か不都合があったり、予想に反したことが起きたりすると、「先生や親のせい」にして、「行き渋り」や「不登校」に陥り、果てには「退学」してしまい、自室に閉じこもってしまう事態に陥る危険性があります。

　こうしたことにならぬように、自己選択や自己決定の機会を積極的に設けて、成功体験を積み重ねさせる必要性があります。

# 第**2**章

......................................

# 自閉スペクトラム症
# と
# おもちゃ教材

　ASDの子どもが「対物関係」に偏ること、「対人関係の障害」は、コミュニケーションと社会性とこだわり行動の領域にわたることを明らかにしました。

　そのうえで、「対物関係」を利用して、ASDの子どもが取っ付きやすく、応じやすく、達成感を得やすい「おもちゃ教材」を介してのやりとりを通して、「対人関係」を改善させていく方法を示しました。

# 1. 自閉スペクトラム症の基本的な障害

## (1) 自閉スペクトラム症とは

　自閉スペクトラム症 (ASD) は、社会的コミュニケーションの障害とこだわり行動を併せもつ神経発達症の一つです。もう少し詳しく説明すると、ASDの人たちは、人との営みに必要な社会性と、人との相互理解に欠かせないコミュニケーションの両方に障害があり、さらには、独特なこだわり行動を多様に現すので、対人関係の形成や維持、発展に困難をきたしてしまうのです。

　それでは、① **社会性の障害**と ② **コミュニケーションの障害**、③ **こだわり行動**について、具体的に見ていきましょう。

## ① 社会性の障害

　ASDの人たちの特性と言われている「社会性の障害」ですが、実は、「何を指して、"社会性の障害"と見なすのか」は、あまり知られていないように思います。そこで、下記に、「ASDの人たちが現す"社会性の障害"」を一覧にして示します。

　ちなみに、この本の第1章「2. 人間関係の発達ストーリー」で詳しく説明したところの「愛着」の段階から、すでにASDの人たちの「社会性の障害」が始まっていることが改めて印象づけられます。

☐ 人に愛着を示さない　☐ 情緒的な応答が乏しい　☐ 親の後追いをしない

☐ 人見知りをしない　☐ 人よりも物に愛情を注ぐ　☐ 抱きにくい

☐ 抱かれやすい姿勢を取らない　☐ 親よりも近くにいる他人に懐く

☐ 独りを好む　☐ 人を避ける　☐ 人の輪に入らない

☐ クラスメイトの名前を覚えようとしない

☐ 友だちがいない　☐ 友だちを作らない　☐ ルールを守らない

☐ 集団の決まりに無頓着　☐ 空気を読まない

☐ 挨拶をしない　☐ 挨拶を返さない　☐ 返事をしない

☐ 相づちを打たない　☐ ぞんざいな言動をする　☐ 不作法である

☐ 順番や当番を守らない　☐ 係の仕事をしない　☐ 忖度しない

☐ 人の真似をしない　☐ 人の行動を手本としない

☐ すぐに怒る　☐ 暴言を吐く　☐ すぐ逆恨みをする　☐ 長く根に持つ

なんで？どうして？

ムギュ

ギャ──！！

抱っこを拒み、
足をバタバタさせて
抵抗する

親に背を向けて
座り込む

独りでいることを好む

## ② コミュニケーションの障害

　ASDの人の「コミュニケーションの障害」は、人間発達においても対人関係の向上に関しても、そして、人間関係の育成についても"重大な影響"を与えます。しかし、前ページの「社会性の障害」と同じように、「何が"コミュニケーションの障害"なのか」がハッキリ示されてこなかったような気がします。そこで、下記のように、ASDの人の「コミュニケーションの障害」を一覧にしてみました。

□ 視線回避がある　□ アイコンタクトをとらない

□ 抱っこを嫌いおんぶを好む

□ ことばが出ない　□ ことばが増えない　□ 単語か二語文でしか話さない

□ 意思を伝えない、表さない　□ 意思を態度で示さない

□ 指差ししない　□ 指差しを目で追わない　□ 指示してもそこを見ない

□ 自分流の単語がある

□ オウム返しが多い　□ 独り言が多い　□ 空想的な話に没頭する

□ 独りで会話をする

□ 話や指示を聞かない　□ 意図や意味の共有ができない

□ たとえ話が理解できない　□ 冗談が通じない　□ 字義通りに真に受ける

一方的……、自己中心的……
相手の意図を共有しない

……かみ合わない……

### ③ こだわり行動

　ASDの人の「こだわり行動」には、一度経験した物事を「変えない」、やり出したら「やめない」、新しいことは「始めない」という3つの特徴があります。それらについては、下記の箇条書き3点と、次のページの**図2-1**をご覧ください。

　そして、このこだわり行動によって、育児や保育、教育、指導、支援などに困難が生じますし、ASDの子どもの成長・発達の阻害要因にもなります。

□ **変えない**：物の位置や使い方、服装、日課やスケジュールなどの変更を嫌い抵抗します。

□ **やめない**：いったん始めると、砂遊びや水遊び、ブランコ乗り、お絵描きなどをやめられず、周囲との間でトラブルになります。

□ **始めない**：初めてのことや場所、人、物への警戒心が強く、拒否して、始めない、やらない、応じないことが多く見られます。

　また、ASDの子どものこだわり行動は、「ミニカーにこだわる」と言っても単純ではありません。それは、ミニカーのメーカー（例えばトミカ）にこだわる、サイズ（例えばトミカは1/64スケール）にこだわる、並べることにこだわる、並べる列の数にこだわる、並べて列を作る際の姿勢にこだわる、できあがったミニカーの列を眺める見方にこだわるなど、いろいろなこだわり行動が複雑に絡み合っている場合も多いので、対応が難しくなります。

## ⑵ 療育とは

　元々は「治療教育」という名称が用いられて、「障害を治療しながら状態や生活状況を整えて、教育も施そう」ということでした。これは、戦前のことですが、当時は、障害そのものや障害児に対する医療的、教育的、福祉的なアプローチが限定的にしか行われていなかった時代背景が

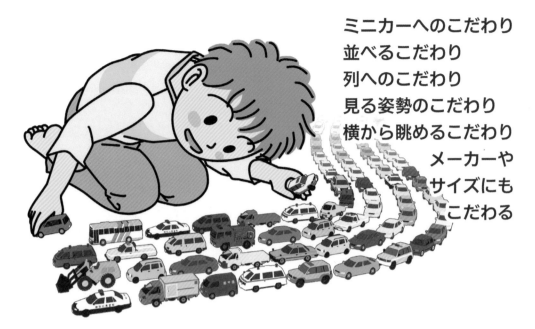

ミニカーへのこだわり
並べるこだわり
列へのこだわり
見る姿勢のこだわり
横から眺めるこだわり
メーカーや
サイズにも
こだわる

**変えない**

物の位置を変えない

靴や服を変えない

予定の変更を受け付けない

**やめない**

砂や水遊びをやめない

友達が待っていてもやめない

描き始めたら止まらない

**始めない**

初めての場所は拒む

慣れていないトイレは強く拒んで使わない

目新しい食べ物は美味しそうでも食べない（偏食）

図 2-1　こだわり行動の 3 つの特徴

あって、親御さんや現場の先生方に大きな希望や指針を与えるスローガンにもなりました。

「治療と教育」＝「障害を治療し、障害のある子どもに教育を施す」こと。今では当然のこととして語られることですが、戦前においては、当たり前のことではなかったのです。

その後、障害理解は進み、治療法や指導、教育方法も広がりを見せて、「治療教育」も一般的となり、いつしか略されての使用も多くなって「療育」という名称に落ち着きました。

さらに、現在では、その名称が「療育」から「発達支援」や「早期発達支援」に置き換えられることが増えています。

## ⑶ ASDの療育

ASDへの療育には、基本障害である、社会性の障害とコミュニケーションの障害、こだわり行動という３つの山にアプローチすることが求められます。つまり、目指す「療育の山」は、社会性の障害の山、コミュニケーションの障害の山、こだわり行動の山というように、高く険しい山が３つ、そびえ立っているということなのです。

したがって、それぞれの山にアプローチして、それぞれの克服を目指す方法では、大きな時間と労力を要することになり、目標が霞んでしまいがちになります。

しかし、実は、ASDの人たちがもつ「社会性の障害」も「コミュニケーションの障害」も「こだわり行動」も「対人関係の障害の仲間である」というように“大きく括ってしまう”ことで、アプローチがしやすくなります。要は、「社会性の障害の山」も「コミュニケーションの障害の山」も「こだわり行動の山」も皆「対人関係の障害 連峰」にあって、アプローチの仕方も「同様」だと思うのです（下記の**図 2-2** 参照）。

具体的には、「対人関係の改善や形成、維持、発展」を期して行う取り組みがASDの「社会性の障害」や「コミュニケーションの障害」「こだわり行動」のそれぞれに効くとともに、ASDの人々を成長・発達へと導くことになるのです。

図 2-2　ASD　早期支援の山と克服の道のり

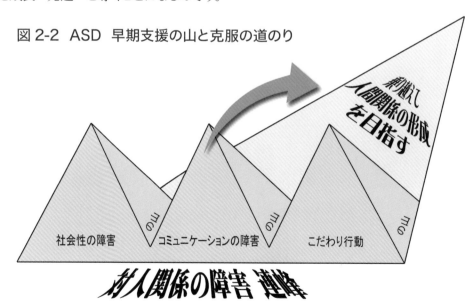

## ⑷ ASDの対人関係の実態

　ASDの子どもは、授業中、例えば国語の時間、皆が教科書を音読していても、当人だけ前の授業(図工)で用いたボンドを手に塗りたくって独り遊びに専念していることがあります。先生がその子を指名して「太郎君(仮名)も教科書を出して、一緒に読んでください」と声をかけても知らんぷりで、返事さえもしません。

　ASDの子どもが在籍するクラスでは、よく見かけるこのシーン。ここを分析してみますと、このお子さんは、「国語の授業のルール(教科書を出し、一緒に音読するなど)に従えない」こと、「先生の声かけと指示に応えない」こと、「ボンドいじりを変えない、前の授業で行った活動をやめない、次の授業の活動を始めない」というこだわり行動があることが分かります。すなわち、このお子さんは「社会性の障害」と「コミュニケーションの障害」そして、「こだわり行動」をしっかりもっていることが分かるのです。

　そして、これら「社会性の障害」「コミュニケーションの障害」「こだわり行動」は大きな一つの塊(連峰)となって、担任の先生に「太郎君との"関わり"(対人関係)は非常に難しい!」と実感させていたのです。

## ⑸ ASDの療育のヒント

　そのASDの太郎君に教頭先生が声をかけました。「太郎君、大きくて立派なボンドを持っているねぇ。高そうな良いボンドだ！ だから、わざわざ"速乾"なんて難しい漢字で宣伝文まで書いてある。良いボンドを買ってもらったんだね」

　すると、太郎君が上目遣いで、教頭先生の顔をチラッと見て、それから、ボンドの"速乾"というロゴに目を移します。

　それを確認した教頭先生は太郎君に「そうそう、こここ。太郎君は"速乾"って読めていた？ そして、"速乾"っていう意味、分かってた?」と言って、"速乾"の文字を指差します。

　すると太郎君は黙って「ウウン」と首を横に振って、「読めなかった」というサインを送ります。

　教頭先生は「そうか、"速乾"って漢字は難しいし、まだまだ、授業で習わないからね。でもね、"速乾"っていう意味は、"すぐにかわく"っていう意味で、ほら、太郎君の手に塗っているボンドは、もうすっかりパリパリになって、乾いているだろう」と説明をして、太郎君の手に触れて、彼の掌からピリピリっと乾いて硬化したボンドの"皮"の一部を剥がして見せたのです。

　太郎君は「ククッ」と声を出して笑いながら、小声で「脱皮みたい……」と言いました。これを教頭先生は聞き逃しません。そして、「太郎君は"脱皮"なんていう難しいこと、よく知っているねぇ」と感心して見せます。これを受けて太郎君も「家にはね、アゲハの幼虫とか蛾の幼虫がいてね、飼っているんだけど、エサあげると、さなぎになって、脱皮して、成虫になって飛んでいくんだ」と説明してくれました。

　そこで教頭先生は太郎君に小声で「太郎君は物知りで難しい漢字も知っていて、使えるから、みんなにも教えてあげよう。だから、僕だって本くらい読めるんだぞ、とみんなに教えるためにも、教科書出して、みんなに負けないくらいおおきな声を出して、読んでみようよ」と誘ったのでした。

　「えぇっ?!」っていう表情をした太郎君は、ボンドの本体を机に置き、そして、掌を見てボンドの"皮"を気にしています。教頭先生は「そう、ボンドの"皮"が気になるね。まず、太郎君は手の"脱皮"をしちゃいなさい！ 教科書は教頭先生が出してあげるし、どこを読めば良いのか探しておいてあげるから」と言って、太郎君に時間的な余裕を与えました。

　「"脱皮"終わった！」と言う太郎君。教頭先生が教科書を差し出して、「ここから、声を出して読んで」と読む行を指差すと、太郎君は気持ちを切り替えて、教頭先生の言う通りにして、みんなに交じって、音読を開始したのでありました。

　その後、教頭先生はクラスメイトに向かって「今日は、太郎君が音読に加わってくれました。太郎君の挑戦と参加をみんなで喜び、誉めましょう！ さぁ、拍手」と言って、みんなで拍手して、太郎君を讃えました。恥ずかしくて、下を向く太郎君。その太郎君に教頭先生は、「みんなに誉められて恥ずかしいけど、そういう時は、親指を立てて、"グー"ってやってみせると、みんなも"あぁ、太郎君も喜んでくれたな"と分かって、安心してくれるよ」と"親指グー"の手本を見せてあげました。すると、太郎君も"親指グー"をして、そして、みんなの方をチラッと見て、教頭

先生の表情を確認したのです。

　すかさず、担任の先生が「みんなも太郎君に"グー"ってしてあげましょう！」と提案すると、クラスメイト全員が太郎君に"親指グー"をして、盛り上がりました。

**【ポイント解説】**（上のイラスト参照）

① こだわり行動に注目して、こだわりの物を活用し、やりとりする

② 子どもの言動を肯定的に評価して、誉めて、コミュニケーションを展開する

③ 具体的に示して、やって見せて、導き、できることを教えて、認知と行動を変えさせる

④ 一対一の関係から集団との関係に広げていき、社会性を培う

# 2. ASDの子どもの遊びとおもちゃ

## ⑴ ASDの子どもの遊び

　ASDの子どもの遊びは、特徴的です。まず、自分の感覚を刺激する遊びに独りで専念して、常同的に繰り返すこと。また、自分でイメージしたファンタジーの世界に浸り込んで遊ぶこと。さらには、遊びの道具や形態、進め方にこだわって、ルーチンのように遊びの形を再現していることなどです。

　したがって、人との交わりをなくし、コミュニケーションも生じず、遊び自体にも発展性がなくなって、子どもの成長・発達を促す機会も失われていきます。

## ⑵ ASDの子どもの遊びの特徴

　① 感覚刺激遊び　　（視覚、聴覚、嗅覚、触覚、口唇への偏り）

　② 常同的遊び　　　（常同行動がその代表）

　③ 独り遊び　　　　（人を寄せつけず、人から離れる）

　④ 空想的遊び　　　（ファンタジーの世界への没入）

　⑤ こだわり遊び　　（ルーチン重視。飽きても変えない、やめない、始めない）

## ⑶ ASDの子どもと物との関係

　ASDの子どもは、人と親しくなったり集団の中でルールに則って皆と同じように振る舞ったりすることが苦手です。人とのコミュニケーションにも困難を抱えています。そして、人が気に留めないような事物にこだわるので、相互理解や協働作業に失敗して、彼らは「人との関係よりも物との関係」に重きを置くようになってしまいます。

　ASDの子どもたちは、特定の物にこだわり、「物との関係」を優先し、一層、孤立を深めていきます。

## ⑷ ASDの子どもが好きなおもちゃ

　ASDの子どもがハマるおもちゃは、フカフカで皮膚感覚を刺激する物（ぬいぐるみやスクウィーズなど）、ペラペラと勢いよくめくれて風圧や音が楽しめる物（カードや辞書やチラシの束など）、クルクルと回転させて手の常同運動の感覚と視覚を満足させる物（ミニカーのタイヤや自転車の車輪など）などが特に有名です。

## おもちゃとの関係

クルクル　クルクルクル

ミニカーや車のおもちゃ

くり返し　パラパラパラパラ

トランプ　ぶ厚い辞書

すりすり　むぎゅう

ぬいぐるみ

ふわふわ　ムニムニ　スクウィーズ

アムアム　アムアム

プチッ　ポイ　次のは　ペロペロ

---

おもちゃを本来のおもちゃとして扱わないで
自分の感覚を刺激する独自の方法を用いて感覚遊びにふけってしまう

---

人よりも物に集中

クルクル　クルクル

お入りなさい

---

それでは　人　おとな・親・家族　友だち　⇄　ASDの子ども・人　交流が起きない！！

## ⑸ ASDの子どもとおもちゃの関係

　ASDの子どもは、おもちゃを「そのおもちゃの特性を活かして用いて遊ぶ」というよりは、「おもちゃの一部分に着目して、そこだけに偏った」使い方をすることが多いようです。すなわち、自分の好む感覚刺激を「そのおもちゃの一部分だけを使って得ている」のです。

　そのために、おもちゃの表面や一部分が繰り返しによって激しく摩耗したり、高頻度に使用されるスイッチ類がすぐ壊れたり、開閉部分の著しい開閉により簡単に破損したりします。

## ⑹ ASDの子どものこだわりの物やおもちゃと対人関係

　ASDの子どもにとって、こだわりの物は、①他に変えたくない、②いじっていることをやめたくない、③だから、新しいことを始めたくない、という心境にさせている、大事な物であります。

　したがって、大人や他人が不用意に手を出して、変えようとしたり、やめさせようとしたり、新しいことを始めさせようとしたりすると、ASDの子どもは、強い抵抗を示したり、パニックに陥ったりします。

　それによって、人々はASDの子どもから距離を置くことになり、気がつくと、ASDの子どもの孤立が進み、こだわり行動も強まって、なおさら、成長・発達が阻害されていきます。

　また、ASDの子どもにとって、彼らが好む感覚刺激を与えてくれる“お気に入りのおもちゃ”は、「安心と安定の材料」ですし、他の不安刺激から自分を守ってくれる「お守り」の役割をもっていると考えられます。

　ASDの子どもは、大人や他人が区切りを示しても、それが壊れて使えなくなったとしても、執拗にそのおもちゃを求めてきて、関わる人々を困らせます。

　そして、手をこまねいたままで時間が経過すると、「人よりもおもちゃに関心を向ける」状態に加え、「おもちゃをおもちゃとして扱わないから成長・発達が促されない」という悲しい状態に陥ってしまうことになります。

## ⑺ ASDの子どものこだわりの物や魅力あるおもちゃで介入する

　ASDの子どもにとって、こだわりの物は、「こだわりの欲求を満たす物」であり、お気に入りのおもちゃは、「安心と安定の材料」であって「お守り」です。

　だからこそ、それらを奪うことなく、止めたり、禁止したり、叱ったりもせずに、こだわりの物やおもちゃを媒介にして、ASDの子どもの気持ちを「人に向けさせ」、やりとりをして、コミュニケーションを図り、対人関係の改善を進めたいと思います。そして、達成感や自信を得てもらい、「人と関わることっていいなぁ、楽しいなぁ」「もっと関わってもらいたいなぁ」という「人間関係」を構築することを目指したいと思うのです。

　このASDの子どもと親や先生とを“結ぶ（媒介する）”おもちゃを、私は「おもちゃ教材」と呼ぶことにしています。

こだわる物は、
こだわりの欲求を満たす大切な物！

ミニカーや車のおもちゃ

トランプ
ぶ厚い辞書

ぬいぐるみ

スクウィーズ

自分好みの感覚を刺激してくれる物は、
その他の刺激から身を守ってくれる安心と安定のための「お守り」

| 人の介在を拒んで使い続ける | 独りで感覚を刺激する狭い遊びに終始する |

放置や放任しているだけでは、対人関係は成立しないし、親や先生との人間関係も深まらない
だから、成長・発達が望めない

**そこで！** ASDの子どもが
大切にしている
こだわりの物を媒介にして

**または** ASDの子どもがハマっている
おもちゃよりも
魅力的なおもちゃを提示して

やりとりをして、コミュニケーションを図り、楽しく、達成感がもてる
課題遂行に導いて、ASDの子どもに自信と人への信頼関係を得させる

その
**ASDの子ども**と**親や先生**とを「**結ぶ**（媒介する）」**おもちゃ**が
＝＝ **おもちゃ教材** ＝＝

おもちゃとしての既製品でOK！

箱やパッケージから取り出して、そのまま使える物

加工しなくてもいい製品・商品であること

扱いやすい物であること

購入しやすいこと（価格と流通面）

子どもにとって魅力的であること

## ⑻ ASDの子どもと「おもちゃ教材」

　ASDの子どもは、感覚刺激の強いおもちゃに夢中になったり、自己刺激行動（常同行動）に耽ったりして、人からの誘いかけを無視することがあります。また、一般的な教材教具を持ち出しても興味関心を示してくれません。

　そのような時は、ASDの子どもが、思わず見てしまう！ 話を聞くために耳をそばだててしまう！「貸して！ やってみたい！」と手を出してしまうような「魅力のある」おもちゃを厳選して、提示することで、彼らとのコミュニケーションや関わりの糸口を見出していきましょう！ そして、少しずつ、対応を求める課題を設定して、誉めて、関係を強めていきましょう。

　この「教材としても用いることができるおもちゃ」が「おもちゃ教材」なのです。

ASDの子どもの
こだわり行動に配慮して
こだわりの物を大切に扱い
それを活用して関わる

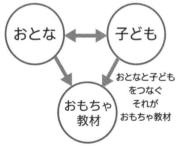

おとな ⟷ 子ども
おもちゃ教材
おとなと子ども
をつなぐ
それが
おもちゃ教材

ASDの子どもが
気に入っているおもちゃよりも
魅力的なおもちゃを提示して
共に遊び、課題遂行に導く

おもちゃ教材を媒介として、おとなと子どもの
コミュニケーションが図られれば、「つながる」のです！

50

# ⑼ ASDの子どもにウケるおもちゃ教材のポイント

## ① 取っ付きやすさ：

取っ付きやすさが大切です。それは、提示されたおもちゃその物が発している、「どう使えば良いのかが一目で分かる」という「分かりやすさ」のことです。これは、認知心理学の世界では「アフォーダンス」と呼ばれています。

## ② 感覚への刺激性：

ほどよい刺激性も必要です。それは、ASDの子どもが好むからです。ただし、感覚刺激性が強すぎると、彼らはそこに耽ってしまいますので、ほどほどの刺激性に留めておくのが大切です。その代表例が凸を凹にはめた際に得られる「カチン」とした感覚刺激になります。

## ③ 操作しての楽しさ：

おもちゃを手にして、実際に操作した際に得られる「楽しさ」が大切です。これは、ただおもちゃの部位や動きを「見てるだけ」「聞いているだけ」ではいけません。自分で操作して、おもちゃの動きや変化を「楽しめる」ことを重要視しています。

### ④ 集中と持続性:

おもちゃを実際に操作して得られる「楽しさ」によって、子どもの「集中力」が引き出されて、さらにはその「集中力」がしばらく「持続すること」がおもちゃ教材に求められます。せっかくASDの子どもがおもちゃに手を出してくれたのに、すぐに飽きられて、ポイッと捨てられてしまうのでは、良くありません。

### ⑤ 協働しての達成感:

大人におもちゃ教材を見せられて、取っ付きやすさや刺激性に誘われて、実際に操作したところ、「わぁ! 楽しい」と喜び、集中して、それを続けた結果、「その人に応じて、やって良かった!」という「達成感」が得られることがポイントです。この「人と協働して得られた達成感」が「人への信頼感」や「自分に対する自信」につながり、好ましい人間関係を生むことでしょう。

### ⑥ 次の課題への発展性:

ASDの子どもの遊びやおもちゃ操作には、元来、広がりがない、発展性が乏しいことが指摘されていました。したがって、おもちゃ教材を使用して、彼らの楽しさや集中力、持続性を引き出し、大人と協働しての達成感を得てもらっても、別のおもちゃ教材を用意して提示しないと、子どもの力は「足踏み状態」もしくは、「断ち切れ」てしまいます。

大切なのは、おもちゃ教材をある程度揃えて準備しておき、子どもの反応に合わせて、次々に提示して見せて、無理なく、応じてもらい、「達成感」を積み重ねるとともに、「自信」や「意欲」につなげていくという「発展性」をもたせることです。この「発展性」の要素をもつおもちゃ教材を選んでおきましょう。

# ⑽ おもちゃ教材のレーダーチャート

　以上、おもちゃ教材のポイントを示してきましたが、それを下記のように、レーダーチャートにして表現してみました。

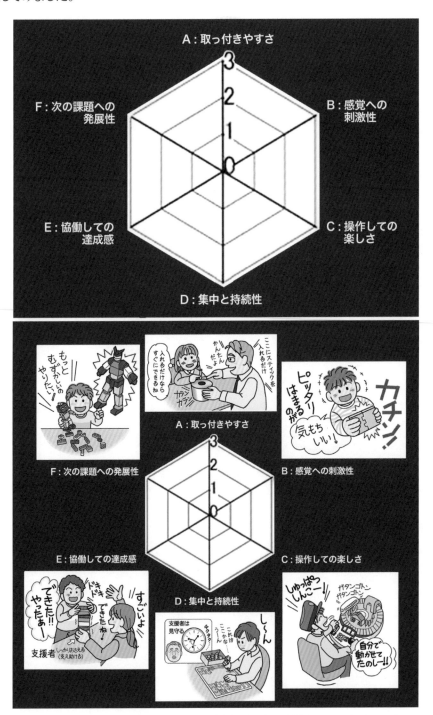

　これを用いて、いくつかの気になるおもちゃ教材を紹介・評価していきましょう。

# 3. おもちゃ教材のいろいろ
## 紹介と評価(レーダーチャート)と使い方

## (1) プチッとビーズ と ジョイピッツ
（入手先：DAISO、シルバーバック）

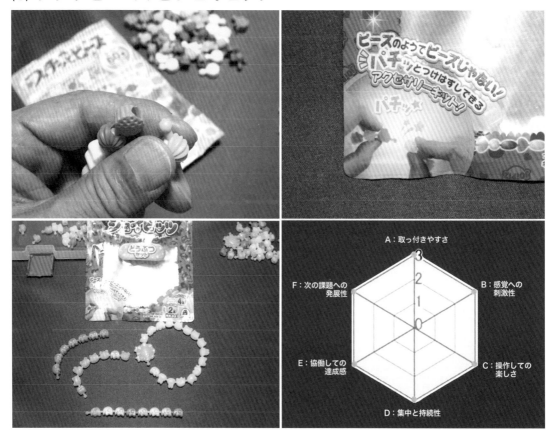

　ビーズを教材にする場合、小さいビーズの狭い穴に糸を通していくことに集中させますが、苦労して
せっかくたくさんのビーズを通していっても、手元が狂った途端、そのビーズが弾け飛んで、悲惨な状
況に陥ります。しかし、このプチッとビーズまたはジョイピッツなら、ビーズ同士が「プチッ」と噛み合っ
て、強く連結されていくのでバラバラになる失敗の恐れがありません。取っ付きやすくて、「プチッ」とい
う感触とカラフルな色やかわいい形が、ビーズをつなげていく楽しさを大きくします。

　それが集中力と持続性を引き出し、かつ、「同じ動物の形を集めてつなげてみましょう」「今度は、同
じ色を選んでつなげてみましょう」という大人からの「誘いかけ」にも応じやすくなって、「良くできた
ね!」と誉められ、達成感も得やすくなります。さらには、「ブレスレットにしよう」とか「長くして、ネッ
クレスにしてみよう」というアクセサリーの制作にもつながる発展性も有している、優れたおもちゃ教材
です（プチッとビーズ：110円、ジョイピッツ：660円。いずれも税込）。

## ⑵ スポンジ　積む積む

（入手先：DAISO、Seria、illusie300）

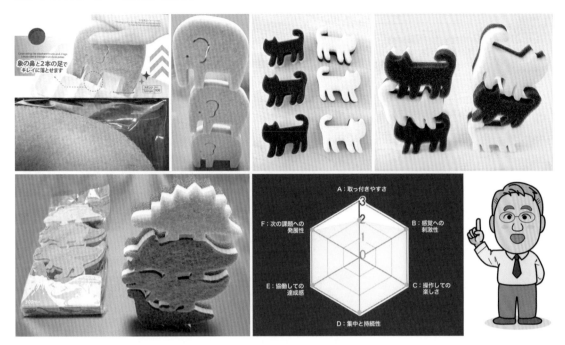

　食器洗いやお風呂掃除に使う、100円ショップ定番のスポンジ。売り場で探すと、いろいろな形や機能、個性をもったスポンジが見つかります（以下税込価格）。

　ゾウの形をしたスポンジ（DAISO、1体110円）は、"鼻"と"足"の部分で製氷皿の隅や底の汚れを落とせます。ネコのスポンジ（Seria、6体で110円）は、"前足"や"後ろ足"に小皿の端を挟み込んで「キュッキュッ」と洗います。恐竜のスポンジ（illusie300、4体で330円）は観賞用としても役立ちます。

　そして、これらのスポンジは、テーブルの上で、上へ上へと高く積んでいく「積む積む」ゲームとして、使えます。この「積む積む」ゲームは今、テーブルゲームが流行っていることもあって、プラスティック製の商品がいろいろと市販されています。それなのに、何故、あえてスポンジで「積む積む」を行うかと言いますと、その理由は、第一に、倒れた時に"スポンジだから"弾け飛ばず、壊れないし、音も静かだし、子どもが受けるショックも小さい、からです。また、第二の理由として、市販される既製商品よりもはるかに安価（1/10以下）で済む、ということ。そして、第三の理由としては、この「積む積む」ゲームを通して"スポンジに慣れ親しむ"ことで、スポンジ本来の使用目的である「食器洗い」や「お風呂の掃除」への参加を促せる、ことであります。

　子どもにしてみれば、スポンジですから取っ付きやすい物ではありません。しかし、あえて触ってみるとフカフカでフワフワして、良い感触が得られます。そして、上へ上へと積んでいきますとスポンジの性質上、接触面がくっついて、結構、うまく積み重ねることができるのです。「これは、楽しい！」「倒れないかハラハラして、おもしろい！」と子どもを引きつけ、集中させ、それを持続させるのは必至です。そして、大人は倒れる前に支えたり、スポンジを補給してあげたりしながら、達成感を共有します。これを基にして、「さぁ、スポンジで食器洗いに挑戦だ！」と子どもを誘えば、ゲームがお手伝いに発展していきます。

## ⑶ ペグ刺し と 容器入れ （入手先：DAISO、Seria 他）

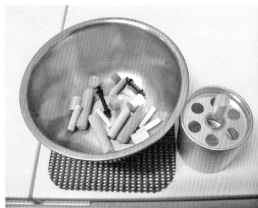

← 口の大きな
　ペットボトル
　の再利用

← 皿も他の物
　も全部100
　円ショップ
　で調達

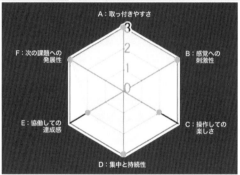

　灰皿やペットボトル、電球の形をしたおもしろい容器の"注ぎ口"に、ちょうど良く通過する大きさのペグ（釘や杭の意味）と呼ばれる木製のダボや円形のモール玉を入れていく作業です。これは、灰皿にダボを入れ、落とした際に「カランコロン」という心地よい反響音がして、楽しくなり、かつ、もっとやろう！という動機づけになって、作業自体も分かりやすく簡単なので、集中して取り組むことができ、持続もされやすくなります。いわゆる「プットイン」のおもちゃ教材です。

　モール玉の場合は、手触りのフワフワ感が心地よいのと、色とりどりの綺麗な玉が容器内を飾って、視覚的にも楽しくなります。ちなみに、ペットボトル以外は、皆100円商品です。

　この作業は、「分かりやすい」「入れやすい」という、取っ付きやすさが一番の売りです。人は「灰皿とペグ（ダボ）」のセットや「透明容器の注ぎ口に合ったモール玉」のセットを与えられれば、誰でもが「ペグを灰皿の穴に入れよう！」とか「モール玉を容器の口に押し込んでみよう」という衝動に駆られるはずです。したがって、目の前に提示された物と物との関係によって、人の行動が自ずと決められていく、という原理が働いてくるわけで、「ペグを入れて！」「モール玉を入れて！」と強く指示しなくても、多くの子どもたちは、「やるべきことを察して」スイスイと作業に取り組むのです。

　大人は、ペグ（ダボ）の長さや太さ、モール玉の大きさなどを変えて子どもに渡し、子どもが入れ方や入れる口を変えるなどの自己調整することを促します。これは、手や指の動きが未発達な子どもの場合、拇指対向性や指先の巧緻性の発達促進の効果が期待できる作業となります。ですから、物を親指と人差し指とで摘まんで持つ、運ぶ、入れるという他の課題にも発展させることができます。

## ⑷ カラーシール(ポイントシール) 貼り と モコモコシール貼り（入手先：DAISO、Seria 他）

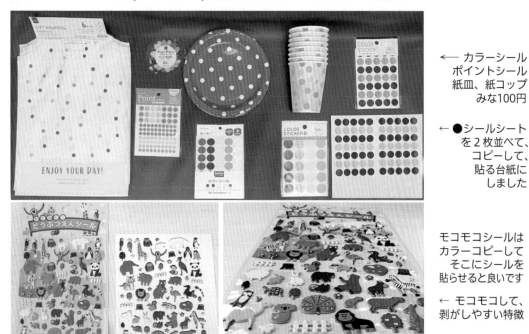

← カラーシール
　ポイントシール
　紙皿、紙コップ
　みな100円

← ●シールシート
　を2枚並べて、
　コピーして、
　貼る台紙に
　しました

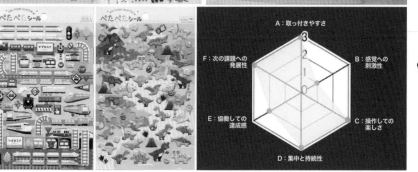

モコモコシールは
カラーコピーして
そこにシールを
貼らせると良いです

← モコモコして、
　剥がしやすい特徴

　子どもは、シール貼りが大好きです。それは、ASD の子どもも例外ではありません。シール貼りは、取っ付きやすく、楽しさも大きく、集中の持続が期待されます。そして、小さいシールから大きいシール、薄いシールから厚みのあるシールを根気強く貼っていくことは、手の巧緻性や目と手の協応動作の発達促進になって、発展性も高いのです。

　よって、これを療育の題材に使わない手はありません。しかし、ASD の子どもの中には、「貼る場所が明示されていること」を望むこともあるので、●の形をしたカラーシールを○印が印字されているポリ袋や紙皿、紙コップに「貼っていこう！」と指示してあげると良いでしょう。

　また、薄い紙のシールだとまだ自力で上手に台紙からシールを剥がせない子どものために、モコモコした厚みのあるシールが 100 円ショップで販売されています（ペタペタシール）から、これを用いると集中が途切れず、良いでしょう。

　なお、ASD の子どもは、このシール貼りに気持ちよく、楽しく集中すると、情緒的に安心し、安定した状態が維持されますので、不安定な子どもにお勧めです。

## ⑸ バックル

（入手先：手芸店、ホームセンター、DAISO 他）

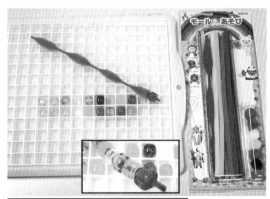

バックルは、手芸店やホームセンター、最近では、子どもの「手先トレーニング」用として、DAISOでも販売しています。また、不要となったリュックサックから転用できます。

バックルの凸凹をカチッとはめた時の感触は指先のみならず、腕や胸に響き快感となります。したがって、楽しさも集中も持続します。また、小さいバックルだと凸凹の先を良く見ないと、大きいバックルだと力を込めないとはまりませんので、大人や支援者のサポートや励ましが必要となります。その結果、「人と共にやった！」という感動が味わえます。

## ⑹ ジャンボビーズのモール釣り

（入手先：Seria、DAISO 他）

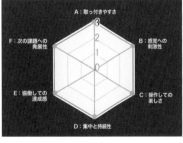

いわゆる"ビーズ・ヒモ通し"は、手指訓練の定番です。しかし、小さなビーズのより小さな穴にやっとヒモを通しても、手先を誤ると数珠つなぎにしたビーズが床に散乱してしまい、混乱の状況に陥ります。そもそも、小さいビーズと細いヒモを用いることが良くありません！ そこで、ビーズは、縦横各1cmくらいのジャンボなビーズ（Seria 現在は販売終了）を選び、ヒモの代わりにはフカフカのモールを用います。しかも、ビーズは、100円ショップの台所用品コーナーにある「水切り板」の格子に一つひとつ収めて固定し、穴を上向きにしておくと、モールの先端を"突き刺し"やすくなります。その状態にして、ASDの子どもに「モールをビーズの穴に刺して、ビーズを釣ってみよう！」と誘い実演して見せます。

ザックリ、ザックリ、という感触とともに、モール先にビーズが刺し込まれ、モールの毛羽でキッチリとビーズが固定されて、安心、しかも簡単に"数珠つなぎのビーズ"が完成するのです。この際の達成感は、小さなビーズで辛酸をなめてきた子どもなら、より大きいものとなります。また、支援者が色を指定してその色を釣ってもらうとか、モールの種類を変えてみるなどの工夫を加えての遂行でも、子どもに達成感を与えることができます。

# ⑺ 醤油さし / 醤油鯛

（入手先：DAISO、Seria 他）

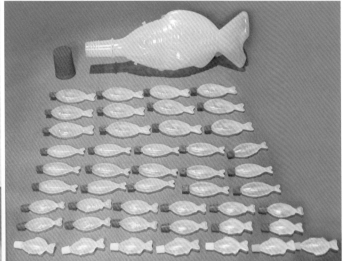

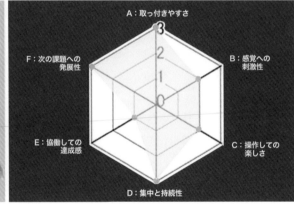

A：取っ付きやすさ
F：次の課題への発展性
B：感覚への刺激性
E：協働しての達成感
C：操作しての楽しさ
D：集中と持続性

　幕の内弁当やシュウマイ弁当に付いてくる、あの醤油さしの空きビンを使います。正式には、醤油鯛と言い、別名ではランチャーム、一般的には、たれビンと呼ばれています。

　私は、職場での会議や親類縁者が集まる法事の席に振る舞われるお弁当に目を付け、食後にこの醤油鯛を回収して、蒐集してきました。よって、費用は0円。ただし、新品を希望される場合、DAISOやSeriaでも110円で調達可能です。なお、魚の形の他にブタさんも入っていることがあります。

　私は、この醤油鯛のキャップを外しておいて、「お魚やブタさんのキャップをクルクル回して、はめてくださいね」と子どもに教示をして「キャップはめの課題」として用いています。ちなみに写真上の「ビッグ醤油さしボトル」（㈲エハラ。現在は販売終了）を見せて、子どもの興味をそそっています。

　地味な作業となりますが、醤油鯛の"口"にキャップをはめる、ということは分かりやすく、取っ付きは良い、と思います。クルクル回すことの感覚刺激やその楽しさはさほど高くはありませんが、作業が容易なので、集中や持続性は高くなります。

　外してあったキャップを全部はめ終えれば、「作業も終わり」という、「始めと終わり」が分かりやすい「自律課題」でもあるため、協働しての達成感は小さいですが、「クルクル回す」ことが必要な別の課題への発展性は大きいものになります。

## ⑻ おもしろ消しゴム／ブロックのりもの、ブロックどうぶつ（入手先：DAISO 他）

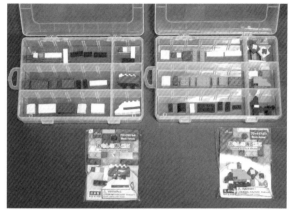

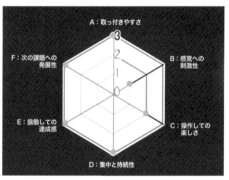

長年にわたり、数々の「おもしろ消しゴム」を製造し、文具店や観光地の土産売り場で販売してきた㈱イワコーが、DAISO とコラボして、写真にある「おもしろ消しゴム」の「ブロックのりもの」と「ブロックどうぶつ」の2種類を発売しました。

前者は、写真上から、信号機、消防車、新幹線の3点セット、後者は、花、オウム、犬の3点セットとなります。

これらをASDの子どもに組み立ててもらうのが課題となりますが、大切なポイントは、「あらかじめ、完成見本を作製しておいて、それをよく見せて、モデルと照合させながら組み立てさせる」ことにあります。その意味でも、写真にあるように、パーツケース（これも DAISO で110円）に、「バラした部品」と「完成見本品」とを並べて収納しておいて、子どもに提示すると良いでしょう。この課題の第一の目的は、「子どもにおもちゃ教材をよく見てもらう」ことにあります。そして、「完成見本品」を「よく見れば、ちゃんと組み立てられて、達成感も自信も得られる」ことの実感が併設の目的です。

この「おもしろ消しゴム」をおもちゃ教材として捉えた場合、感覚刺激の要素は小さく、「見て組み立てる」ことが主ですから「ワクワク、ドキドキ」の楽しさも大きくはありません。この点、ある程度、理解度や操作性があるお子さん向けの課題となることを前提とします。

その上で、このおもちゃ教材は、「パーツが少ない（5〜8個のパーツで構成）」ことにより、「簡単そうに見えて」「取っ付きやすい」し、大きさも「ちょうど良い大きさ」なので、子どもに威圧感を与えません。扱いやすさもあります。したがって、組み立てに入ると、完成までは短時間ですが、集中は持続します。

DAISO でこれら「ブロックのりもの」と「ブロックどうぶつ」の2セットを購入すると、合計で6個の「おもちゃ教材」が手に入ることになります。子どもに提示する順番としては、難易度から、新幹線 → 消防車 → 信号機、犬 → オウム → 花となります。このような支援者の導きは不可欠ですし、組み立て最中にもサポートの必要が出てくることでしょう。その意味において、完成したときの「人と共にやり遂げた！」という達成感は大きくなります。

また、製造元のイワコーでは、トラック、スペースシャトル、救急車を加えた「のりものランド」や、キリン、ダックスフント、ゾウ、アヒルを加えた「どうぶつランド」をインターネット販売していますので、課題としての発展性もあります。これをきっかけにして、レゴブロックなどの本格的組み立て玩具に挑戦することも考えると、発展性はとても大きいです。

# ⑼ 玉刺し課題（プラステン）でこだわり行動に介入

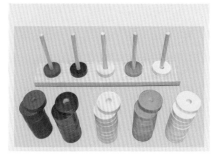

## 玉刺し課題（ニック社 8,800円税込）の使い方

◎**商品概要**：木のおもちゃ、知育玩具としてロングセラー商品。輸入元は株式会社アトリエニキティキ。手の巧緻性や目と手の協応動作を高め、集中力や創造性を養える。赤・青・白・緑・黄色のリングを5本のスティックに刺し込んで遊ぶ。リングの穴にヒモを通しても遊べる。以下3段階の「情緒・認知課題」（第3章参照）でも使える。

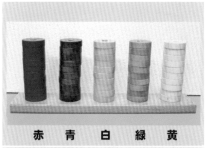

赤 青 白 緑 黄

① **色マッチングの課題設定**：支援者が5本のスティックの左端から赤・青・白・緑・黄色の順番でリングを1個ずつ置いておく。そして、ASDの子どもには「赤い玉は赤い玉の上に、青い玉は青い玉の上に、というように、先生が先に置いてある玉と同じ色の玉を重ねていってね」と教示して、実施してもらう。これは、対応が容易な課題で、到達点も写真のように見て分かる。導入のための課題。

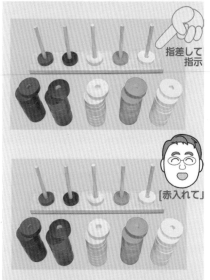

指差して指示

[赤入れて]

② **色指定で見せて応じさせる課題設定**：支援者が指差しで「ここに黄色入れてね」と指定した色を見て選んで刺すという課題。ASDの子どもは、色の選別を自分ルールで行いたいという欲求が強い。併せて、刺す順番も自分で決めたい、と思っている。さらに、それらに対する他人の介入を嫌うことが多い。それを前提に、あえて支援者主導で進め、不安定になりがちな情緒をなだめながら調律・調整して、コミュニケーションを図っていく。

③ **色をことばで指定し、聞かせて応じさせる課題設定**：このステージでは、指は差さないで、代わりにことばで指定する。ASDの子どもは、そのことばを聞いて、自分の欲求やルールを我慢して、そして、支援者に合わせることが求められるので、難易度は一番高くなる。子どもが怒ったり、対応を拒否したりしても、支援者は「自分で入れる順番や色を決めたいよね。その気持ちは分かるけど、今は、先生と一緒にやるお勉強だから、ちょっとだけ、我慢して、先生の言うことをよく聞いて、先生の言う色を刺してくださいね。大丈夫、できますよ」と冷静に、かつ優しく、丁寧に諭すように説明する。そして、受け止め、説明、促しを繰り返して、「できた！」という達成感につなげる。

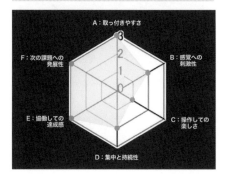

A：取っ付きやすさ
B：感覚への刺激性
C：操作しての楽しさ
D：集中と持続性
E：協働しての達成感
F：次の課題への発展性

# ⑽ ポリドロン　　（入手先：東京書籍）https://www.tokyo-shoseki.co.jp/polydron/

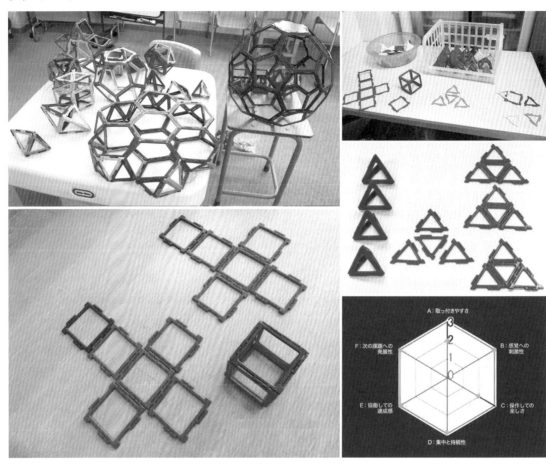

　□や△のピースの辺が「カッチリ」噛み合って接続されて、組み上げていくとピラミッドや立方体（正六面体）が思ったより簡単にでき上がります。写真にあるように、大人は、あらかじめピラミッドや立方体にするための展開図をたくさん用意しておけば、子どものための「作業学習の素」として重宝します。

　その意味において、取っ付きやすさや楽しさは普通のレベルですが、「カッチリ」感の感触やそれによる集中と持続性、大人のお膳立てを土台とした達成感は、大きいです。また、慣れてくると多面体の図形にも挑戦できて、発展性も高くなるという特徴があります。

　ちなみに、最近のパズルブームやアナログゲームの再興の潮流により、ポリドロンも進化しているので、東京書籍ポリドロンの上記ホームページでご確認ください。

# ⑾ プレイボード

（入手先：スペクトラム出版社）https://spectpub.com

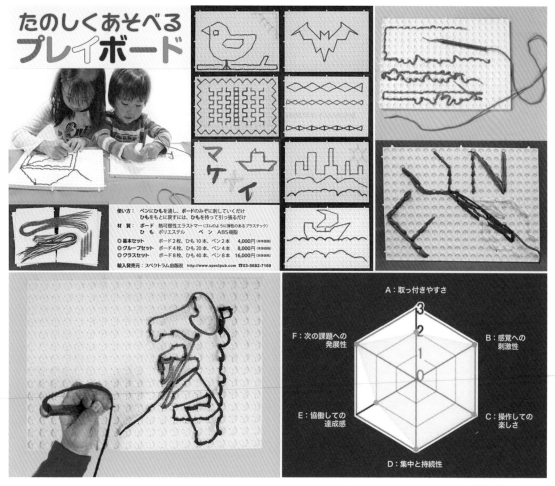

　ゴムのように弾性のあるプラスティックの白いボードに空けられた円形の穴に、ヒモを通した青いペンの先端を押し入れると、穴のベロがヒモを「キュッ」とキャッチしてくれるので、ペンを抜いて、別の穴に押し込むと穴と穴がヒモでつながって、段々と模様を描けるようになっていきます。「キュッ、キュッ、キュッ」と小刻みにペン先を動かしていきますと、小気味良い感触が得られるとともに、まるで"手製ミシン"で柄を縫ったような模様や絵柄の作品ができ上がります。また、終わったあと、ヒモを強く引っ張ると「バリバリ」っと良い感触で抜けていくので、これも楽しくなります。

　慣れると意図した絵柄を描くことも簡単にできるようになり、楽しさと喜びが大きくなります。

　これは、取っ付きやすさは普通のレベルですが、得られる感触や楽しさ、そして、集中と持続性は大きいです。放っておくと、独りでドンドンと進んで行きますが、一本のヒモが尽きた際にヒモを付け足す場合やヒモを引き抜く時に、大人の援助が必要になって、共に達成感を得ることができます。具体的な絵柄を追究して行くと、発展性が高まります。

# 第**3**章

・・・・・・・・・・・・・・・・・・・・・・・・・・・・・・・・・・・・・・・・

# 情緒・認知課題
# について

　ASDの人は、「不安になる」「動揺する」「怒る」「泣き叫ぶ」とよく言われます。その原因は、「認知の弱さ」に求められることが多いのですが、やはり、問題としては、「不安」「動揺」「怒り」「泣き叫び」という情緒を露わにして“困っている”ASDの人たちの目の前の状態だと思います。それらの情緒をまず、受け止めて、落ち着かせていくことが大切です。

　ASDの子どもたちは、自分からの人へのアプローチが少ないので、こちらから、彼らと交わり、やりとりをして、人間関係を育み、発達・成長を促していく機会を積極的に設けていかなければなりません。それが、「情緒・認知課題」の設定と対応を求めることなのです。

　ASDの子どもの「不安定な情緒」を受け止め、あやし、なだめながら、よく見せ、分からせて「認知を働かせる」ように導き、「分かった！」「できた！」「嬉しかった！」「すごいぞ！ボク／ワタシ」という「達成感」や「自信」の獲得につなげていくことが支援の基本だと思います。

　この積み重ねが親御さんや支援者との「人間関係」の形成や回復につながります。

# 1. ASDの子どもの情緒と療育

## (1) ASDの子どもの情緒の特性

　ASDの子どもは、親との間でも愛着関係がうまく結べないので、物との関係に偏ってしまうとか、目線回避してアイコンタクトをしないので人とのコミュニケーションが進まないという、社会性の障害とコミュニケーションの障害をもっています。そして、事物に対するこだわり行動も強いので、これら3つの障害から、対人関係の形成や維持、発展にも大きな問題が生じます。

　そのことから、ASDの子どもは、人に「ここを見て」と指示されたり、「これをやってちょうだい」と頼まれたり、「それはちょっと待って」と制止されたりすると、ものすごく侵襲・侵入された気分に陥りやすく、警戒心や不安、時に恐怖心が湧いて、泣き叫んだり、逃避したり、反抗的になったりするのです。

　この混乱しやすい情緒は、人と交わろうとしない、コミュニケーションをしない、特定の物との関係にこだわることで、ますます、悪化していきます。

　特に、集団生活が求められていく保育園や幼稚園以降、情緒の混乱は増し、併せて、パニックや自傷行動、他害といった行動障害も増加します。

　ASDの子の親御さんや保育士さんなどの関係者が、最も困っていることが、実は、この情緒の混乱への対処と情緒の混乱に伴う各種の行動障害だと思います。

## (2) 情緒と認知と感覚に配慮した療育

　そのASDの子どもをなだめ、情緒の調整を施して、安心、安定に向けていくことは容易なことではありません。泣く赤ちゃんをなだめるようにして、抱っこしたいと思ってもそれを拒むASDの子どもは多いのです。「子守歌を唄ってあげるから聞いて」と言っても聞く耳をもたないし、耳塞ぎして強く拒絶されることもあります。

　このように乱れやすく、安定性に欠き、回復力の弱いASDの子どもの情緒特性をまず、理解しておきましょう。

　それに対して、ASDの子どもは、状況や環境を知る際に「目で見ることを重視している」と言われています。そのことから「幼稚園に行く」「スクールバスに乗る」「幼稚園に着いたら、バスから降りて教室に一人で行く」「教室では帽子とカバンをフックにかける」「手洗いをする」などの「これから予想される場面場面」を写真カードや絵カードにして見せて、「分からせて」「見通し」をもたせることで、彼らを安心させることが推奨されています。

　これは、ASDの人たちの認知特性を理解して、配慮した合理的な取り組みと言えます。

また、ASDの子どもたちが感覚的な刺激を好み、それを得ることで情緒的に安心して、落ち着き、安定することも知られています。その代表例が常同行動と呼ばれる、手指を小刻みに振ることや、身体を前後左右に大きく揺らすことの自己刺激行動です。

　さらには、クルクル回る物やポタポタと垂れる水滴を見入って視覚刺激を楽しむこと、ザーザーと水道を出しっ放しにしたり、空き缶に小石を入れて振ってカランカランと鳴らしたりして、音刺激に浸って安定することがあります。

　したがって、不安に苛まれて、情緒不安定な状態にあるASDの子どもに対しては、物や状況を「よく見せ」「分からせる」という認知（視覚）支援と、感覚刺激（自己刺激）行動を見守ったり保障してあげたりすることで、情緒的な安心と安定に導くことが可能となります。

　ただし、ASDの子どもの情緒が「物や状況を見せる」「感覚刺激を与える」だけで、安心や安定に導ける、そしてその状態が持続できるか、と言うと、そう簡単なものではありません。

　そこには、普段からASDの子どもを不安や混乱に陥らせないための「事前準備（環境調整）」が必要ですし、情緒不安定になった際の「あやし」や「なだめ」というリカバリーの関わりも不可欠です。ちなみに、この「事前準備（環境調整）」と「あやし」「なだめ」のリカバリーは、ASDの子どもたちが陥るパニックへの基本対応になります（**68ページのイラスト**と**第8章参照**）。

　また、提示した課題に応じさせていく中で、ASDの子どもを「これ、楽しい！」「ぼく（わたし）って、結構できるじゃない！」というような前向きな姿勢にさせていくためのサポートも必要になります。

## ⑶ 療育の前から療育は始まっている

　ASDの子どもたちは、物との関係を重視し、視覚情報や感覚刺激を頼りに行動や生活を組み立てる傾向が強いと言えます。そのために、定型発達にある私たちの「複雑な動き」が予想できなかったり、「早過ぎて」ついてこられなかったりして、戸惑い、不安を感じ、不安定な状態に陥って、応対を拒否することがよく起こります。

　その顕著な場面が「家族が決めた突然の外出」です。ASDの子どもたちは、行き先がたとえ魅力的な遊園地であったとしても、おもちゃ売り場があるデパートであっても、予告なく事前説明もない突然の移動には対応できません。彼らは道中の車内で泣き叫び、目的地に着いても尻込みして車から降りようとはしません。無理矢理に会場に連れて行ったとしても、すぐに「帰ろう！」「もう帰ろう！」「いつ帰るの？」という回避的な言動に終始して、肝心の遊具や買い物を楽しむことができません。

　ましてや療育・相談の機関（場所）にASDの子どもを連れて行き、そこでの目的を果たすことは、容易なことではありません。それは、子どもの多くが「病院」や「歯科医院」と勘違いしてしまうからです。それらのことで、せっかく、数ヶ月前から予約をして、いろいろと準備をしてきたのに、「子どもが車から降りない！」「入り口でひっくり返って泣いて、騒いで抵抗してい

独りで感覚感触の世界で

安心
そして
安定

見通しが
持てることで
安心し
安定して
いるけど…

おはよー

登校時
スケジュール

登校スケジュールにそって
その通りにやってきて
ご機嫌だったのに…

突然の授業変更で
使う教室も変わり
理科室になった！

理科室

こわい
心配
不安
行きたくない！

ビクビク

予定とは
ちがうけど
大丈夫
だから

無理強いして中に入れようとすると……

同じ学校の
中だし、理科は
嫌いじゃない
だろ？

イヤー！
ギャー

パニック　自傷　他害

事前に

○月○日はこの理科室で
おべんきょうします
こわくないですよ

と説明

理科室

うん

← 事前準備と
リカバリー

よく
我慢した
頑張ったね！

わーい！
たのしいね！

人と共に

る」間に、時間が過ぎてしまうのでは、残念過ぎます。

そこで私は、私が携わってきた療育相談の機関においては、来所の予約をした利用家族に対して、即刻、「案内写真カード（ハガキ）」を送付することにしていました。具体的には、

① 予約日と目的地の住所、電話番号の明記

② 病院などと勘違いしないように、建物の全景写真（複数）

③ 入り口で迷わないように、入り口の写真

④ その中で対応する私とスタッフの顔写真

⑤ 診察室とは異なる、相談室の中にあるプレイルームの風景写真（複数）

⑥ 親御さんのための地図

が揃った写真カードです（**写真 3-1**）。

**あんないカード**

写真 3-1

大学の療育相談室に来てもらう場合は、複雑な校内に配慮して、駐車場からの移動経路を順番に①～⑧までの写真で示して、案内していました（**写真 3-2**）。

そして、親御さんには、これらの案内写真カードを予定日の最低1ヶ月前から、毎日、子どもに提示して、見せて、

「○○月○○日の○○時から、ここに行きます」

「ここは、病院じゃありません」

「歯医者さんでもありません」

「遊ぶ場所で、遊ぶ遊具やおもちゃがたくさんあります」

「この男先生と女先生と一緒に遊びます」

「注射はありません。歯のギーギー（歯科治療）もありません」

「楽しく遊びます」

「1時間で終わります」

「そうしたら、車に乗って、帰ってきます」

という、事前説明を繰り返し行ってもらうようにお願いしてきました。

写真 3-2

つまり、療育は、「案内写真カード」をASDの子どもに見せることで、事前にスタートしていた訳です。

これは、効果てきめんでした。現在、私が勤務する大学で療育相談室を始めたのが2004年、宮城県発達障害者支援センターえくぼを開設したのが2005年。以来、両相談室において毎年合計200回以上の療育相談を行ってきましたが、「相談室の入り口でひっくり返って泣いて騒いで入室を拒むケース」は1名たりとも出ていません。

そして、「相談室で私と遊ぶことは、既知のこと」として、子どもたちは、安心して、穏やかに私やおもちゃで遊び、速やかに、「個別の療育」へと進んでいくのでした。

子どもたちの中には、繰り返し見続けたことがわかる痕跡のある「案内写真カード」をかざして見て、「あぁ、写真のせんせい、いた！」と言って、嬉しそうに私を指差す子どももいました。

さらには、現在の私の白髪頭に気づいて「写真とちがう……」と指摘する子どももいます。すると、相談室の玄関で親御さんもスタッフも大笑い。すごく和やかな雰囲気に包まれて、療育相談が開始されるのでした。

# 2. 情緒・認知課題と個別療育

## (1) 個別の療育の方法と導入

今、ASDの子どもをもつ親御さんが強く求めていることの一つに、療育（早期発達支援）があることは間違いありません。また、ASDの子どもたちが通う児童発達支援センターや放課後等デイサービスでも、療育は必須のメニューとなっています。

この療育には、「個別療育」というマンツーマンの療育プログラムと「集団での療育」という療育プログラムとがあります。

後者に関しては、第10章で触れることにして、先に、ASDの子どもにマンツーマンで実施する「個別療育」の説明を行います。

まず、個別療育は、ASDの子どもと支援者が机やテーブルを挟んで、各々が椅子に座り向かい合って始めるのが通常のスタイルです。

ただし、子どもが幼かったり、まだ一人では支援者に応対できない状態の場合は、子どもの脇に支援者が並び座り、手に手を取って親切丁寧に進めたり、親御さんの膝に乗ったままの状態で進める場合もあります。

さて、個別療育は、① あいさつから始まり、② 本日用意した「課題のプログラム」の説明を行って、「今日は、何をするの?」という不安に対して、見通しをもってもらうように心がけます。それから、「いつ終わるの?」という気がかりに応えるべく、③ タイムタイマーを子どもの前で設定して見せて、「この赤いところがなくなるまで頑張ってやりましょう」と時間的な目標を示します。ここまでが導入で、一般的な方法でもあると思います。ABA（応用行動分析）やTEACCHプログラムで行われる個別の療育場面においても、以上のような導入を経ていることでしょう。

## ⑵ 情緒・認知課題

　さて、ここからが私と本書のオリジナルな個別療育の方法である、「情緒・認知課題」のスタートです。

　何がオリジナルで何がアピールポイントかと言いますと、それは、ASDの子どもの

　①不安傾向が強く、不安定になりやすい情緒をあやし、なだめて調整しながら、

　②課題（おもちゃ教材）を提示して、よく見せ、よく分からせるという、認知に働きかけて、

　③簡単にできる課題への対応を求めて、よく誉めながら支援し遂行させ、

　④達成感と自信をもたせて、支援者や親との信頼関係を築いたり、修正したりする

療育方法だからです（下のイラスト参照）。

次々に出てくる課題に応じて達成感を得ることで自信をもち、

　　　　　　　　　　大人との信頼関係を育んでいく

### ⑶ 情緒・認知課題とおもちゃ教材

　おもちゃ教材とは、「ASDの子どもと支援者を結びつける媒介である」と定義しました。そして、写真とレーダーチャートで示した⑴～⑾のおもちゃ教材がその典型です（54～63ページ）。

　これらのおもちゃ教材を用いて、ASDの子どもに「対応」を求めていきます。これが「課題」ということで、私の場合、ASDの子どもの情緒と認知に働きかけるので「情緒・認知課題」というように呼んでいるのです。

# 3. 情緒・認知課題の実施

　ASDの子どもに対して、① あいさつ→②課題のプログラムの説明→③ タイムタイマーの設定をしても、すぐに個別の療育が進められるとは限りません。ASDの子どもの多くは、「人と向かい合いたくない！」とか「まだ怖い！」「やっぱり逃げたい！」というような抵抗、恐怖、不安の渦中にいて、情緒の乱れが大きいからです。

　支援者は、まず、このネガティブな状態の情緒に注目して、そこから関わりをスタートさせます。

## ⑴ 支援者が落ち着いて見せて、"安心・安定のモデル"となる

　ASDの子どもの情緒の状態を察し、かつ理解して、恐怖や不安が軽減されるように、支援者が率先して"落ち着きの態度"を見せて、どっしりと構えて、彼らの手本となります。

　そして、子どもが泣き出したり寝転んでぐずったりした場合は、「ヨシヨシ、怖いね、でも大丈夫だよ。ヨシヨシ」というように、あやすことから始めます（**左イラスト■**）。

　また、「いやだ！」と大声をあげたり、椅子を倒して逃げていこうとする子どもに対しては、「怖いことは、しないから、平気、平気」「お勉強は簡単だから、すぐできるよ」「○○くん（ちゃん）なら、大丈夫、できるよ。大丈夫」などの"なだめ"や"励まし"の声かけが良いでしょう。

　さて、ASDの子どもの育ちに不足していくのが「社会性」です。この「社会」とは、親と子という「二者関係」からスタートします。親と子の二者関係の中で愛着が形成され信頼関係や人間関係が深まり、広がって、「社会」が徐々に大きくなっていくのです。

　「個別療育」の場でASDの子どもたちに施される"あやしやなだめ"の行為は、愛着形成や信頼関係、人間関係の基礎作り、ひいて言えば、ASDの子どもたちに必要とされる「社会性」を育む機会である、と言うことができます。

## ⑵ 提示課題は「本当に簡単だ」ということを"やって見せて分からせる"

　支援者にあやされ、なだめられて、気持ちが落ち着いたASDの子どもたち。それでも「どうやっていいか分からない」「自信がない」「人に応じる気持ちにならない」と尻込みしていることも多いと思います。

そのような時、支援者は、取っ付きやすく、感覚刺激も強いおもちゃ教材を提示したうえで、「やり方の手本」をASDの子どもに見せてあげると良いでしょう。

　具体的には、スチール製（缶カラ）の灰皿の穴を通して、木製のダボやビー玉を中に落とすという単純作業（通称：ペグ刺し課題）です（56ページ参照）。すると缶の底に落ちたダボやビー玉が「カランコロン」と鳴って、聴覚をちょうどいい感じで刺激してくれるので、子どもの注目が自然と缶カラに集まります（72ページの**イラスト❷**）。

　この「支援者が提示したおもちゃ教材を見る」ことに加え、「支援者が示したやり方の手本を見る」ことは、ASDの子どもと他者とが「視線の共有」と「意図の共有」で結ばれた、ということを意味します。すなわち、そこには、意思疎通＝コミュニケーションが起きている、ということになるのです。

　さらに、その場面で支援者は、缶カラを子どもの目線の前に置き、かつ、支援者の目線も子どもの目線の高さに合わせます。この「おもちゃ教材を見せる」＋「やり方の手本を見せる」に「支援者と目を合わせさせる」ことが大きなポイントとなります（**右イラスト**）。

　思い返してください。ASDの子どもたちは、幼い頃より目線回避の傾向が強くあり、アイコンタクトが成立し難く、その結果、人とのコミュニケーションが滞るということを。

　つまり、分かりやすくて、扱いも対応も簡単なおもちゃ教材に子どもの注意（視線や聴覚）を集めておいて、そこで支援者との視線も合わせさせていくことで、結果、彼らが苦手とするアイコンタクトを成立させていき、コミュニケーションを深めていくことが可能となります。

　そして、この「おもちゃ教材を見せて」「やり方の手本を見せる」ことのもう一つの効果は、ASDの子どもに「物の操作のやり方を分からせることができる」ことにあります。

　すると、ASDの子どもたちは、実際に「やってみよう！」とその気になって、自らおもちゃ教材に手を出してくれるようになるのです。

ちなみに、マーブル柄のカラーシールをコピーした台紙にペタペタと貼っていく課題や、マーブル柄の紙皿、紙コップに貼ってデコレーションする課題も「取っ付きやすく」「手本を見せて分からせやすい」療育のための課題です。なお、手指の発育が幼かったり、不器用のある子どもの場合は、シール剥がしが難しいこともあるので、モコモコとした素材で厚みがあって摘まみやすいシールを用いることをお勧めします（57ページ参照）。

## ⑶ 子どもに実際にやってもらって、安心させる

　人は、「怖いから、逃げる」「できないから、やらない」「ダメだから、信じない」といったネガティブな発想とネガティブな行動とが結びついて、前進できなくなることがあります。この滞り状態に対して、"発想の転換"で対処する方法が近年、注目を集めています。

　それは「怖くないから、逃げなくても良い」「できるから、やってみよう」「ダメじゃないから、信じてみよう」と、考え方を改めて、そして、実行に移してみて、「できた！」「やって良かった！」

という"ポジティブな実感"を得て、達成感や自信も獲得するという方法です。これを認知行動療法と言います。

　このように、人は思い悩むことがあっても、前向きになって、実際に行動を起こし続けることで、停滞を脱して変わることができるのです。

　この原理が「おもちゃ教材を使って、情緒・認知課題を設定して、対応を求めること」にも通じます。

　ASDの子どもたちは、人から指示されること、求められることに「怖い」「できない」「分からない」などのネガティブな感情を抱くことが多く、「逃げる」「やらない」「放棄する」などの行動に出て、支援者や親を悩ませます。

　しかし、先に紹介した、ペグ刺し課題やシール貼り課題なら、取っ付きやすく、やってみたら簡単、しかもペグのダボやビー玉、シールの数は限られているので、「終わりも容易に見通せる」こともあって、安心して課題の遂行に集中することができます。

　この種の情緒・認知課題は、ASDの子

どもに「安心と安定」をもたらします。そこで支援者は、積極的に子どもを誉めて、肯定して、子どもの安心感をより強めていきます。

## ⑷ 次の課題提示をして達成感や自信につなげて信頼関係を得る

ASD の子どもは、安心感を得て情緒的に安定した状態を保って、一つの課題をやり遂げることで、次の課題に対する期待や意欲をもつようになります。そこに次なる課題を提示して、課題遂行を支えて、達成感を得てもらい、自信につなげることで、支援者との信頼関係を築いていきます。

ここでも支援者は、適宜、子どもをよく誉めて、達成感や自信の後押しをします。

情緒の安心・安定が意欲につながり、
次なる課題に応じて達成感を得ることで
自信となり、大人との信頼関係を生む

## ⑸ 課題提示のコツ：子どもの状態と好みのリサーチをする

ASD の子どもに提示する課題は、子どもの状態像に合わせなければなりません。幼い子どもに高度な内容、難易度の高い課題を提示したら、子どもの尻込みや拒否は強まるばかりです。反対に、読み書きも計算も得意な子どもに、点つなぎやなぞり書きの課題を提示したら、子どものプライドを傷つけ意欲を失わせてしまいます。

そこに気をつけながら、最初の課題提示は、やはり、「簡単」で「応じやすい」ことから求めていき、不安や抵抗を抑え、段々と難易度を上げていって、調子を上げさせて、最後に、子どもにとって一番必要性の高い課題を提示すると良いでしょう。

その際に大切なことは、その子どもにとって「ちょっと難しそうだけど、少し頑張ればできそうだな！」という、「できるかも 50%」VS「できないかも 50%」(fifty-fifty：五分五分) のレベルにある課題を設定することです。

ここで得られる「少し頑張ったら、先生の言う通りできた！」という達成感と自信、そして、支援者への信頼感が重要なのです。

また、子どもの好みやこだわり行動に合わせて、課題を設定することで、子どもの不安や抵抗を払拭することができたり、課題対応への動機づけを高められたりもします（次ページ**イラスト**）。

したがって、個別療育を実施するにあたっては、そのお子さんが日頃、何がどれくらいできているのかと、何が好きか、何にこだわっているのかを調べておくことが必要です。

## ⑹ 課題提示のコツ： 段々と難易度を上げ、途中で諦めさせない（達成感に結びつける）

　前記⑸とも重複しますが、課題提示は最初、簡単に。段々と難しく。最後にその子にとって一番必要とされる課題を提示することが重要です。

　例えば、怯えが強く、人に向き合ったり、共に行動を起こすことができにくい5歳女児Aちゃんの場合を見てみましょう（次ページ**イラスト❶**）。

　まず、支援者は、「Aちゃんのお名前を呼びますので、"はーい"って、手を上げてください」と求めつつ、お人形を用いて、そのお人形に向かって「Aちゃんの前に、お人形さんのお名前を呼んでみますから、名前を呼ばれたお人形さんは、"はーい"ってお返事してください」と"お返事の手本を見せる"ように、設定します。そして、「Aちゃん、今から、お人形さんがお返事しますから、見ていてくださいね」と言って、「お人形さんの□□さーん」と呼んで返事をしてもらい（支援者の腹話術）、Aちゃんへの手本を提示します。それから、「Aちゃーん」とAちゃんの名前を呼び、支援者もお人形さんも共に「はーい」と手を上げて見せて、Aちゃんのお返事や挙手を誘います（次ページ**イラスト❷❸**）。

　それができたら、大いに誉めて、次は「今、上手にお返事ができましたから、先生の手とAちゃんのお手々をパッチンと合わせましょう」と言って、Aちゃんの掌と支援者の掌を合わせてみます。ここでも手本として、先に、お人形さんの手と支援者の手を合わせて見せておくと良いでしょう。Aちゃんが手を合わせられたら、ここでも大いに誉めてあげます（次ページ**イラスト❹**）。そして、3番目の課題として、手遊びの提示とその模倣を求めていきます。お返事ができて、誉められ、手を合わせるパッチンの挨拶もできて、また誉められて、気を良くして、かつ、安心したAちゃんは、支援者の手の動きに注目してくれています。ここを逃さないで、ゆっくりと「トントントントン、ひげじいさん……」と手遊びを始めて行き、「Aちゃんも先生を見て、一緒にやってね」と誘っていきます（次ページ**イラスト❺**）。

　普段、いきなり、この手遊びを求められたら、拒否して、無視するAちゃんでしたが、今回は、簡単な課題から対応できることを積み上げてきたので、しかも何度も誉められていますから、Aちゃんは手遊びにも応じられています。

　今まさに、Aちゃんに求められ続けてきた「人の行動に合わせること」という、発達的な課題が達成されたのです（次ページ**イラスト❻**）。

　これは、Aちゃんに関する事前のリサーチに基づく状態把握と、提示課題の難易度を段々と上げていくことと、難し過ぎる課題で挫折させない、諦めさせないことが実践された成果なのです。

## ⑺ 課題提示のコツ：続けさせること

　ASDの子どもたちの中には、できることが少なく、よって、誉められたこともなく、だから、自信も意欲も育っていない境遇の子どもがいます。それに加え、自己刺激行動としての常同行動や感覚遊びも無理解によって止められてしまい、「期待も希望ももてない」という無気力な状態に陥ってしまっている子どももいます（130ページ参照）。心理的・身体的な虐待プラス、ネグレクトに遭った子どももそれによく当てはまります。

　このような状態にあるASDの子どもには、「簡単に続けられる課題」を与え、「課題を遂行しながら楽しくなる」「誉められて嬉しくなる」「課題を続けながら段々と安心感を得ていく」という体験を積ませていくことが大事です。

　そのためにも、このような状態の子どもには、必ず、手本や見本を添え、やって見せて、親切丁寧にエスコートし続けることが肝要です。

　その支援で、徐々に子どもの中に安心感が広がり、笑顔も増え、支援者への信頼が深まっていきます。

# 第 **4** 章

・・・・・・・・・・・・・・・・・・・・・・・・・・・・・・・・・・・・・・・・

# おもちゃ教材を使って
# 見せること、聞かせること、
# 操作させること
## 〜放デイ*で、学校で、家庭でも〜

　ASDの子どもの「対人関係」を改善させ、「人間関係」を育むことが期待される「おもちゃ教材」は、100円ショップに埋もれています！ また、スーパーのお菓子コーナーやガチャポンコーナー、ファンシーショップ、デパートの玩具店舗、地域の本屋さんでも見つけることができます。それらで“発掘”して実際に療育に用いた事例を紹介します。

　なお、アスペ・エルデの会 発行『アスペハート』誌 Vol. 30、31、32で紹介したおもちゃ教材の一部を転載しています。

＊2ページ（扉裏）ページの編集注 参照

# 1. 100円ショップの商品を
# おもちゃ教材にして見せること

「見てくれない」ASDの子どもたちに対して、「見る」ことを教え、「見ると分かる」そして「安心する」という心境に導くことが療育におけるポイントです。

また、「聞いてくれない」ASDの子どもたちに「大人の優しい声かけは安心をもたらす」ことや「聞くことで良いことが起こる」ことを体験させていくのも療育のポイントです。

さらに、「操作しないで諦める」ことが多いASDの子どもたちに「操作して」「やってみたら」「すごくおもしろかった！」「頑張って良かった！」という、感動や達成感を与え、自信につなげていくことが療育のポイントになります。

## (1) 見てくれないASDの子ども

不安に苛まれ、不安定な状態にあって、混乱に陥りやすいASDの子どもたち。その子どもたちの情緒を安心と安定に導くために、おもちゃ教材を用いて、「よく見せて、分からせる」という認知に働きかけるアプローチが効果的です。

ただし、ASDの子どもたちは、親や支援者が提示した物や場所をなかなか、見てはくれません。使えば「楽しい！」と分かるはずのおもちゃ教材ですら、最初は、見てくれないので、導入に苦労することもあります。

## (2)《見せること》の工夫・見ることの支援1

ASDの子どもの中には、授業中どこを見ていればよいか分からない、教科書もどこを注視すればよいか分からない、「○○を見なさい」「□□を探しなさい」「△△の場所を読みなさい」と指示されてもどうやってよいか分からない、とお手上げ状態の子どもがたくさんいます。あとで紹介するA君もまさしく、そうでした（86ページ）。

そのような子どもたちに、私がよく用いるおもちゃ教材に魚用の「すくいネット」があります。これらは、DAISOやその他の100円ショップで購入できます。私は、ASDの子どもに「注目してもらいたい」「見てもらいたい」「読んでもらいたい」物や文字の上に、すくいネットやむしめがね、拡大鏡を「かぶせて」から、「見る範囲」「読む範囲」を限定して、分かりやすく示しています（**写真 4-1、4-2、4-3**）。

なお、「すくいネット」は、あらかじめネットの部分をハサミやカッターにて本体から切り離しておく必要があります（**写真 4-4**）。難しい作業ではありませんが、ケガすることが心配されますので、そこは、大人が処理しておいてあげましょう。

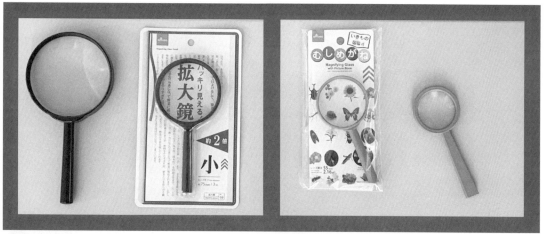

写真 4-1　　　　　　　　　　　　写真 4-2

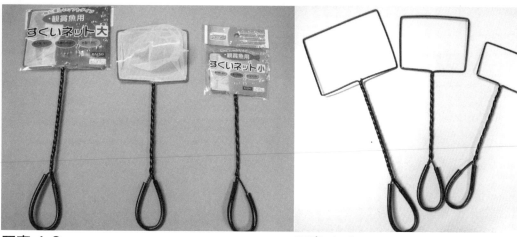

写真 4-3　　　　　　　　　　　　写真 4-4

　以上は、授業でのおもちゃ教材を用いた工夫の紹介でしたが、ここからは、個別の療育における「もう一歩進んだ」取り組みを披露したいと思います。

　私が自信をもって教材として紹介したい絵本に、『NEW ウォーリーをさがせ！』（フレーベル館）があります。これは、ウォーリーという名の主人公が世界旅行に出かけて、世界各地の住宅街やビーチ、スキー場、キャンプ地、駅舎、飛行場、競技場、博物館、クルージング、動物園、などの「人混み」に出没し、そこから彼を「さがそう！」というものです。

　この絵本の素晴らしいところは多々ありますが、その中でも特筆すべき点は、「人混み」に描かれている人それぞれに動作や表情があって、その個々人が「何をして、何を主張しているのか」の推測がしやすいことです。そして、個々人の動作や表情が周囲の人々と関連づけられているので、ページのどこを見ても、その場所で起きている「ストーリー」を思い描くことができるのです。ですから、子どもたちのみならず、大人さえも魅了し、この絵本を覗く者同士のコミュニケーションを豊かにさせてくれます。さらに、人々がいる風景の描写が精緻で感動的です。

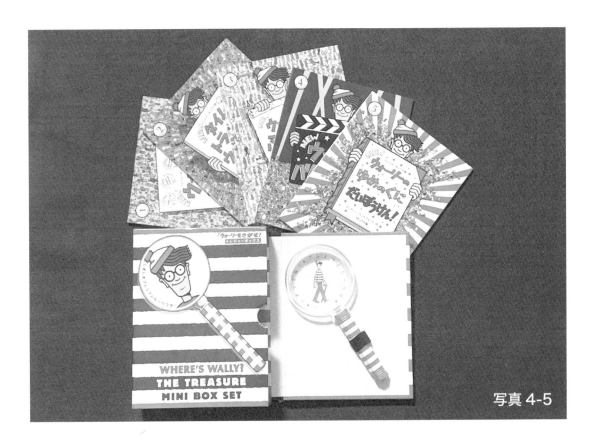

写真 4-5

　この『NEW ウォーリーをさがせ！』に続いて、『NEW タイムトラベラー　ウォーリーをおえ！』、『NEW ウォーリーのふしぎなたび』、『NEW ウォーリー　ハリウッドへいく』、『NEW ウォーリーのゆめのくにだいぼうけん！』などが出版されています。

　私は、今回、それらのシリーズ5冊が1箱に収められて、かつ、「しましまプレミアムルーペつき！」の『NEW ウォーリーをさがせ！　トレジャーボックス』をご紹介します（フレーベル館、税込 2,200円）（**写真 4-5**）。

　先述したように、『NEW ウォーリーをさがせ！』は、個性ある人々の「人混み」と精緻な風景が描き込まれているので、容易にはウォーリーを「さがしだす！」ことはできません。そこが「楽しさ」なのですが、ASD の子どもたちの中には、集中が途切れてしまう、他に気移りしてしまうなどの問題から、途中放棄してしまうケースも出てきます。また、「さがしだす！」対象であるウォーリーそのものを忘れてしまうことも生じます。これらの諸点を補うべく、**写真 4-5** にあるルーペが囲んでいる「ウォーリー」像を適宜指差しながら、「このウォーリーお兄さんを探すんだからね」と声かけして、子どもたちの注意を維持させていきましょう。

　また、そのルーペを使って、「これで覗くと、ウォーリーお兄さんがすぐに見つかるかも知れないよ」と助言すると、俄然、子どもたちの「やる気」が増し、注意も持続されやすくなります。

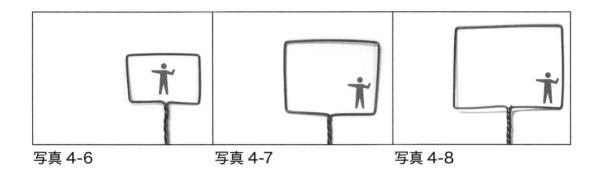

写真 4-6　　　　　　　写真 4-7　　　　　　　写真 4-8

　さて、**写真 4-6** は、「すくいネット」の一番小さなフレームを用いて、「お兄さんは、この中にいます」と子どもにヒントを与えたところです。もし、この枠がなかったとしたら、そのお子さんはどこを見てどう探したらよいものかと途方に暮れて、苛つき、イヤになって、パニックに陥ったかもしれません。しかし、私の「助け船」のお陰で、瞬時に「お兄さん、ここにいた！」と笑顔で、かつ自信満々に指差すことができたのです。

　**写真 4-7** は、中くらいの大きさのフレームです。先の「小」に比べて指定範囲が大きくなりましたが、それでも子どもたちは容易に「お兄さん見つけた！」とお兄さんを見つけ出してくれます。

　**写真 4-8** は、一番大きなフレームです。「小」に比べますと、随分大きくなりました。しかし、それでも多くの子どもたちは、この「範囲限定」効果でもって、驚くほどスピーディーにウォーリーお兄さんを見つけ出してくれるのです。

　したがって、「フレーム」の大、中、小の使い分けは、本のサイズやお子さんの様子、雰囲気に合わせて行えばよいでしょう。例えば、「お兄さんを探すのに、ヒントをあげよう。ここに、大、中、小の大きさの3つの四角い枠があるけど、君はどれを使って"この中にいるよ"というヒントを出して欲しい？　本のページの大きさも考えて、選んでね」と聞くやり方があります。

　子どもが「大！」を選んだなら、「おぉっ、君は広い範囲からお兄さんを探し出せる自信があるんだね！」とその決断を讃え、「小！」を選んだ場合には、「指定範囲を小さくして、すぐに見つけ出せるようにするんだね！」と言って彼の戦略を肯定してあげます。

　要は「範囲指定のフレーム」を使うことに抵抗感や引け目の感情をもたせないことです。

　こうした大人からのヒントの提供や支援に敏感に反応してしまい、抵抗や反発を起こしやすい、神経質でプライドの高いお子さんには、次の方法もあります。

　次ページの**写真 4-9** にある、クッキー用の☆型フレームです。これも100円ショップで買いました（※これに類する型は多数販売されています）。

　これを使って、**写真 4-10** のように一つの☆型でお兄さんを囲んでおき、**写真 4-11**のごとく他の☆型をちりばめて置けば、「お兄さんは、何色の☆型に入っているでしょうか？」という、新しいゲームが成立するのです。

写真 4-9

写真 4-10

写真 4-11

「見開き2ページの大きな絵柄からお兄さんを探し出すには、自信がない。しかし、3色の☆型の中からなら、簡単にお兄さんを探し出せる！」

神経質でプライドの高いお子さんは、そのようには決して言いませんが、そのように感じてくれて、「やってみようかな」と応じてくれるはずです。

このような無理のない、しかし、配慮の行き届いたサポートによって、子どもたちは、「提示された課題のどこを見ればよいのか」を強く学んでいくことになります。

補助輪を外した自転車に初めて乗る子が、お父さんに後ろを支えられてもフラフラ状態で危なっかしく前に進んでいきます。それでも子どもは自転車乗りが楽しくて仕方ない。フラフラ、フラフラと続けながらも、次第に走行は安定し、そのうち、子どもは自転車こぎのコツを掴んでいき、お父さんが手を離しても転ばず、自力での走行を保ち続けられるようになる！

そのような「自転車乗り」と同じように、ASDのお子さんへの〈見ることの支援〉は実を結んでいきます。

以前、ASDのA君は、小学校や放課後のデイサービスにて「ウォーリーお兄さんを探せ！」の課題を提示された際に、「そんなの見ても分かんねぇよ」「どこだかさっぱり分かりません！ベロベロばぁ」と投げやりになり、開き直ってたて突いていました。

その後、**写真 4-4**の「範囲指定のフレーム」を、小学校の担任の先生ならびにデイサービスの支援員にも引き継いでもらいました。

それらの結果、A君は、今では〈物の見方〉が分かり、落ち着いてきて、**写真 4-12**にあるような絵本を手にしては、「オレが探してやろうか？」と自信満々に話しかけてくるようになったといいます。

写真 4-12
『アンパンマンをさがせ！ ミニ GREEN』
フレーベル館刊

## ⑶《見せること》の工夫・見ることの支援2

　子どもの「目と手の協応動作」を高め、集中力を養い、その持続性を伸ばす課題として、「ビーズひも通し」の名が真っ先に挙がると思います。したがって、児童発達支援センターや支援学校、放課後等デイサービスなどでは多用されています。

　しかし、その作業中に誤ってひもを手放してしまった場合、せっかく通し続けたビーズたちが一斉に床にこぼれ落ちることは、計り知れないほどのダメージを子どもに与えます。それに加え、「何やってんの‼」と叱られてしまったのでは、目も当てられません。

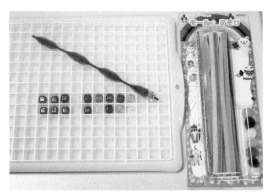

　私は、ビーズ通しの効用は認めますが、それにも増して「子どものこころも大事」にしたいので、それら両方を満たすために、「モール通し」（写真4-13）を行っています。これなら、モールに通したビーズたちは、ちょっとやそっとの衝撃では外れることはありません。床にこぼれ落ちません。子どもも大人も安心して作業に取り組むことができます。

写真 4-13

　また、先のビーズの代わりに、ホームセンター（カインズ）で売っていた、工業用の「スポンジ（パッキン）」を用いてみました（写真4-14）。これは、ビーズよりも大きくて持ちやすいし、軽いので扱いも容易です。したがって、モール通しの初心者に向いています（写真4-15）。

　さらに、「もっと簡単な“通し”課題はない?」との要望に応えて私が揃えた教材。髪留めのシュシュを木製のマドラーに通していく、という課題です（写真4-16）。色とりどりのシュシュは、何個も入っていて110円。木製のマドラーも110円。DAISOで合計220円。簡単に調達できて、子どもも簡単に行える教材。それで、見る力や操作する力が養えるのですから、本当にお得です！

写真 4-14

写真 4-15

写真 4-16

さて、別のおもしろい、かつ、お安く済む課題をもう一つ、ご紹介しましょう。

写真4-17は、「トンボ模様の手ぬぐい」（※以前100円ショップで夏に買った）を用いて「トンボの柄を何かに変身させてみよう！」という課題にしたものです。

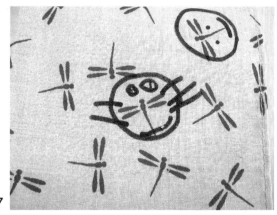

写真4-17

私がASDの子どもたちに「トンボの形が動物の鼻とヒゲに見えるね」と言って、ヒントを与えますと、「僕も描く！ やってみる！」と興奮してやる気をみなぎらせた子どもたち。

今度は写真4-18にあるような「カエル柄」（DAISO）の手ぬぐいを用いてみました。私が子どもの目の前で「カエルがお猿さんに変身します！」とか「カエルが猫になりました！」「カエルが自動車になりました！」「さらに、カエルが豚さんになりました！」と実演していきますと、もう「我慢できない！」とばかりに、ASDのB子ちゃん（5歳）は、マーカーを手にして、私の口調を真似て「カエルがカメさんに変身しまーす！」と言って、写真4-19の左下の絵を描いてくれたのです。そして、隣に「カエルがキョウリュウ（恐竜）になりました！」と言って描き、さらには、「カエルがクマさんになりました！」と言って描いてくれたのでした。

写真4-18

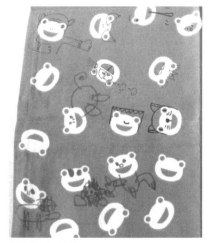

写真4-19

それを見ていた母親が「この子、こうやって気持ちを引きつければ、ちゃんと課題を見て、しっかりと絵を描き、仕上げることもできるんだ！」と唸ったことを思い出します。

私はお母さんに「お子さんをおもちゃ教材の魅力で誘導して、"物の見方"を変えてあげることがとても大切だと思います。そして、キチンと達成感をもたせ、自信にさせる。その子ども

の変化によって、親御さんの"子どもの見方"も変わる。それが、100円ショップの100円商品でできるのです!」と言って、彼女をさらに唸らせたのでした。

　なお、今回用いた100円ショップの手ぬぐいは、100円ショップのテーブルクロスや裁縫用の端布でも代用可能です。ただし、絵柄の入れ替わりが激しいので、いつも同じ絵柄が買える保障はありません。その時々、販売している物の絵柄を凝視して、おもちゃ教材に使えそうな物を選んでください。

　そこで、本書の執筆時に販売していた絵柄から、使える物を紹介します。**写真4-20**の☆柄ランチョンマット（Seria 現在は販売終了）です。☆の絵柄のうち、手描き風に塗りつぶしてある★が注目ポイント。ここを子どもに示しながら「あなたも油性ペンで☆を塗りつぶしてみない?」と誘うのです。子どもは「なーんだ完璧じゃなくても、ささっと塗って良いのね?」と気を楽にして、ペンを手にすることでしょう。

　油性のペンで塗れば、"雑!"であっても、"味"が出て、かつ、作業後もランチョンマットとして、ちゃんと使えますから、お勧めの課題です。

**写真4-20**

## (4) 100円ショップと療育

　私は、ASDの子どもたちに対する療育の基本を次のような標語にして語ってきました。

> 目をかけ
> 声かけ
> 手をかける

　これは、特別支援教育全体にも通じることです。先に紹介したA君も、担任の先生に「目をかけてもらい」、適宜「声をかけられ」、"範囲指定のフレーム"を用いてもらうなど「手をかけてもらう」ことによって、その後、離席も立ち歩きも大幅に減少していきました。

　そして、その後は、座席をあえて一番後ろに移動させてみたところ、前方にいる友だちの行動をよく見て、参考にするようになって、適応行動を増していき大きな自信にもなって、より一層落ち着いていった、といいます。

　そのような労力の要る分野が「療育」なのですが、その分、手を抜けるところは手を抜いて、「支援者のエネルギーの配分」を効率よくしたいものです。

　そのためにも、100円ショップの商品を"そのままの状態"で使い、おもちゃ教材とすることが大切であると思います。

今回紹介したように、手ぬぐいは手ぬぐいのままで使う。すくいネットもネットを剥ぎ取るくらいで加工はしない。

そうした手軽さが、支援者の余裕になって、子どもへの余計な「圧力」をなくしていきます。

こうしたおもちゃ教材の捉え方を改めて、標語にしてみました。

> 手間かけず
> お金もかけずに
> 圧かけない

# 2.《聞かせる》ための技術とおもちゃ教材

## (1) 聞いてくれない ASD の子ども

ASD の子どもたちは、普段「自分が好きな物」を見ることに集中するがゆえに、同時並行での「聞くこと」に力が入りません。したがって、親や先生、支援者の指示や注意が耳に入らず、逸脱行動やうっかりミスを繰り返して、叱責の的となることが多いのです。その結果、ASD の子どもたちは、「大人はうるさい！」「もう大人の言うことなど聞くものか！」という反抗的な態度を強めたり、被害意識をもったりして、「耳塞ぎ」という、独特な防衛反応に出てしまうことになります。

さらに、怖いことは、ASD の子どもたちが怯えたり、失敗したり、困ったりした時に、親や支援者があやしたり、なだめたり、なぐさめたりすることにも「聞かない！」「受けつけない！」という態度に出てしまうことであります。

また、ASD の子どもたちは「見る」ことに比べて「聞く」力が弱いので、どうしても「聞き間違い」をしやすく、「勘違い」を起こして、いきり立ったり、暴言を吐いたり、時にパニックに陥ったりするのです。

## (2)《聞くこと》とASDの子ども

近年、ASD の人たちがもつ「共同注意の障害」が注目され、研究も進んできました。その「共同注意」とは、

① 人と「視線」を共有したり親を「追視」したりすることなど（「視覚的共同注意」）

② 呼ばれた時など、振り向いたり、その声〈音源〉を辿って親の顔を見て笑ったり、好きな音楽を一緒に聴いて楽しむことなど（「聴覚的共同注意」）

③ スキンシップでなぐさめや安心感が得られるとか、指文字や指点字などによって意思疎通が図れることなど（「触覚的共同注意」）と捉えられています。

つまり、それら「視覚」「聴覚」「触覚」を通しての「注意の共有」や「共感」ができにくいことが、ASD の人たちの対人関係や集団生活、学習活動に大きな困難を生じさせている、ということなのです。

この「共同注意」の障害は、脳内の「物まね細胞」と称されるミラーニューロンの「機能不全」が影響しているものと想定されています。そして、「相手の立場になれずに受け入れられない」という「社会性の障害」はそれらに起因する、という見解が一般的になってきました。

さて、ASD の人の「聞くこと」に関しては、この「共同注意」の障害 (特に「聴覚的な共同注意」の障害) が、例えば、次のような問題を引き起こします。

人との会話の中で、相手の強調点をくみ取れずに大事なことを聞き逃してしまう、相手の話を漫然と聞き流して、何も覚えていない、「ちょっと、そこのボク?」と声をかけられても自分のことだとは全く気がつかない、などです。

また、次のような例もあります。授業中、先生がクラス全体に向けて発した声かけを、「自分には関係がない」とばかりに耳に入れず、「雑音」として捉えてしまい、「無視」や「耳塞ぎ」などの状況にふさわしくない反応を起こして、叱責の原因になってしまうということ。

さらには、聴覚過敏が著しい場合、いろいろな音が発生する教室内に留まること自体、「針のむしろ」の上で過ごすことに等しく、過酷な状況となって、彼らのイライラや時にパニックを生じさせたりもします。

このように、ASD の人たちは、生得的生物学的に「聞くこと」に関しての「弱さ」を多様にもっているものとして捉え、そこに配慮した関わりや取り組みを行う必要性があります。

それら (ASD の特性と個性) に配慮した、ある先生の取り組みを紹介しましょう。

## ⑶ 3年1組 4名のASD

ある小学校の授業風景です。このクラスは3年1組で、中堅どころのえみ子先生が担任をしています。33 名の児童が在籍していて、うち4名が ASD の診断を受けていました。

しかし、他のクラスや他の学年にもたくさんの ASD の児童がいるので、3年1組には補助員やTT (チームティーチング) の先生は付かず、えみ子先生の力量に委ねられることになっていました。ただし、それでは「あんまりだ!」ということで、私が定期的にクラスを巡回訪問して、適宜、えみ子先生にアドバイスをする、という対策が練られました。

さて、その4名の児童は、先述した「聞くこと」の困難に加え、それぞれがいろいろな問題を抱えていました。それらは、次の通りです。

① A子さん：知的な遅れ (軽度) を伴う、受け身のタイプ (130ページ参照)。声をかけ、手をかけないとすぐに固まってしまい、時に突然泣き出してしまうこともありました。2年生の時は、「トイレ」と言えず、よくお漏らしもしました。

②B君：衝動的で落ち着きがない。勉強は得意ではないが、「一番こだわり」があって、何でも一番にしたがります。科目の部分部分でやる気を見せますが、飽きるのも早く、目配り、気配りを怠ると飛び出して行ったりケンカを始めるので、絶えず注意が必要です。

③C君：成績優秀。大体のことは独りで黙々とこなしていく、マイペースな児童。ただし、プライドが高いので、自信がないことや不安なことをおおっぴらには言えません。過剰に誉めると逆に反抗的になります。いわゆる“きちっと君タイプ”で、遅れのあるA子さんのことを過度に意識していて、彼女が泣くと見境がなくなって暴れ出し、周囲を驚かせたこともありました。

④D君：能力は高いが取り組み方が粗い。何でもササッとこなしてしまい、よって時間を持て余して、授業とは関係のないことに手を伸ばし、時にそちらが主になってしまうことが多い。それで他児から注意を受けて逆上したり、手持ちぶさたで他児をからかって騒ぎを起こしたりします。B君とは“天敵関係”なので、座席は常に離してあります。

## ⑷ 《聞かせる》ためのピカッと光る配慮と取り組み

さて、私が3年1組の授業を参観した日は、社会の授業の最中でした。

教室では子どもたちが机の上に教科書と資料集を広げて、プリントを見ながら授業を受けていました。

えみ子先生の真正面の席には、少し遅れのあるA子さんが座っていて、えみ子先生から、適宜、「今は資料集のここを見てね」「このプリントは、この地図を見て考えるのよ」「そう、そこに書き込んで」「上手上手」と声をかけられています。

えみ子先生は、A子さんにそうした配慮をしながら、教室中をくまなく歩き回って、次から次に、以下のような声かけをしていきます。

「B君、いいよ、いいよ。グッド！ グッド！ だから、プリントの次の問題も読んでおきましょう。そうするともっと分かるようになるよ！」

「太郎君は、よーく考えてるね！ いいよ」

「真二君は、資料集を見てね」

「明子ちゃんは幸輔君を助けてあげて。そうそう、ありがとね！」

「ユメちゃん、よく書けてるね！」

「あきふみ君、消しゴム落ちたよ」

「あっ、さっちゃんが拾ってくれたの。ありがとうね」

「さぁ、**今、ここでお勉強している3年1組の皆さんに聞きますよ**。もう、プリントの2番は、書き終えましたか？ どうですか？ 書けましたか？」

「そうそう、翔君、航太君、みかちゃん、あやねちゃん、それでいいんだよ！」

「麻衣ちゃんも久美ちゃんも上手にできているね！」

「C君は、それでいいからね。ウン、それでいいよ」

「芳治君はどうですか？ ウン、大丈夫ね」

「D君も、そろそろね、また鉛筆を持って。プリントの2番の答え合わせするよ」

「それでは、**3年1組の皆さん、いいですか？ プリントの2番の答え合わせするよ！**」

そう言って定位置に戻ってきたえみ子先生は、A子さんのプリントに目を通して、「よくできてるね！ すばらしいね！ よく頑張ったね！」と誉めちぎります。そして、

「**今、ここにいる3年1組の皆さん**は、えみ子先生の言うことをよーく聞いてくれましたし、教科書や資料集もよーく見てくれました。さらに、すごいことに、プリントに沿ってよーく考えてもくれました!! だから、**3年1組の皆さん**は、みんなしっかりできていると思うから、自信をもって発表してみよう！」とみんなを誉め讃え、その気にさせていきます。

もう、どの子も目を輝かせて、自信満々に「ハイッ！」「ハイッ！」「ハイッ！」「ハイッ！」とピンと手を挙げて、指名されるのを待っています。

えみ子先生は、「**3年1組の皆さん**は、すごいねぇ。今日は、お客さんが来ているから、みんなのすごいところも見せられて、本当に良かったね」と言いながら、

「それでは、すごいみんなを代表して、一番最初に答えるのは……」と、少しじらしながら、「ちょっと、聞いてね。今、一番に指名された人は、次の問題では、別のお友だちに一番を譲るんだよ。いいかい、約束だよ！ みんながそれぞれ、どこかで一番になるためには、みんなの協力が要るんだからね！ いいね、分かったね」と確認してから、「今日は朝からよく自分を抑えて頑張っていた、**B君**！ さぁ、答えましょう」と言って、B君を指名しました。

「おぉぉぉ……、おれ？ おれ？ イヒヒッ」とB君は大いに照れて、なおかつ嬉しそう。それでいて、えみ子先生の提案が引っかかっているようでB君は、

「ここで一番に答えたらさぁ、もう、一番になれないってこと？ それって嫌だ！」と涙目になっています。

すかさず、えみ子先生は「もう一番になれない、と思うと辛いねぇ。でもね、そんなことはありません。これからも授業に集中すること、勝手なおしゃべりはしないこと、立ち歩かないことを守ってお勉強すれば、次の授業でも、明日も、明後日も、また一番になることはできます！ だから、ルールを守って、みんなで交代交代に一番になりましょう」と、ゆっくりと諭すように語りました。一瞬、不安で落ち着かなくなったB君ですが、「そうか、分かった」と言って納得してくれました。

B君が先生の発題に対して解答を述べた後も、えみ子先生のフォローは続きます。えみ子先生は「皆さん、B君の答えを聞きましたね！ よく考えて、その考えをハッキリと言うことができていました。みんなで拍手！」と言ってクラスを盛り上げます。

席に着いたB君のことをさらに「えらかったね」と誉めてくれる女の子もいて、B君は得意顔でVサインをしています。

そして、えみ子先生は、「答える順番が2番だろうが3番だろうが、4番だろうが、答える順

番に関係なく、自分の考えや答えを言ってみたい人、さぁ、手を挙げて！」と元気に誘っていきます。

　クラス全体がえみ子先生の話しかけ、問いかけに引き込まれて、集中して授業に向かっています。このクラスに4名ものASDの児童が在籍するなんて、説明を聞かなければ分からないでしょう。

　授業の終盤、みんなの勢いに誘発されて、A子さんも思わず挙手をして見せました。えみ子先生は「A子さんもみんなと一緒にやってきて、みんなと一緒に分かってきてくれたから、楽しくなって手を挙げてくれたのね」とみんなの前でA子さんを誉めました。そして、「みんなの前で答える？　それとも、先生に答えてくれる？　どっちにしようか？」と提案しました。A子さんは、ちょっと考えたあと、ニコニコして、えみ子先生を指差しました。すると、えみ子先生は「それじゃ、A子さん、目の前の先生に聞こえるように、言ってごらん」と優しく声をかけました。普段はみんなの前で発表することはないA子さんでしたが、目の前の先生に言えばよい、と言われて気が楽になって、「コソコソ」と言いました。

　えみ子先生は「はいっ、えみ子先生はA子さんの言ったこと、しっかり、聴きました！　大丈夫、声が小さくても、先生には聞こえました！　A子さんは、"○○"って答えてくれましたよ」と、A子さんの代わりに、みんなに報告してくれたのでした。

　ここでもみんなの惜しみない拍手がわき起こりました。

　えみ子先生は、さらに、「A子さんのかわいい声が先生の耳に届いたのも、**ここにいる3年1組の皆さん**が、勝手なおしゃべりをしないで、騒がないで、授業に集中してくれていたからなんです！　したがって、**3年1組のみんなで、みんなを誉め合って、拍手しましょう!!**」と言って、授業を締めくくったのでした。

## ⑸《聞かせる》ための見事な個別的配慮と全体への配慮

　さて、総勢33名の児童を一人で見ながら、かつ、4名ものASDの子どもに配慮して見事な授業展開をしたえみ子先生。成功のポイントは、「個別的配慮とクラス全体への配慮」だということです。えみ子先生の話をもとにまとめてみました。

　まず、個別的な配慮ですが、A子さんについては、発達の遅れを考慮して「目をかけ、声かけ、手をかける」ことを心がけている、ということです。それは、A子さんの場合、「声かけだけでは、聞くことにはならず、行動も起こせない」から、絶えず、「見せること」＝「視覚支援」も同時に行うことが大切である、ということでした。

　B君は、彼の飽きやすい性分や能力に配慮して、「飽きる前に次の課題（作業）を提示してあげて、気持ちが途切れないように関わる」こと。そして、彼の「一番こだわり」については、周囲と折り合えるならば、できるだけ「一番最初に指名してあげて」満足を得られるようにして、併せて、その都度、繰り返し、「順番もある」「時に我慢も必要」と諭して聞かせることが大

事だと言えます。

　C君に対しては、彼の高い能力とプライドに配慮して、「見ているよ」「大丈夫だよ」「それでいいんだよ」という「サイン」を簡単な声かけで示している、と言えます。彼が気にするA子さんへの対策も万全なので、本年度はC君の基礎気分がすこぶる良い状態にあります。最近では、C君自ら、えみ子先生に「ここ、間違っていないか見てください」と言ってくるようになったといいます。

　D君に対しては、要所要所で声をかけて、退屈しのぎに変な行動を始めて騒ぎを起こす前に、適切な行動へと導いていくことが肝要だ、と言えます。また、D君の視界に天敵のB君が入らないように、座席を工夫したことも良かった、と思います。

　えみ子先生は、こうした個別的な配慮とともに、個人への声かけにも特に留意していました。それは、クラスの児童に声をかける際、誉めるのでも、叱るのでも、キチンとその子の名前を「○○くん」「○○ちゃん」と呼称することを怠らない、ということです。

　えみ子先生は、そのことによって、各々の児童が「自分に声がかけられた」という自覚をもつとともに、「先生は自分を見ていてくれている」「先生は自分を認めてくれている」という安心感や自信を与えられる、と言います。

　また、名を呼ばれていない子どもには、「それは、自分のことではない」という別の安心感も与えます。これは、繊細な感覚をもつ子どもにとって特に有効です。

　繰り返しになりますが、ASDの子どもたちは、共同注意の障害や特異な認知のために、他児が注意されたり叱られたりすると、容易にそれに巻き込まれてしまい、要らぬ不安やパニックに陥ったりします。それを防ぐためにも、**名前の呼称は不可欠**なのです。

　同時にえみ子先生は、**個人への声かけと、クラス全体に対する一斉的な声かけとを、意図的に区別して使い分けて**いました。

　それが「**今、ここにいる3年1組の皆さん**」に代表される言い方です。社会性の障害があり、集団生活が苦手で、集団や組織への帰属意識も希薄なことが多いASDの子どもたちですから、「みんな」とか「あなたたち」という声かけだけでは、響かないこともあります。よって、「今、ここにいる3年1組の皆さん」という具体性をより高めた言い方で、子どもたちの注意を引いたわけです。

　そして、個別にも全体にも共通して意図的に行ったことがあります。それは、「**誉め讃える**」ことでした。

　えみ子先生は言います。

　《子どもたちは、先生にたくさん誉めてもらうことによって、人を誉めることが上手になり、お互いが誉め合う仲にもなっていきます。そうなれば、本当に仲の良い集団としてまとまっていくのです》

　そう言いながら、えみ子先生は次のように話してくれました。

「これは、年度の始めにクラス巡回してくださった白石先生から、"えみ子先生の声かけや態度がとても分かりやすくて、クラスの一人ひとりにキチンと響いている"と誉められたので"これで良いんだ！"と実感できて、自信になったんです！」

　私は、これまで、学校や保育園、放デイに対する巡回相談では、先生方に対して、（僭越ながら）「誉める（先生のやる気を引き出す）コンサルテーション」を実践してきました。学校や先生方の「足りないところ」をアレコレと指摘する前に、「素晴らしいところや取り組み」「適切な声かけや指導」「子どもへの配慮や熱い想い」などを見つけるように心がけ、真っ先にそれを口に出して評価するようにしてきました。

　なかにはベテランの先生で、「大学の研究者なんかに文句言われたくない！」という「聞く耳もたない」態度があからさまな人もいます。それでも、私が「壁に貼ってあった子どもたちの絵画が皆、ものすごい斬新な視点で、しかも、躍動感に溢れるタッチで描かれているのに感動しました！　クラス全員がそのような力量を発揮できる、その技法は何か独自のものなのですか？教えてください！」と正直に感想を述べますと、「そうかそうか、よく気がついたね」と気分を直してくれる先生も多いのです。

　《こちらから聞く姿勢を示せば、相手も耳を傾けてくれるようになる》

　この実践から生まれた私の実感は、先生方にもASDの子どもたちにも共に言えることなのです。

## ⑹ ASDの子どもたちに《聞かせる》ためのコツ

　それでは、ASDの子どもたちに《聞かせる》ためのコツを手短にまとめてみましょう。

① ゆっくりと話す: ASDの子どもは、相手の話を聞き取る力が弱いから

② ハッキリと話す: ASDの子どもは、音声だけに集中することが苦手だから

③ 説明は短くする: ASDの子どもは、刺激（語）に惑わされやすく、話される内容と時間が増えれば増えるほど、混乱してしまうから

④ 繰り返し話す: ASDの子どもは、余計なことを考えて聞き残すこと（記憶に留めること）を忘れてしまうから

⑤ 視覚的な手がかりを付する: 話や音刺激は、消え去りますが、絵や写真などの視覚刺激は繰り返し見て、確認できるから

⑥ はじめと終わりを明言する: 話し始めるときに、「何と何を言ったらお話はお終いだから、聞くように」と言えば、ASDの子どもは、安心して聞いてくれるから

⑦ 名前の呼称を心がけて声かけをする: ASDの子どもは、「○○くん」「□□ちゃん」と名前を呼んで声かけすると、他児との混同を避けることができるから

⑧ 「みんな」とか「あなたたち」という代名詞は、「今、ここにいる3年1組の皆さん」というように、より具体的にして使う: ASDの子どもは、自己中心的で集団への帰属意識が弱いから

⑨ クラス全員をよく誉め讃える：叱られたことより誉められたことの方が耳に残り、記憶に保存されやすいし、クラスの雰囲気や人間関係を良くするから

⑩ 先生が「聞くに値する存在」となる：ASDの子どもが自ら「この先生の話を聞くとおもしろい」「ためになる」「聞かないと損をする」という気持ちになって、「聞くことがあたりまえ」の存在として位置づけられれば、クラス運営は簡単になるので

## ⑺《聞かせる》ためのおもちゃ教材

### 〜先生が「聞くに値する存在」となるために〜そのヒント〈事例〉

E子さんは軽い知的障害を伴うASDで聴覚過敏が著しく、通う小学校（特別支援学級の5年生）でもずっと耳塞ぎをして過ごしています。私は、1年前に彼女と巡回相談の折に会話をしたことがありました。

「E子さんは、プリキュア好き？」

「す・き……」

「E子さんは、妖怪ウォッチは、どう？ 好き？」

「す・き！」

「そう。プリキュアと妖怪ウォッチが好きだったら、白石先生の相談室に遊びにおいで！ プリキュアと妖怪ウォッチのおもちゃがたくさんあるよ」

それくらいの短い会話でしたが、**E子さんが耳塞ぎをやめて、良い表情をして「すき！」と言ってくれたことを強烈に覚えていました。**

そのE子さんと先日、やっと相談室で再会することができました。「ますます耳塞ぎがひどくなって、この先がとても不安」という両親の主訴でした。

私は、1年前の約束通り、**写真4-21**と**4-22**のように、妖怪ウォッチのソフビ人形＊とプリキュアのサウンドロップ（共にバンダイ）を机の上に広げて、彼女を迎えました。＊ソフト塩化ビニールの人形

**写真4-21　妖怪ウォッチのソフビ人形とプリキュアのサウンドロップ**
©LEVEL-5・妖怪ウォッチプロジェクト・テレビ東京　©ABC-A・東映アニメーション　©ABC・東映アニメーション

**写真 4-22　プリキュアのサウンドロップ（拡大）**
©ABC-A・東映アニメーション ©ABC・東映アニメーション

　Ｅ子さんは「しらいしせんせ、おぼえてるよ！」と言ってプレイルームに入ってきて、脇目もふらず机の前の椅子に座り、ニッコリとして「妖怪ウォッチとプリキュアであそんでいい？」と聞いてきました。Ｅ子さんは、左手の人差し指で左耳の栓をして、右手の人差し指は右耳から離して、机の上のおもちゃを指差しました。

　私はすかさず、「Ｅ子さん、そのまま、右手の人差し指でもって、プリキュアの女の子の絵を押してごらん。プリキュアのアニメキャラが、テレビのまんまの声でしゃべってくれるよ！」と提案して、「さぁ、押して」と誘いました。

　「ほんとに、しゃべるの？」とＥ子さん。

　「ほんと、ほんと！」と私。

　するとＥ子さんは「Yes！プリキュア5とハートキャッチ・プリキュアのシリーズが混じっている。私は、Yes！プリキュア5に登場したキュアアクアが好き！」と専門的なことを言いました。

　私が「キュアアクアって、青い、長い髪の人？」と聞きますと、Ｅ子さんは「そうだよ、押していい？なんてしゃべるの？」と聞き返してきました。

　「じゃぁ、キュアアクアを左手で取って、右手の人差し指で押してみたら。Ｅ子さんが自分で確かめてみればいいよ」

　「そんじゃ、押してみるね」

　その際、Ｅ子さんは、私の勧め通りにして、耳塞ぎを解き、左手にキュアアクアのサウンドロップを握り、右手の人差し指でもってキュアアクアの絵を押したのです。

——「知性の青き泉　キュアアクア！」—— という声が鳴り響きました。

「わぁぁぁあああ！　知性の青き泉　キュアアクア！　ってしゃべったぁ！」

E子さんは、大喜びです。そして、「もっと押していい？」と聞いてきます。

「いいとも、いいとも、ぜーんぶ押して！」と私。

「じゃぁ、押すよ」

——「クリスタルフルーレ！　希望の光！」——

「キュアドリームだ！　コレ」

——「ファイヤーフルーレ！　情熱の光！」——

「キュアルージュだ！　コレ」

E子さんはますます喜んで、私に「聞いてる？　このプリキュアの声、聞いてる？」とその嬉しさを共感して欲しいように尋ねてきました。私もE子さんからのアプローチに嬉しくなって、「聞いてる、聞いてる！」と笑顔で答えていました。

その後、私は、すっかり上機嫌になっているE子さんに簡単な課題を設定して、私への対応を求めることにしました。それは、次の通りです。

「これからはE子さんの大好きな妖怪ウォッチのクイズにしようか？」

「えっ？　なんで私が妖怪ウォッチのことが好きって、知ってるの？」

「去年、学校で聞いたじゃない」

「あっ、そうだった？」

「そうです！　だから、こうして、E子さんのために、わざわざ、おもちゃやさんを回って妖怪ウォッチのソフビ人形を買ってきたんだよ！」

「そのおもちゃやさんって、どこにあるの？」

「クイズに正解したら、教えてあげる」

「じゃあ、早くクイズ出せ！」

「分かりました」と答えた私は、机の妖怪ウォッチのソフビ人形を他のキャラクターのソフビ人形と混ぜて、

「それでは、この箱に入っているたくさんのソフビ人形の中から、妖怪ウォッチのキャラクターを全部探し出して、白石先生にください」と求めました。

E子さんは、もうウキウキして、垂涎状態で「コマさん、しゅらコマ、ロボニャンのF型、ダークニャン、えーと、イナホ！　せいかくには、みそらイナホ！　これで5人ぜんぶだぁ！」と一気にソフビ人形を私に手渡してきました（**写真4-23**と**写真4-24**）。当然、耳なんか塞いではいません。

「でもね、あれあれ、なんで、ケータがいないの？どうして、ジバニャンもいねぇんだ？これ？」と納得できない様子でいます。そこで私が、「実はねぇ、白石先生はねぇ、妖怪ウォッチに詳しくないから、何を買えば良いのかが分からなかったんです。お恥ずかしい……E子さん期待のキャラクターが揃っていなくて、ごめんね」と白状して、謝りました。

写真4-23

写真4-24

すると、E子さんは「じゃぁ、妖怪ウォッチのこと、おしえてあげるから、聞きなさい」と私に命じて語り始めました。

「このコマさんは、"こま犬"の妖怪ね。こま犬っていうのはね、神社の入り口に建っているあれね。コマさんは、"もんげ～！"って言うの。クククッ。ソフトクリームが大好きなんだよ」

「こっちの赤い炎が吹き出ている"こま犬"の妖怪がしゅらコマね。地獄から来てね、炎の温度は、なんとなんと、数万度！なのに、牛乳が好きなんだよ。イヒヒッ」

「これは、ロボニャンF型。ジバニャンの未来形だね。さらにパワーアップして、ロボニャン28号になる！すごいんだ、これ」

「そのとなりがダークニャンだ。ダークなんだよ、ダーク！もう、悪いの」

「そして、イナホちゃん。この子、おもちゃ屋で時計を腕にしてから、妖怪に会えるようになったの。わたしと同じ11歳、5年生だよ！」

　この後、私は両親との面談に臨みました。帰り際、両親は「E子が白石先生に心を開いて、心底楽しそうにしている姿を見て、学校や家でも、相当なプレッシャーがかかって苦しかったんだな、と反省しました。白石先生のお勧めの通り、家族一緒にプリキュアや妖怪ウォッチのDVDを借りて、家族で一緒に見て、しばらく、のんびりと過ごします」と言って、涙を流されました。

　E子さんは、ルンルン気分で「また来るね！また遊ぼうね！」と両手を大きく振って帰って行きました。

## ⑻ まだまだある《聞かせる》おもちゃ教材

　中央のボタンを押すと、芸能人やアイドル、お笑い芸人、そして、アニメのキャラクターの声とセリフが聞くことができるサウンドロップ（バンダイ）（**写真4-25**）とサウンドエッグ（タカラトミー）（**写真4-26**）は、ひと頃、カプセルトイの人気商品でした。

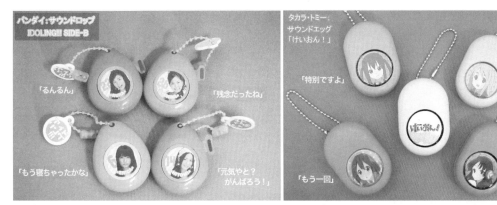

写真4-25 アイドルグループ アイドリング!!! 写真4-26 けいおん!のサウンドエッグ
のサウンドロップ（バンダイ）© フジテレビ （タカラトミー）

　このサウンドロップとサウンドエッグを取り出して、声とセリフを流した際に見られるASDの子どもたちの"耳をそばだてる"反応や"目を輝かして見て触る"反応の大きさは、まさに驚きでした。

　「聞いてくれない」「注目してくれない」「見てくれない」ASDの子どもたちを一瞬にして引きつけ、注意を注がせる"逸品"でした（50ページのイラスト参照）。

　このサウンドロップとサウンドエッグに代わり、ASDの子どもたちの注目を集め、意識を集中させることができるグッズが登場しています。それが、スクールサウンドボックス（鈴木楽器製作所）（写真4-27）です。これは、"効果音"を集めたミュージックボックスで、学校の先生が授業の開始や転換、展開時に、児童生徒を注目させるために開発、販売されている、教育教材です。

　具体的には、「ジャジャン」「テッテレー!」「ファンファーレ」「ピンポーン」「ダラララララ……ジャン!（ドラムの音）」「キラリーン」などの効果音が流れます。

　これを使えば、先生方は授業中に「はい、黙って、静かにちゅうもーく!」と大声を張り上げることはないのです。

　もう一つ、紹介したいのは、「いつでもピンポン バスボタン」（（株）トイコー）（写真4-28）です。これは、幼児の人気の的である、まさしく「バスのボタン」で、しかもジャンボサイズ。"見た目"でのアピール度は抜群です。しかも、「ピンポ〜ン、つぎ停まります」「毎度ありがとうございます。事故防止のためやむを得ず急ブレーキをかける場合がありますので十分ご注意願います」「お降りの際は、バスが停まってから席をお立ち下さい」「つぎは、終点でございます。どなた様もお忘れものございませんようご注意願います。ご乗車ありがとうございました」というアナウンスなども充実。その他にも「発車します。プシューッ（ドアの閉まる音）ゴーッ（バスが動き出す音）」という音、クラクションもあって、子どもの"耳をとりこ"にすること間違いなしです（50ページのイラスト参照）。

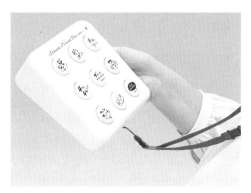

写真 4-27 スクールサウンドボックス
（鈴木楽器製作所）

写真 4-28 いつでもピンポン バスボタン
（(株)トイコー）

## ⑼《聞かせる》ことは共同注意の力

　本節の主題、《聞かせる》ことは、ASDの子どもが「聞くことができる」ように、チャンネルをチューニング（調整・調律）してあげること、だと思います。その調整の仕方は、「聞け！」「静かにしろ！」「こっちを向け！」と叱るのではなくて、彼らが思わず「聞きたくなる」ような楽しく、嬉しくなる「音や声や話」をよくよく選んで、提供することだと思います。

　彼らの嗜好に合わせること。まさしく、彼らの気持に「共同注意」できる能力が我々に求められているのです。

# 3.《操作させる》ことと ASDの子どもの成長・発達

## ⑴ 操作しない（やってくれない）

　ASDの子どもたちは、おもちゃの使い方を無視して、なめる、ひっかく、こする、叩く、壊して反響音を楽しむなどの感覚刺激を得るための用い方をよくします。したがって、本来得られるはずの手の巧緻性の発達や操作性の進化、そして、興味関心の広がりが期待薄となってしまいます。その結果、「できること」が限られてきて、自信も養えないので、さらに感覚刺激の世界に埋没してしまう悪循環に陥ります。

　人は、事象を「よく見て」、人からの指示や助言を「よく聞いて」、そして、「実際に操作すること（行動を起こすこと）」によって、前に進んでいく動物です。

　「見ても」「聞いても」「操作しない（行動を起こさない）」のでは、発達は促されませんし、人間関係も育まれません。

## ⑵ 操作するって、楽しいのに

　人間は、環境に能動的に働きかける動物で、それは、「物を操作すること」から得られる楽しさや達成感、満足感を源にしていると言っても過言ではないでしょう。

　子どもを例にとって、もう少し詳しく見てみます。子どもは、物（おもちゃなど）を操作する（動かす）ことで楽しくなって、集中し、だからこそ持続をして、達成感を得るとともに、満足し、そして自信を得て、やる気をみなぎらせて、物の操作に対する意欲を深めて、さらに楽しさを増して成長・発達するのです。

　この過程のどこかに問題があって、物の操作をしていても気持ちが萎えてしまい、放り投げてしまうのが、わがASDの子どもたちなのです。

　それでは、そのような状態に陥っていたF君に対する取り組みからご紹介しましょう。

## ⑶ ガンプラ世代と操作しないASDの子ども

　ある日、相談室でF君のお父さんが「この子は、趣味もないし、クラブ活動も続かないし、家では何もやることなくて、テレビばかり見て過ごしている」と嘆いて、肩を落としました。

　そのF君は、小学校の通常学級に通っています。私がお父さんに「それでは、お父さん自身、何がご趣味でしたか？」と聞いてみますと、彼は「小学生の頃は、ガンプラに熱中していました」と胸を張って答えたのです。

　ガンプラ。それは、1980年代に大流行して、現在でもブームが続いている、ガンダム（アニメのキャラクター）のプラモデル*のことです。聞くとこのお父さんは、ガンプラを何十体と仕上げて、彩色も手がけ、粘土や発泡スチロールなどで土台も作り、ジオラマの完成までに至った、ガンプラ世代の"匠"だったのです。その当時の「楽しさ」を語る父親の顔は、至福の表情を浮かべていました。　＊ 商品は対象年齢15歳以上である。この事例は、保護者・監修者の指導のもとに一緒に作業している。

**写真 4-29　ガンプラ**（＝ガンダムのプラモデル）
© 創通・サンライズ

　しかし、「その頃の過ごし方に比べたら、この子は！」と言って、一挙に不機嫌モードに立ち戻ってしまうお父さん。

　私は、F君に「お父さんはガンダムが好きだったんだって。君は、『機動戦士ガンダム』関係の動画とかは、見てないの？」と尋ねてみました。すると、彼は「見てるけど、プラモデルまでは作らない……」と言いました。私が「お父さんがプラモデル作りが上手だと言うから、教わって一緒に作れば良いのに」と言いますと、父親は「そうだ、そうだ」

という顔をしていますが、F君はうつむいて「パーツが魚の骨みたいにいっぱいあって、ワケ分かんないし、接着剤の臭いで頭が痛くなるし、間違って貼り付けたり、誤って折ったり、倒して壊したりしたら、また、お父さんに叱られる……」と唇を噛みました。

「おいおい、プラモデルが面倒で、嫌いなのは、結局、お父さんが悪い、って言いたいのか?!」と怒りモードに入ってしまいそうなお父さん。

F君の無気力さの一因はこのお父さんが作っている、と実感した私でした。

## ⑷ ガンダムの食玩利用

一般的なプラモデルのパーツは、F君が言うようにたくさんあって、目が回りそう。それを組立図を頼りに夢中になって何時間もかけて組み立てていき、さらには、何日もかけて彩色を施していく。そうした努力の積み重ねでやっと完成させたガンダムなどのプラモデルは、壊されないように誰にも触らせたくはないと思うのではないでしょうか（それがF君のお父さんの偽らざる心情でしょう）。

しかも、その制作の途中でパーツをなくしてしまったり、不覚にも折ってしまったり、彩色に失敗してしまったりして、挫折する人もいるのかもしれません。

それでも自分が大好きなアニメキャラクターをパーツから組み立てていき、完成させるという一連の操作と作業は、楽しさ、集中、満足、自信、意欲などの面で、子どもの成長・発達に大きな力をもっています。

だからこそ、比較的簡単に完成を見ることができる、それでいて見劣りのしないプラモデルのような "おもちゃ教材" が求められます。

私は、**写真4-30**に示したバンダイの「FW ガンダム スタンダート」シリーズ（現在は GUNDAM CONVERGE シリーズ）がそれに当たると思っています。

写真のフィギュアは、ガンダム AGE-1 ノーマルのガンダムフィギュア（全長約10cm）で、組み立ても彩色も済んでいて、箱に入って売られています。これは可動の関節から分離することができて、分解すればまさしく、「簡単に組み立てられるプラモデルのよう」になるのです（**写真4-31**）。

この優れたおもちゃは、ガンダムの立位像（**写真4-30**、**写真4-31**）の足下に置かれているキャンディ大の「ガム」でお分かりのように、いわゆる「食玩」で、スーパーマーケットやコンビニのお菓子コーナーで売られている品物なのです。驚くことに! ひと粒ガムの "おまけ" に付いてくる、ガンダムフィギュアという位置づけです。

**写真4-30 ガンダムの立位像**
© 創通・サンライズ

**写真4-31　ガンダムの立位像**
© 創通・サンライズ

何はともあれ、隔絶した新旧のガンダム世代（F君と父親）に、この人形を提示してみることにしました。

「おぉっ！　これはカッコ良い！　彩色も良い感じだ！　手足の関節が動いて、ポーズを決められるのも感激だね。うーん、良いよ、これ！　ちなみに、白石先生、これ、いくらで、どこで売っています？」と感動しきりの父親。私が「税込693円で、近所のスーパーやコンビニで売っていますよ」と説明すると、父親は「えっ、ええっ？」とさらに驚きの反応を示しました。そして、F君に「お前、知ってたか？　こんな高性能のガンダムのモビルスーツ（ガンダムに登場するロボットの別の言い方）が693円で、しかもスーパーやコンビニで売ってたなんて？」と聞きました。

するとF君は、「知ってたよ。でもお父さんは"ガンダムAGEなんて、子ども騙しで、ガンダムじゃない。"と言ってたし、YouTubeだって"見るな"って言ってたから、教えなかった」と説明をしました。

ばつが悪くなって押し黙る父親。このままだと爆発してF君を叱り飛ばすかもしれないと思った私は、「とにかく、解体されたガンダム（**写真4-31の下**）を作ってしまいましょう」と言って、二人を誘いました。

父親は気を取り直して、「おお、それじゃ、お前が作ってみろ」とF君に作業を譲りました。F君は「そんじゃ、いっちょう片づけるか！」と意欲的な態度を示して、早速、ガンダム作りに取りかかりました。

「この足首は、この足に差し込んで、そしてガンダムのもﾟもﾟにねじ込むぅっと」

F君は一つひとつの作業工程を楽しむように話しながら、着実に作業を進めていきました。そして、みるみるうちに、ガンダム一体を完成させて見せたのでした（**写真4-31の上**）。

「どんなもんだい！」という感じで、テーブルの上にガンダム像を立たせて置いたF君。父親も思わず「上手に組み立てるもんだなぁ！　すごいぞ」と言って、F君を誉めてくれました。

私も「F君、ガンダム作るの上手だね！　スイスイ間違わずにあっという間に完成させたね！　関節のジョイントも丁寧に、しっかりとはめていたね。まさに、グッド・ジョブ！　だ」と感激して言うと、F君もニヤニヤと笑いました。

## ⑸ どの世代にも受けるガンダムフィギュア

写真 4-32 　©創通・サンライズ

このF君の成功に味を占めた私は、ガシャポン（バンダイ）のガンダムフィギュアを3体分、バラバラにして、それらに付属している簡単な完成図を添えて、「このバラバラから、モビルスーツ3体を作ってみよう！」と提案したのでした（**写真4-32**）。

するとF君は、バラバラの部品と完成図を盛んに見比べ、そして目を輝かせて、「この部品のかたまりで、モビルスーツのディジェができる。そして、このかたまりで、メタスが作れる。こっちのかたまりでは、ガンダムMk-Ⅱができるわけだな！」と悦に入っています。

その脇で "元祖ガンプラの匠" である父親は、腕を組んで「お前もなかなかやるな」と唸っています。

さて、F君はここでも早速、ガンダムの組み立て作業に入るのですが、先ほど（**写真4-30**）の「FW ガンダム スタンダート」シリーズのガンダムとは異なり、こちらのフィギュアは柔らかい素材でできている関係で、部品同士がカチッ、カチッと小気味よくは連結してくれません。ギューッと押し込んで押し込んで、やっと凸が凹に食い込んでいく、という労力と根気が求められたりもします。よって、器用でなく、根気も続かないお子さんの中には、すぐにこの作業を諦めて、投げ出してしまうケースもありました。

写真 4-33 　©創通・サンライズ

写真 4-34 　©創通・サンライズ

しかし、F君は時に、「ギューッ」と歯を食いしばりながら、唸り声を上げつつも、全部の部品を連結させて、見事、3体のガンダムフィギュアを完成させたのでした（**写真4-33**）。

「おみごと！」という賞賛の声と拍手が父親からわき起こりました。

次に私は、「もうF君がどんどんとガンダムを完成させてくれるから、どんどん、新しいのを出しちゃおう。ガンキャノンⅡ 1体とガンキャノン108を2体。ガンキャノン108は、2体あるからお父さんも作ってみます？」と言って、F君を見ました（**写真4-34**）。F君は余裕の表情で、「ボクが最初にガンキャノン108を（1体）作ってみせるから、お父さんはその完成を見て、真似して、もう1体のガン

写真 4-35　　© 創通・サンライズ

写真 4-36　　© 創通・サンライズ

写真 4-37　　© 創通・サンライズ

写真 4-38　　© 創通・サンライズ

キャノン108を作ればいいじゃん。お父さんが作っている間に、ボクは、ガンキャノンⅡを組み立てちゃうから」と言ったのです。

　あれあれ、先程までの「父－子」の関係が逆転していますよ！

　父親は苦笑いをして「はいはい、分かったよ」と言って、Ｆ君に従います。結果、父と子の共同作業のガンキャノン3体の完成です（写真4-35）。

　その後、私は、ガシャポンのガンダムフィギュアでも、よりパーツが多く完成の難易度が上がる「ジオラマキット」をＦ君父子に提示しました。すると、Ｆ君と父親は本当に息の合ったコンビとして、共同作業をしてジオラマを完成させたのでした（写真4-36）。

　さらに、Ｆ君が「ここに車とか建物の玩具とか合体させていい?」と聞いてきましたので「いいよ」と許可すると、彼は、お父さんに引き続き指示を出しながら、そして、一緒に、写真4-37にある何とも楽しげなジオラマを作って見せたのでした。

　帰り際、父親が「あの子の"不器用さ"や"やる気のなさ""集中力のなさ""趣味のなさ"をどうすればいいのか、と相談に来たのですが、今日、あの子の様子を見て、少し、安心しました。題材を工夫すれば、ああやってやる気を起こし、集中するし、持続するんだな、ってヒントをもらいました。その食いつき良かった題材が、こともあろうに、私もはまった"ガンダム"だったとは……。こりゃぁ、バンダイさんに感謝して、またガンプラをあの子と再開してみようかな、と思いました」と言いました。

　私は、父親の感動と感想を受け止めつつ、「当分は、Ｆ君主導でフィギュアの組み立てが良いでしょう。お父さんは、Ｆ君と一緒にガシャポンのお店やフィギュアの専門店を巡って、楽しんでくだ

写真 4-39　（中央）『機動戦士 ガンダム語録』
協力：ソニーミュージック・ソリューションズ

さい」とアドバイスをしました。そして、ガンダムのフィギュアは、接着しないことから部品が紛失しやすいので、**写真 4-38**にあるように、チャック付きの収納パックで保管するように勧めました。

　後日のある相談日。父親はガンダム関係の雑誌や本を持参して言いました（**写真 4-39**）。

　「私も F も、すっかりガンダムのトリコになってしまいましたよ！ 今では、アイツ（F君）とは "ガンダム仲間" って感じで、父と子の関係を超えた "絆" で結ばれていますよ」

## ⑹ 現在のガンプラとお勧め商品

　**写真 4-40** が最近（2021年発売）のガンプラのパッケージです。また、ガンダムの食玩も新作が登場して、販売が続けられています（現在、ガンダムシリーズのプラモデル「ガンプラ」の発売元は株式会社 BANDAI SPIRITS）。

　最近、ガンダム以外のプラモデルも盛況でいろいろと嬉しい企画も登場しています。その注目株が「楽プラシリーズ」（(株) 青島文化教材社）です。このシリーズの自動車は、接着剤なしで簡単に組み立てられ、かつ彩色済みなので、「すぐ完成して、すぐに遊べる」という優れ物です。車好きのASDの子どもたちには、「たまらない！」逸品です（**写真 4-41**）。

　ガンプラと楽プラ、親子で、家族で組み立てて、遊んで関係を深めてください。

写真 4-40　ガンダムの
プラモデルのパッケージ

© 創通・サンライズ

写真 4-41 楽プラシリーズの自動車のパッケージ

# ⑺ ぐるぐる回すことをテーマに《操作する》力を促すおもちゃ教材

　ここまで、《操作する》ことに関しての内容の濃い成功例をご紹介しました。ここからは、もっとベーシックなお話とおもちゃ教材を紹介したいと思います。

写真4-42

## ① コマ

　私は、無気力なお子さんや不器用で自信をなくしているお子さんに対する療育場面の導入によく、いろいろなコマ（写真4-42）を使っています。そこで、大小様々、模様も多彩なコマを回して見せて、ASDのお子さんたちに「グルグル回っている」という視覚刺激を与えてみるのです。

　ここで「おもしろそう！」「自分もやってみたい！」「たくさんあるから、自分にもできる（回せる）コマがあるかもしれない」と興味や関心、意欲をかき立てられれば、コマを回すことに必要な拇指対向という、親指と他の指でもって「物をつまむこと」を促します。そして、拇指対向のまま、コマの「軸をねじる」というより高度な運動につながっていきます。コマ回しは、そうした手の基本的な動きや、巧緻性を促すためにもってこいの教材になるのです。さらには、コマや軸を見て、回すわけですから、「目と手の協応動作」にもなり、その後の集中や操作にとっても重要な事柄を含んでいるのです。

写真4-43 ゼンマイ駆動のおもちゃ教材
（Seria）

## ② ゼンマイ人形

　このコマ回しができて喜ぶお子さんたちに、次に私が用意しているのが、写真4-43のゼンマイで動く商品です。いずれも胴体の横にゼンマイを巻くための棒が付いていて、そこを捻ると、動力が蓄えられていく仕組みです。

　恐竜（ぴょんぴょんザウルス）は、いかにも恐竜らしい動作をしながらぴょんぴょんと前進し、マウス（チューチュー）はしっぽを回転させながら走って行き、ひよこ（ぴよぴよ）は、小刻みに飛び跳ねます（4体すべてSeria）。

　この楽しさに心惹かれて、人形を手にとってゼンマイを巻いてみる。「ジリッ　ジリッ　ジリッ」と親指と人差し指でもって挟んだ棒を捻っていく。コマよりも力も根気も要りますが、コツを掴めば結構できていくものです。そして、5、6回、捻ったあと、人形をテーブルに置くと、見事、飛び跳ねたり、歩いたりするものですから、喜びと満足は大きくなります。

写真 4-44　SeriaとDAISO のゼンマイおもちゃ

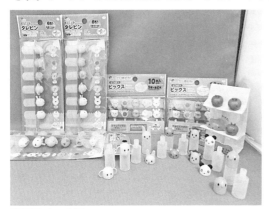
写真 4-45

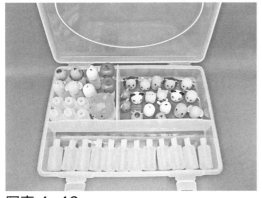
写真 4-46

### ③ ゼンマイグッズのいろいろ

　ゼンマイグッズは、マクドナルドのハッピーセットの"おまけ"に付いてくることがよくあります。また、100円ショップのSeria なら、カブトムシのゼンマイおもちゃと、季節商品であるハロウィンのカボチャゼンマイが入手できます。DAISO ですと、クワガタムシのゼンマイおもちゃが販売されています（**写真 4-44**）。

### ④ お弁当用の醤油さし

　お弁当用の醤油さしと言えば、魚の形をした醤油鯛が代表です（59ページ参照）が、**写真 4-45**に示した、動物セットがひと頃、100円ショップのDAISO で売っていました。私はそれを**写真 4-46**のように整理して（このケースも100円ショップ）おき、「パンダやウサギ、ライオン、ブタ、ニワトリ、ゾウの顔をしたキャップをクルクル回して、ふたをしていきましょう！」と言って、教材に使っていました。

　本当にかわいらしいグッズなので、思わず手を伸ばし、抵抗なく指示に従って、作業を始め、気がつくと「ぜーんぶ」のふたを閉め終えている。「自分には、こんなに集中力と操作性があったのか?!」とばかりに、お子さんの方が呆気にとられています。そのような、みんなが楽しめて、喜びを共有できる100円ショップのおもちゃ教材でした。

　今は100円ショップで見かけなくなりましたが、オンラインで販売している業者もあるので、探してみてください。そして、また100円ショップに並ぶこともあると思っています。

### ⑤ なりきり新幹線

　**写真 4-47**は、2009年の日本おもちゃ大賞のベーシック・トイ部門優秀賞を受賞した、「なりきり新幹線（ローヤル株式会社）」（現在は販売終了）です。その名の通り、新幹線の運転手

になりきっての運転操作がいろいろできるのです。

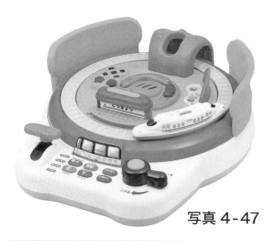

写真 4-47

写真左端のハンドルで、円盤の上をぐるぐる回る新幹線を停止→低速→中速→高速の4段階に操作できます。右端のレバーは、急停止のためのもの。そのハンドルとレバーの間に6つのボタンがあって、出発や到着のアナウンスや汽笛、踏切音、ドアの開閉音などが楽しめます。まさに、「新幹線の運転手になりきって」新幹線をスタートさせ、そして、駅に「ピッタリと停車させる」ことができたときの快感は、ひと言では言い表せないほど大きいものがあります（写真4-48）。

いろいろな操作が体験できて、快感までも得られる。この玩具は、まさしく、「操作することの楽しさを教えてくれる」玩具の王道です。

駅にピタッと停めた時の快感！

写真 4-48

## ⑻ 永遠の少年たちに

ASDの人たちは、「子ども心」や「少年の心」を失わない人たちです。だから、ずっと、ガンダムで遊べますし、高校生になったASDの青年でも上掲の「なりきり新幹線」（写真4-47）で遊べるのです。私が17歳のG君に「新幹線を低速から出発させて、中速、高速とスピードを上げて、3周走らせたところで、今度は、反対に、高速から中速、低速に下げて、"まもなく終点の駅に到着します！"というアナウンスをかけて、ピッタリと駅に停めてください！」と言いますと、イケメンの彼がグチャグチャに表情を崩して、「そんなぁぁ、楽しそうなこと、やっちゃっていいんですかぁ？」と大喜びするのです。

だからこそ、私たちは、彼らをウキウキ、ワクワクさせるおもちゃ教材を選び抜き、彼らの成長・発達を助けていきたいと思うのです。

## ⑼ さらに発展！ 社会性の学習の一歩として

　ASDの子どもたちの「社会性のなさ」は、真に悩ましい限りです。何度注意しても、聞き流されてしまうとか、先生の指示に従えない、クラスで決まっているルールを守れないなど、枚挙にいとまがありません。

　そのようなASDの子どもたちへの「社会性を身につけるための練習教材」として、先掲した「なりきり新幹線」が使えます。これなら、ASDの子どもたちも喜んで応じてくれます。

　まず以下のように、「なりきりしんかんせん　うんてん　まにゅある（るーる）」を文書化し（**表4-1**）、□のチェック欄を設けて、①すいっちおん→②はっしゃのべる→③ドアをしめる、というように丸数字に従って着実に作業を進めてもらい、次に進む際にその都度☑を入れる、という工程を踏んでもらいます。

　これは、「人からの指示には従えない」「人が提示するルールには沿えない」ことが多いASDの子どもたちに、「紙に示されたマニュアルに沿って機械を動かす」「ルール」を示し、実行してもらう試みなのです。

　つまり、ASDの子どもたちが「応じやすい」条件を用意し、示して、まずは、機械的に「マニュアル」と「ルール」に「沿う」体験をしてもらうことを目的としています。

### 表4-1　なりきり新幹線運転（操作）マニュアル

① すいっち　おん（ON）　　　　　　　　　　　　　　□
② はっしゃ　のベル（あお）をならす　　　　　　　　□
③ ドア　をしめるあいず（みどり）をならす　　　　　□
④ しゅっぱつ　のあいず（あか）をならす　　　　　　□
⑤ そくどればー（あか）ていしから　ていそくへ　　　□
⑥ そくどればー（あか）ていそくから　ちゅうそくへ　□
⑦ そくどればー（あか）ちゅうそくから　こうそくへ　□
⑧ ふみきり（きいろ）　　カンカンとならす　　　　　□
⑨ けいてき（むらさき）　ぶおぉぉぉとならす　　　　□
⑩ せんろ　を3しゅう　はしらせる　　　　　　　　　□
⑪ ぶれーきればー　を　とまるにいれる　　　　　　　□
⑫ えき　に　しんかんせんを　ぴったり　とめる　　　□
⑬ おきゃくさん　を　えきに　おろす　　　　　　　　□
⑭ かくにんしたら　はっしゃ　のベル（あお）をならす　□
⑮ ドア　をしめるあいず（みどり）をならす　　　　　□
⑯ しゅっぱつ　のあいず（あか）をならす　　　　　　□
⑰ そくどればー（あか）ていしから　ていそくへ　　　□
⑱ そくどればー（あか）ていそくから　ちゅうそくへ　□
⑲ そくどればー（あか）ちゅうそくから　こうそくへ　□
⑳ ふみきり（きいろ）　　カンカンとならす　　　　　□

ここで、ある高等特別支援学校を卒業して、障害者対象の特例子会社に就職したASDの青年Hさんの例を紹介します。

　彼は、高等部時代には生徒会役員を務め、全校生徒の前での挨拶やその原稿書きも無難にこなしてきました。就職に際してもバス、電車を乗り継いでの自力通勤も可能でありました。よって、保護者も先生方もジョブコーチも皆、彼の職場適応については心配していなかったのが実情です。

　しかし、その予想に反して、彼は職場で固まり、動けなくなって、通勤を拒むようになってしまったのです。就職後わずか数週間での話です。

　そのHさんに会って、話を聞きました。彼は、意外にも「初めての仕事で職員に指示されること、注意されることが多過ぎて、訳が分かんなくなって、パニックになった」「（今回の）失敗が皆に知られてしまい、もう人に会うのも嫌になった」と原因と現在の気持ちを明かしたのでした。

　そして、「むかし、白石先生と遊んだ"なりきり新幹線"で使ったマニュアルみたいなものが欲しいなぁ……」と呟いたのでした。

　以下の写真がそれです（**写真4-49**）。

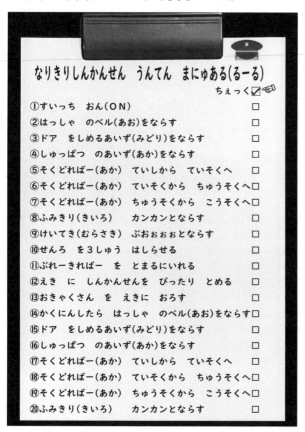

**写真4-49**

　「人には従えないけれど、紙のマニュアルになら沿っていける」。これは、なりきり新幹線という「遊び」の世界のみならず、「仕事」という局面でも通用する大切な配慮なんだ、と思い知らされた瞬間でした。

　私は、すぐさま、職場の職員、ジョブコーチ、保護者などの関係者を招集して、彼の要望を伝えると共に、具体的な「マニュアル」作りに取りかかりました。

　その詳細は個人情報保護の観点と紙数の関係で割愛しますが、要点は、①月・火・水・木・金曜毎の設定、②挨拶は「どの様に」「誰に」を明示、③タイムカードを押す、④トイレを済ませ、作業服に着替える、⑤髪型、服装チェック、⑥名札のチェック、⑦「今日の仕事」の文書確認、⑧「今日の目標の

メモ書き」、⑨「今日の目標」を職員に見てもらい、確認判子をもらう、⑩休憩の時間と昼食の時間、退勤の時間の確認、です。

　このマニュアルを提示したその日から、Hさんの「職場復帰！」が見事に達成されました。彼は、職員やジョブコーチからの指示や命令、注意がなくてもマニュアルに沿って、求められている仕事を着実にかつスムーズにこなしていきました。

　この自信と達成感が余裕につながって、彼の方から職員やジョブコーチに「助言」を求めたり、「雑談」に加わったりする場面が見られるようにもなりました。

　"固まり事件"から、3年。Hさんは皆勤を続け評価も上がっています。そして、彼の成長と共に、「仕事マニュアル」も改訂、発展を続けています。


　最後にまとめます。

　社会性は「人と人との関係」や「人と集団との関係」を前提としています。そのために、「人から教わる」「集団から学ぶ」ことが至極当たり前だと捉えられてきました。これからすると、「人や集団との関係」に折り合いがつきにくいASDの人たちは、どのように社会性を学び、身につけていけば良いのか、途方に暮れてしまいます。

　そこで、今回示してきたように、「人の介在を極力排した」「紙のマニュアル」で「遊び」や「仕事」の進め方やルールを体験して、自信をつけてから、直に人とふれ合って、「人や集団との関係」のもち方や維持、発展の仕方を徐々に学んでいけば良い、と思うのです。

　ちなみに、何から何まで「マニュアル化すれば良い」という訳ではありませんし、成功する確約が得られることでもありません。要は、ASDの子どもたちが喜んで自ら応じてみようと思えるような「おもちゃ教材」を支援者が見つけ出して、個々に応じた「操作マニュアル」を提示することなのです。

# 第 **5** 章

..............................................

# 問題別
# おもちゃ教材の使用例

おもちゃ教材は、ASDの子どもが現すいろいろな問題にも力を発揮します。その中から、トイレやオムツへのこだわり行動、色や数字へのこだわり行動、無気力な状態への対応例を紹介します。

# 1. トイレにまつわるこだわり行動への対処

## (1) トイレとこだわり行動

　ASDの人は、①変えない、②やめない、③始めないの3つの特徴をもつこだわり行動を多様に現すことが知られています。ASDの子どもの場合、オムツにこだわり、外させないで、トイレ排泄をずっと拒み続けることがあって、関係者の悩みの種になっています。このオムツとトイレに関するこだわり行動を整理してみると、

　　① オムツを**変えない**（変えさせない）

　　② オムツ排泄を**やめない**

　　③ トイレ排泄を**始めない**

　　④ パンツ対応も**始めない**（受けつけない）

という、こだわり行動の複合体であることが分かります。

　定型発達の子どもの場合は、概ね3歳頃までにオムツを卒業すると言われていますが、ASDの子どもは、こだわり行動の影響でオムツの卒業とトイレ排泄への移行が遅れがちになります。ASDの子どもの中には、オムツが外せないまま就学を迎え、小学校の高学年に達してしまうケースもあります。

　そうなると、運動面や活動面が制限されて、子どもの学習や発達も阻害されてしまう恐れが生じてきます。

　したがって、ASDの子どもが現すオムツとトイレに関するこだわり行動を放置することはできません。しかし、トイレットトレーニングを焦るばかりに強制的にオムツを取り去ったり、トイレ排泄を強要したりしますと、これがトラウマになって、トイレの水で遊ぶ、詰まらせる、建物のトイレを全て見て回るなどの問題につながる危険を有しています。

　そのような状況に陥らないための穏やかな対処法を紹介します。

## (2) りょう太君のオムツこだわりへのおもちゃ教材の利用

　りょう太君は、就学を間近に控えた5歳児ですが、オムツが外せなくて彼の両親は悲嘆に暮れていました。「排泄時間を決めたり、オマルを常に用意したりと、いろいろやったんですが、この子が頑としてオムツにこだわってしまって……」と母親が説明してくれました。

　このような子どもに対して、私がよくお勧めする方法があります。それは、おもちゃ教材を使う方法です。

　写真に示したおもちゃの人形と便座がそれです（**写真 5-1**）。人形（water toys baby）は、背中から水を注ぎ、両腕を上下させるとそれがポンプの役割を果たして、オチンチンから水が

名前： りょう太君　男の子

年齢： 5歳

障害： ASDと
中程度の知的障害
障害児の通園施設利用

言葉： 単語のみ

父親： 28歳。会社員

母親： 28歳。パート

きょうだい： 弟4歳

主訴： オムツへの排泄にこだわる

飛び出る構造になっています。商品としては「水鉄砲」の分類になるようです。ネット通販(楽天市場など)で購入できます(418円税込)。

　便座は、DAISOで販売している「ままごとおもちゃ　トイレセット」や「おもしろ消しゴムトイレ(うんちつき♪)」、Seriaのインテリア小物のトイレを用います。

　その便座に、人形を使って"排尿"させて見せる(写真5-2)のです。元来、水遊びの好きなASDの子どもの多くは、「自分もやってみたい!」と動機づけられます。彼らに人形を手渡したなら、周囲に水をまき散らすのではなく、おもちゃの便座にキチンと的を絞るように言い聞かせます。

写真 5-1

写真 5-2

## ⑶ こだわり行動における認知と情緒の影響

　このなんて言うことのない遊びによって、ASDの子どものこれまでの認知的な枠組みと行動パターンが変わることがあります。

　人的な刺激や指示、命令には抵抗心が生じてしまい、自分を変えることができにくいASDの子どもであっても、モノへの興味、関心からそれの動き（機能）に自分を適合させていくことができる場合もあるのです。

　この人形を使った「排泄予行訓練」の場合、ASDの子どもがちゃんと便器に水を注ぐことができたら、キチンと誉め讃えてあげてください。「こういう風にオシッコを便座に注げば、誉めてもらえて嬉しくもなる」という、認知の変化と情緒の高揚といった、一連の心の変化が生じて、"こだわる心を乗り越えていく"可能性が出てきます。

　ASDの子どもには、周知の通り十人十色の対応が求められます。教材だって、その子ども好みに設（しつら）えたつもりでも、的中率は1割に満たないかも知れません。したがって、どの子どもにも、いつでもどこでも適用できる、万能な指導法や教材があるわけでもありません。

　しかし、彼らのこだわっている心に変化を与えるべく、アプローチをし続けることは必要です。

## ⑷ りょう太君の変化とその意味

　りょう太君の場合、小さな人形提示によって、人形のオチンチンから流れ出る水を注視した → 自ら手を出してやってみようと欲した → 実際、主体的にやってみた → 母親の指示に従って、便座に的を絞ってできたら、拍手喝采で誉められた → 嬉しかった、という、これまでにない、「心のルート」と「行動パターン」を体得することができたのです。

　5歳にもなれば、オムツ内に排泄されるオシッコもウンチも大量で、重さも不快感も大きいものです。これにあえて耐えて、彼らはオムツにこだわっていたのです。実際は、「もう限界！」と"重荷"に感じているかも知れません。

　りょう太君は、おもちゃの便座を水で満たすとサッと視点を変えて、自宅のトイレに向かったといいます。そして、本物の便座で人形に"排尿"させて、ニヤニヤと笑っていたそうです。そこで母親が「りょう太もここでオシッコしたら？」と誘ったところ、自分でパンツを脱ぎ、ケラケラ笑いながら排尿して満足げだったと母親が報告してくれました。

　以下は、この母親の感想です。

　「これまでの私は、りょう太の行動パターンを壊そう壊そうと焦って、叱ってばかりいました。しかし、この人形を使ったおかげで、りょう太には、本人が興味を引かれるルートを示してあげればいいんだ、ということが分かりました」

# 2. 「アオ!」の色こだわり: 紙コップとスタンプ、シールの活用

## (1) 事例アーカイブ

　拙著『自閉症スペクトラムとこだわり行動への対処法』で詳しく紹介した、2歳6ヶ月の**そら君**。右手でビー玉を握り締めていることにこだわっていたため、周囲からは「左利き」と思われていた子です。

　おさらいのため、そら君の「生活とこだわり行動の関係」と「こだわり行動の分析《ビー玉握り》」をレーダーチャートにして示します（次ページ **レーダーチャート1と2**）。

　ここで特徴的なのは、そら君の「こだわり」は強く、さらに拡がっていく可能性も高いのに、家族や保育士さんたちの「困り度」はゼロという点です。したがって、このまま放置されていると、こだわり行動がどんどん増えていき発達を阻害し、本人や家族も相当に困るだろうという予測が立ちました。

　事実、そら君には、「青色こだわり」があって、「青い色をした衣類しか身につけない」「青いクレヨンしか選ばない」「青い食器しか使わない」ことが分かっています。

　しかし、そら君はやりとりができないわけでもないし、こだわり行動の他に楽しみがない、というわけでもありませんでした。変更も丁寧に求めていけば、受け容れ可能であることも分かりました。

名前：**そら君　男の子**
　　　保育園利用
年齢：2歳6ヶ月
障害：ASDと軽度の知的障害
言葉：療育開始時は 単語だけ
父親：37歳。会社員
母親：33歳。会社員
きょうだい：兄6歳 (小学1年)
主訴：ビー玉握りや色こだわりなど
　　　拡大し続けるこだわり行動

## 事例：そら君 2歳6ヶ月

◆ 生活とこだわり行動 ─────────

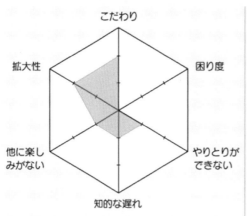

●こだわり
　激しく強い・(強い)・時々・少ない

●拡大性
　大・(中)・小・ない

●他に楽しみがない
　まったくない・1〜2つはある・
　(3〜4つはある)・たくさんある

●知的な遅れ
　重度・中度・(軽度)・ない

●やりとりができない
　ほとんどできない・限定的にしか
　できない・(多少できる)・できる

●困り度
　非常に困る・とても困る・
　やや困る・(困らない)

◆ こだわり行動の分析 《ビー玉握り》 ─────────

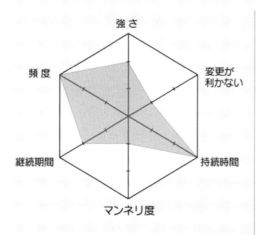

●強 さ
　激しく強い・(強い)・やや強い・弱い

●頻 度
　(常に)・事ある毎に・時々・まれに

●継続期間
　何年も・(何ヶ月も)・何週間も・
　最近

●マンネリ度
　無理して行っている・飽きている・
　(平然と行っている)・目を輝かせて
　いる

●持続時間
　(延々と続く)・比較的長く続く・
　一定の時間内で終わる・すぐ終わる

●変更が利かない
　全く変更が利かない・元に戻す
　ことを前提にすれば変更が利く
　こともある・(交換条件がよけれ
　ば変更が利くこともある)・説明
　すれば変更が利く

**図 5-1 レーダーチャート 1と2**

注記：
レーダーチャートの利
用の仕方や詳しい解
説は、『自閉症スペク
トラムとこだわり行動
への対処法』(弊社刊)
をご覧ください。

　ただし、彼のこだわり行動はマンネリ度が低く、飽き飽きしている状態ではないので、こだわり行動よりも大きな「魅力」のある遊びや教材で誘っていくことが求められました。

　このような「分析」を踏まえて、私は、彼が好んでいる電車や新幹線に目をつけて、それらがインク付きのスタンプになっている「フリクションスタンプ」(PILOT)を大量に用意しました。そして、紙コップをひっくり返して現れるところの「紙コップの底」の○枠に、「スタンプを押す」という「情緒・認知課題」を設定して、対応を求めたのです (**写真 5-3 と 5-4**)。

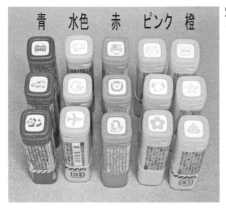

青　水色　赤　ピンク　橙

写真 5-3　用意した
フリクションスタンプ

写真 5-4
小さな紙コップ
（46個入りと50個入り）

## (2) スタンプで「アオ」色こだわりとビー玉も忘れる

　小さな紙コップは、1袋110円で46個から50個入りもあって、大変お得です（DAISO）。
私は、そこから30個を取り出して、そら君に「大好きな青い電車、新幹線、そして青いパ
ンダさんをコップの丸いお尻（底）に1個ずつ、押していこうね」と対応を求めました。すると
そら君は、「アオ」と言って青い電車のスタンプを押して、次に「アオ」と言って青い新幹線ス
タンプに持ち替えて、青い新幹線スタンプを押し、さらには、青いパンダにも手を伸ばして、
「アオね」と言って青いパンダスタンプを押したのでした。

　私はすかさず、「わぁ！　すごい！　そら君！　青い電車、新幹線、パンダさんって順番に押せ
たね！　えらいねぇ！」とそら君を誉（ほ）めてから、「同じ青でもちょっと色のうすい、水色のぞうさ
ん、イルカさん、そして、ヒコーキも押しちゃおうね」と誘いました。

　「水色は、同じ青！」という説明がそら君に受け入れてもらえるかどうか?!　私は緊張して、
そら君の判断を待ちました。

　そら君は「アオ！」と言って、ぞうさんのスタンプを押し、その後も「アオ」と言ってイルカ
さんとヒコーキのスタンプを順番に押してくれました。

　さて、青い色のスタンプと水色のスタンプを各3つずつ、押し終えたら、「赤色」のスタン
プに移行します。私は、そら君に「そら君は、チュルチュルラーメンが大好きね。赤いドン
ブリのラーメンを押して、そのラーメンを、今度は赤いライオンさんと恐竜さんにも食べさせ
てあげよう！　だから、赤いラーメンと赤いライオンと赤い恐竜さんも押してください！」と思い
切って、お願いしてみたのです。

　ここまで順調に「アオ！」スタンプを押してきて、かつ、誉められて気分を良くしているそら
君は、「アォ……」と小声で言って口ごもったのですが、「アカ！」と言い直して、ラーメン、ラ
イオン、恐竜のスタンプを押してくれたのでした。

　「そらが青以外の色を選択して、自分でスタンプを押している！」とそれを見ていた両親も
大喜びです。私も両親と一緒になって「そら君、バンザーイ！　すごいぞ！　バンザーイ！」と
そら君を誉（ほ）め讃（たた）えました。

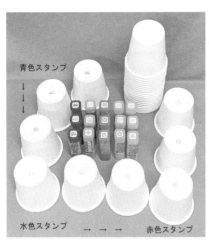

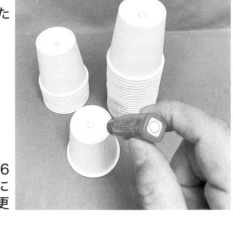

写真 5-5
紙コップに押された
青と水色と赤の
スタンプ

青色スタンプ

水色スタンプ　→　→　→　赤色スタンプ

写真 5-6
○印のハンコに
変更

その後、そら君は、ピンクのネコ、イヌ、お花、そして、橙色のシャツ、星、うんち！までも押し続けてくれました（**写真5-5**）。

　そら君は、彼がこだわっている「青色」と好きな「電車」や「新幹線」に誘発されてスタンプ押しを始めましたが、○枠のコップの底は目印として分かりやすいし、続いて提示されるスタンプの絵柄も興味がそそられるし、何よりも簡単に対応できて、かつ、大いに誉められるので、合計15個の紙コップにスタンプを押し終えることができました。

　紙コップは、あと10個以上残っています。私は、そのうちの1個を取り上げて、そのコップの底に「そら君はよくできたから、○をあげよう」と言って赤い○印のフリクションスタンプを押して見せました。そら君は嬉しそうにそれを見詰め、「ボクにも押させて！」と言うようにして「右手」を差し出したのです。その手には、あの「ビー玉」は握られていません！　そうそう、そら君はビー玉にこだわって、ビー玉を右手で握り締め続けてきたのでした。しかし、そら君は、スタンプ押しの課題が楽しくて、いつしか、ビー玉を放り出して、右手を解放して、右手を使うようになっていたのです！

　そのそら君に赤い○印のフリクションスタンプを手渡すと、彼は、紙コップの底の一つひとつに、キチンとスタンプを押し続けていきました。この作業に集中したそら君は、一人で15個を押し終えて、スタンプ押しを完結させました（**写真5-6**）。

　ちなみに、新幹線好き！のお子さんへの「ごほうびスタンプ」として用いると大変に喜ばれて効果的な「新幹線ごほうびスタンプ」（㈱ポポンデッタ）を紹介します（**写真5-7**）。オムツを脱いでオマルでおしっこができた、トイレで便座に座ることができた、などの時のごほうびとして、このスタンプを押してあげると、子どもの適応行動が定着し、増えていきます。

　さらに、別のトイレットトレーニングの課題設定としては、スケッチブックに押してあるフリクションスタンプの中から「うんちを探して消しましょう」と求めること（**写真5-8**）や、「便器の中のうんちを消し去ってスッキリしよう」と促すこと（**写真5-9**）などがあります。

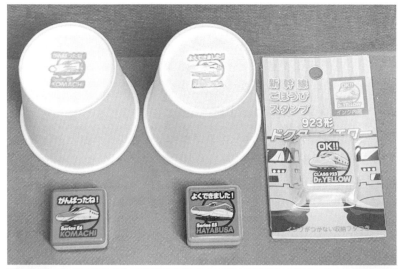

写真 5-7

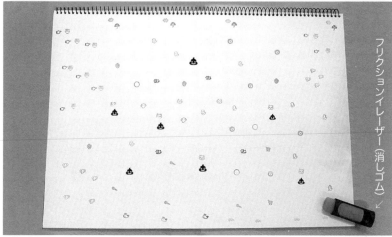

フリクションイレーザー（消しゴム）↙

写真 5-8

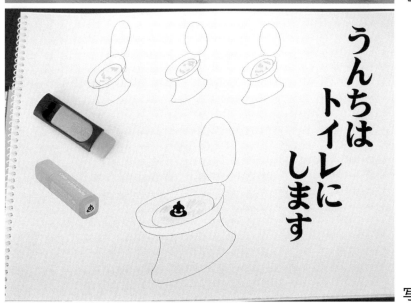

写真 5-9

## ⑶ それでも「アオ」色にこだわるので、シールで介入

　2歳6ヶ月時から療育開始したそら君も、3歳を過ぎました。ビー玉のこだわりは、完全に姿を消して、そら君の両手は自由になって、発達も促されていきました。

　それでも「アオ」色こだわりは尾を引いていて、時に家族を困らせることがありました。具体的には、「青色」がどこかに入っていないとその服は着たがらないとか、スーパーでたまたまもらった景品の風船が「青色」でないと怒り出すということです。

　私は、以前にそら君が○印のフリクションスタンプを押し終えた"あの"15個の紙コップを"満を持して"彼の前に置きました。そして、DAISO で購入してきた「誰でも見やすい色分けラベル（丸ラベルタイプ）」を提示して、そら君に●のシールを1枚1枚手渡していくことにしました（**写真5-10**）。

　シールは、商品名の「色分け」で分かるように、「カラー」で、青、赤、黄、緑、空、黒の6色です（1シートにその6色の●が4枚ずつ、合計24枚貼られている。そして、そのシートが10枚、1袋に入っている）。

　私は、最初の●を青にして、そら君に「青のシールをあげるね」と言って、それをシートから剥

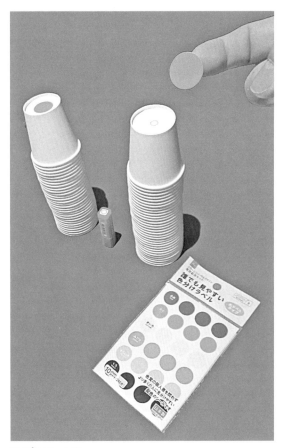

**写真 5-10**

がして彼に手渡しました。紙コップの尻には、そら君が自分で押した○印がありますから、「どこに●のシールを貼ればよいか」は、自明のこと。そら君は喜んで私からシールを受け取って、「アオっ！」と歓喜の声をあげて、嬉しそうにキチンと○の印の上に●のシールを貼り付けました。

　次に私は、そら君に尋ねます。「そら君は、何色がいいかな？　赤？　黄色？　緑？　空色？　黒？　それとも青？」

　そら君は「待ってました！」というように「アオ！」と答えました。

　それもルンルン気分で貼っていくそら君。次も「そら君は、何色がいいかな？　赤？　黄色？　緑？　空色？　黒？　それとも青？」と尋ねる私。そら君は躊躇せず、3枚目のシールも「アオ！」と指名しました。

　さて、シートには、1つの青シールと、4つずつの赤、黄、緑、空、黒シールが残されています。私はそら君に尋ねます。

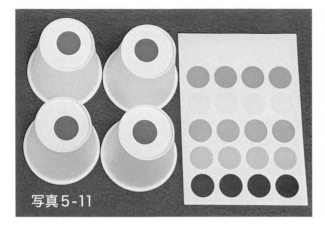

写真5-11

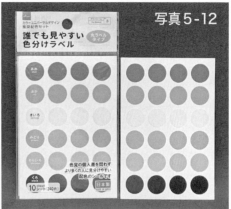

写真5-12

「そら君は、何色がいいかな？ 赤？ 黄色？ 緑？ 空色？ 黒？ それとも青？」と。それでもそら君は、臆せず「アオ！」と言いました。

「それじゃ、そら君、見て分かるように、"最後の青いシール"ね」と言って私がそれを手渡しますと、そら君は一瞬、考えましたが、これまで通りにそれをコップに貼り付けました。

青がなくなって、他の色しか残っていないシールのシート（**写真5-11**）。それでも私は尋ねます。「そら君は、何色がいいかな？ 赤？ 黄色？ 緑？ 空色？ 黒？ それともぉ～？」

そら君は惰性で「アオ！」と言いましたが、私は正直に応答しました。「残念、青は4枚貼ってしまいました。ここにはありませんから、残った赤、黄色、緑、空色、黒から選んでください」と。

「……」。沈黙したそら君は、その後、意を決したように「アオ！ アオがいいの！」と叫びました。

「分かった！ そら君は、青いシールが好きね。大丈夫だよ、青いシールは、別のシートにたくさんあるから、安心して。今は、残った別の色を貼っていこうね」と私は言って、そら君に6色のシールが全部貼ってある新しいシートを見せてあげました（**写真5-12**）。

「アオ……」と淋しそうに呟くそら君。

逆に私は、その辛気くさいそら君の気持ちを払拭するように、元気よく、「アカ！ キイロ！ ミドリ！ ソライロ！ クロ！ を貼ったら、アオをあげるから、ちょっとだけ、我慢して貼ってみよう！」と誘いました。

そして、勢いよく「アカ！」と言って、赤いシールをそら君に差し出すと、彼は「アカ」と言って、私から赤い●シールを受け取ったのでした。

「すごい！ すごい！ そら君、"アカ"って言えたね！ えらいよ、えらいよ！」と私も両親も大歓声をあげました。

そら君は、ニヤニヤして、再度「アカ」と言って、コップの○印にそれを貼り付けたのです。その後、そら君は、「キイロ」「ミドリ」「ソライロ」「クロ」と色の名称もみんな言うことができて、かつ、抵抗も現さずに、均等に貼り付け終えたのです。

ASDの子どものこだわり行動は、特定の状況や周囲の人の反応と結びついて起こされ、定着し、固着する傾向があります。逆に言えば、「無理のない」「楽しい」状況とそれを提供してくれる「人」とのやりとりがあれば、その「流れ」でこだわりの発生を抑えることもでき、変更を求めることも可能となるのです。

　だからこそ、そら君に示し続けてきたように、一連の「楽しい流れ」に乗せて、「情緒・認知課題」を示し続けることが必要となるのです。

## ⑷ 最近の様子：グルグル描きの克服

　この春でそら君も保育園の"年長さん（5歳）"になります。そろそろ、就学を意識した取り組みを始めたい時期です。

　ちなみに、そら君は、保育園では画用紙に向かうと自動的に"グルグル描き"をしてしまう、「グルグルこだわり」から脱することができないままでいました。

　〈そら君の"グルグルこだわり"は、画用紙などの素材とセットになっている。素材を変えてこだわり行動を変更に導こう〉

　と考えていた私が目をつけたのが、以前NHKのEテレで2004年4月〜2010年3月までに放送されていた、『わたしのきもち』という幼児向け番組。そこに出てくるキャラクターが何と、紙コップの「キモッチ」なのでした。

　私は、母親にこの「キモッチ」を知っているか尋ねました。すると母親は、「そらのお兄ちゃんが夕方見ているので、時々、そらも見ていることもある」と言いました。

　私は、昔そら君が●のシールを貼ってくれた紙コップを取り出してきて、その側面に「これがねぇ、コップさんのお顔」と言って、「キモッチ」の似顔絵を描いて見せました。ちなみに、私は、「そら君の紙コップ」を透明の容器に収納して大事に取って置いたのでした。

　そして、私は、そら君と母親にそのコップを手渡して、「これは、むかし、そら君が"アオ"が良いけど、我慢して"赤"とか"緑""空色"のシールを貼ってくれた紙コップですね。今日は、このコップに、"グルグル描き"を我慢して、キモッチくんの笑顔を描いてください」と提案したのです。

　すると真っ先に母親が「笑顔のキモッチくん」を描いて示してくれました。すかさず、私が「お母さん、じょうずじょうず！キモッチくんの笑顔が描けました！」と賛美します。

　そら君は、それを見て、"グルグル描き"を我慢し乗り越えて、「自分の手で初めて、顔の絵を模写した」のです。その感動の記録が**写真5-13**です。

　私は「紙に描かない」「描いてもグチャグチャ描きか、グルグル描き」と決めてしまっている子どもに対して、よく「素材を変えてみる」アプローチを試みます。

　例えば、画用紙やノートの代わりに、新品の角がカチカチとしている段ボールを床に敷き詰めてみたり、鉛筆やクレヨンの代わりに、筆ペンやラインマーカーを持たせてみたりします。

　こうした素材を変え、子どもの"目先"を変えてあげることで、かたくなだったこだわり行

動が砕けていくことがあるのです。

　ただ、そんな奇策ばかりが奏功するとは限りません。要は、それまで築いた子どもとの「関係」があるからこそ、子どもは"目新しい提案"に乗って応じてくれるのです。

　子どもに「無理をさせず」、大人も「無理せず、身近な素材を良く吟味して」、お互いが「楽しくなるような」遊びに満ちた関わりを展開することです。この姿勢は必ず実を結びます。

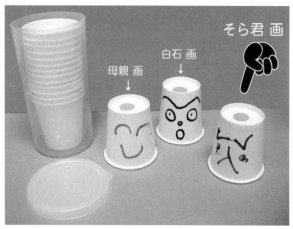

写真 5-13　そら君のキモッチ

# 3.「数字こだわり」に効くシールブック

## (1)「数字こだわり」を気分転換に利用する

　ASDの人の多くが「数字にまつわるこだわり」をもっています。「カレンダーが大好き」「時計の文字盤が好き」「時刻表が宝物」「始語は数字だった」「不機嫌でも数唱すると気持ちが切り替わる」「本の内容より、ページを見て喜んでいる」など、枚挙にいとまがありません。

　これらの「数字こだわり」は、導き方によっては「強み」として機能して、ASDの人や関係者のために役立ちます。例えば、こだわりの対象がカレンダーなら、「スケジュール管理に使うこと」を教えれば「見通し」や「計画性」の確保につながって、生活の安定をもたらすことでしょう。時刻表へのこだわりは、「時刻表を見ていくだけで旅行をした気分になれる」という「時刻表マニア」を生んでいます。先の数唱のこだわりが「気分転換」につながるなんて、素敵なことではありませんか！

　私は、この数唱が好きなASDの子どもには、事務用品のエーワンから発売されている「数字ラベル 丸シール」を用います。これを●型のカラーシール（もしくはそのコピー）に①から順番に貼っていってもらう、という課題です（写真5-14）。この明快かつ単純な課題を通して、ASDの子どもの精神状態が整えられるので、その後の課題対応への安定的な基盤としています。

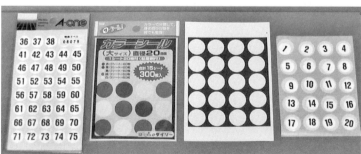

写真 5-14　数字シール

## ⑵ 変更を受け入れるためのトレーニング

**写真 5-15　パズルシール・まちがいさがし**

また、㈱リーバンという会社が販売しているシールブック「パズルシール／まちがいさがし」（**写真 5-15**）もよく用います。これは、次ページの**写真 5-16**にあるように、①〜㉟まである数字の枠内に、"順番通りに配列さ・れ・て・い・な・い・図柄シール"を「順番に貼っていく」という、高度で、根気の要る作業なのです。その写真をよく見てください。右のシートの絵柄は細かくカットされていて、しかも、各絵柄の左下隅に打たれている黒丸数字を見れば、それらがランダムに配置されていることが分かります。

つまり、左枠の①にその絵を貼ろうとすると、右のゴチャゴチャの配置の中から①に相当する絵を黒丸数字を目印に探し出さなければならない、ということなのです。（**写真 5-17**）

ここでは、単純に①と黒丸数字とがサッサと対応しないというもどかしさが生じるのです。

これは、「数唱」や「数字を順番に並べたり貼ったりすることが大好き」な子どもには、ストレスを感じさせ、試練も与えます。

子どもによっては、「なんで①や②に貼る絵が1番目や2番目に貼られていないの！　いったい①や②に貼るシールはどこにあるんだ！」と怒り出す場合も出てきます。そこで支援者は、そのような子どもに対して、「まぁまぁ、そう怒らないで、これはゲームだと思って、ゆっくり、数字を探していきましょう。①から㉟までの数字と絵は、必ず、シートの中から見つかるので、大丈夫だよ」と優しくかつ丁寧に説明して、言い聞かせていきます。

これは、ASDの子どもにとっても、そして、支援者にとっても「変更を受け入れるための練習」、「心の動揺や怒りを鎮めるためのトレーニング」の機会となります。

さて、**写真 5-18**がシールを全部貼り終えた状況です。写真の左下に12とページが打たれている面が「まちがいさがし（間違い探し）」の対象となる絵柄で、子どもには、自分が貼って完成させた絵柄（写真右側）と見比べて、「間違い」を探していく作業が次に待っています。

これら一連の作業を通して、ASDの子どもたちは、「数字ってランダムもありか？！」と、悟り、受け入れの器を大きくしていきます。このような「遊び」をいろいろ体験してもらうことで、少しずつ柔軟さを身につけてくれるものと考えて期待しています。

写真 5-16
パズルシール・まちがい
さがし水族館

写真 5-17
パズルシール・
まちがいさがし水族館の
①シールを貼る

写真 5-18
パズルシール・
まちがいさがし水族館
(660円税込)全部貼って
まちがいをさがす
←が間違い箇所

※ 紹介した書籍は現在休刊。現在在庫があるまちがいさがしシリーズは『パズルシール　まちがいさがし
　おかいもの』(660円税込)、『パズルシール　まちがいさがし　どうぶつ』(660円税込)

# 4. 無気力になってしまうASDの子どもへの
## 介入方法と療育

## (1) 無気力型のASDとは

　ローナ・ウィング(Wing, L.)らがASDを「孤立型」「受動型」「積極・奇異型」の3タイプに分類したことは有名です（下図参照）。これですべてのASDが説明できるわけではありませんが、ASDの典型となる状態を言い当てていることも確かです。

孤 立　　　　　　　　　　　受 動　　　　　　　　　　　奇 異

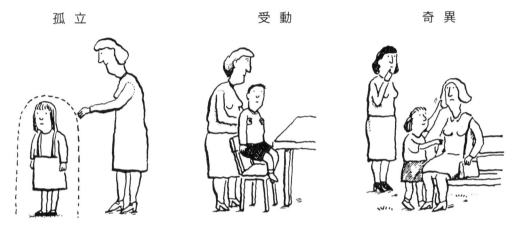

**図 5-2　対人障害の3つのタイプ** ウタ・フリス著『新訂 自閉症の謎を解き明かす』東京書籍、2009. 128ページより転載

　それに対して私は、もう一つ新たなタイプを付け加えたいと考えています。それは「好きなおもちゃがない」「好きなキャラクターも知らない」「楽しめる遊びがない」「別段、好みの食べ物もない」「相手をしても喜ばない」「何かに執着することもほとんどなく、手をつけてもすぐに飽きてしまう」「楽しみに出掛ける場所もない」などの状態にある一群です。

　しかし目を離すと「衝動的に屋外に出て行ってしまう」「自傷を始める」「嘔吐を繰り返す」「トイレに物を詰める」「服を破っている」「突然、他害を始める」「昼間寝て、夜中に起きて騒ぎ出す」など、しっぺ返しを食らいます。

　私は、彼らを「無気力型のASD」と呼んでいます。このタイプは一見、「孤立型」と「受動型」に似てはいますが、「個別対応」を徹底的に行わなければならないという点においては、他に比べ群を抜いていて異質です。すなわち、彼らは「放ってはおけない」存在であり、本人も放っておかれることは好きではないということが推測されるからです。

それにもかかわらず、彼らは、「人とどう関わっていけば良いか分からない」「時間をどう過ごして良いか分からない」「何についても、したいことがない」「いつもつまらない」という消極的な自己像の持ち主で、自発性や意欲も減退し、能動的に生きることができにくいので、世話が焼けるのです。

実際、障害児・者の入所施設では、この「無気力型」もしくはその「予備軍」が多くいて、折に触れて「大きな問題を起こし」て「問題視」されているのではないでしょうか。「普段は大人しくて"良い利用者"なのに、見えないところで悪さをするから恐ろしい」などと職員を嘆かせている状況が目に浮かびます。

このように問題は大きいのに、あまり取り上げられて来なかった状態群であることから、実践例を紹介して問題提起したいと思います。

ちなみに、彼らへの対処方針は明らかです。繰り返しになりますが、本人は人に関わって欲しいのです。実は、「人に寄せる期待がとても大きい」一群であると思います。だからこそ彼らを「放っておいてはいけない」のです。

月並みな言葉ですが、「彼らが能動的になることができる状況を、私たちが一緒になって見出すこと」が大切です。そして、発達を促して、「できた!」という体験を増し、自信をつけさせることです。

実際は容易ならざる道ですが、私たちもコーチを兼ねた伴走者として彼らと走り続けなければなりません。

## (2) 無気力への関わりのコツ

無気力型のASDの子どもの療育は難しいものです。反対に、行動障害を強く現す子どもの方が「放出するエネルギーがみなぎっている」という点では改善が早いかも知れません。実際、そうした(目立つ)子どもの方が施設や学校でも大人の注目を集め、他児よりも"手を掛けてもらって""本人は満足"を感じることが多いのではないでしょうか。

これに比べ、無気力かつ経験が広まらないタイプの子どもは、いつまで経っても"自他共に認める赤ちゃんのまま"で、成長・発達が停滞してしまいます。

このタイプの子どもには、① 無理強いをしないレベルを前提に、② その子どもにとって興味のもてる、魅力あるおもちゃ教材を探す、あるいは開発して、③ 提供すること、がまず必要となります。そして、④ そのおもちゃ教材に興味や関心を抱いたならば、⑤ 少しずつ、情緒・認知課題を与え、⑥ 時に変更も加えて、⑦ 適応力を引き出し、⑧ 自信を養ってもらう、という順路を辿っていくことがよろしいかと思います。

## ⑶ ブロックによる片づけセラピー

　重度の知的障害のある ASD の**はやと君**（5歳）は、前ページで紹介した「無気力型」で、暇をもてあそび"じれて"泣いて騒いだり、周囲の人を噛んで他害したりするので、家族を困らせていました。

　年子の弟は、兄のはやと君を気遣っていろいろと声をかけますが、無視され続けた挙げ句に突然噛まれたりもするので、すっかり懲りてしまい、最近ではほとんどきょうだいの交流もなくなりました。

　『子どもの療育相談室』にやって来たはやと君は、手当たり次第におもちゃを口に運び、むしり裂いていきました。まだまだ口唇期の真っ最中にある、幼い子どもだと見て取りました。

　物を口に運んでは舐め、むしることしかやることがないと目される子どもを「叱って」どうしましょう？　それでその行動が止まったとしても、一体、彼のエネルギーをどこに向かわせればよいのでしょうか。

　シトシトと雨降る梅雨時に、ダムをせき止めて、その後はどうするのですか？　という疑問と同じことです。ダムの水を計画放流して、何かに役立てようではありませんか。できれば、田畑に水を送って、新しい萌芽につなげていきたいものです。

　案の定、彼がおもちゃの端っこを口に入れるたびに、父親は「ダメでしょう！」「やめなさい！」と叱りますが、はやと君は、眉間にシワを寄せ、逆にムキになっておもちゃをかじっていきます。

　「やめろって言うのが分からないのか！」と、ついに父親が切れました。これはいつものパターンなのでしょう。はやと君は何食わぬ顔しておもちゃを放り投げると、心配そうに見守っ

名前：　**はやと君　男の子**

年齢：　5歳

障害：　ASD（無気力）と
　　　　重度の知的障害
　　　　障害児の通園施設利用

言葉：　なし

父親：　34歳。会社員

母親：　31歳。専業主婦

きょうだい：　弟4歳

主訴：　無気力
　　　　物をかじる　人を噛む

ていた母親に近づいていきました。誰しもが「さすがのはやと君も、母親に救いを求めた」と思いました。母親を除いては……。

母親は、近づくはやと君に対して、咄嗟に“防御の態勢”に入っていました。その理由はすぐに分かりました。はやと君は、その母親に思いっきり噛みついたからです。

慌てた父親が割って入り、さらに強く叱ります。母親から力ずくで引き離されたはやと君は、自分の頭をゴンゴンと叩きはじめました。

父親は、疲れ切っていました。母親はこの喧噪から幼い弟を守るべく、涙を浮かべながら弟を抱きしめていました。

初回面談場面において、両親からの「主訴」を聞くまでもなく理解できた、はやと君の問題。この状況を目の当たりにして、私も一瞬たじろいでしまいました。

しかし、躊躇などはしてはいられません。自傷するはやと君をなんとかしなければならなかったからです。

私は、専用のバケツに収まったブロック（**写真5-19**）を引っさげて、彼に近づき、親指大のブロックをつまみ上げて、彼に差し出しました。頭を叩く手が止まり、彼はブロックを受け取ってはくれたものの、「何じゃこれ?」「こんなものいらない!」という表情をして、瞬時に放り投げてしまいました。父親の表情が険しさを増しました。

写真 5-19

しかし、私は「やったなぁ」と笑いながらもう一つ、彼にブロックを差し出しました。彼は、それも放り投げましたが、先程よりも遠くに投げました。「おおっ、結構やるね」と私。懲りずにもう一つ、彼に差し出すと、彼はちゃんと“それを受け取る”姿勢をして、しっかりとブロックを握ったのです。

「やる気になった?」と私。彼は「えいっ」とばかりに、力を込めてブロックを放り投げました。「随分と遠くに投げましたね」と言って、私は、今度はゆっくりと彼にブロックを“手渡し”ました。彼は、それを確かに受け取ってから、周囲を見渡して、これまでとは別の方向に放り投げました。

ブロックは親指くらいの小さな物です。どこに投げたって備品や壁などを壊しませんし、身体に当たったとしても痛くもありません。

はやと君にとって、ブロックを投げることが遊びになり、すっかり自傷行動は忘れ去られました。

バケツ一杯にあったブロックは投げ尽くされました。プレイルームの床に色とりどりのブロックが散乱しました。"はやと君が投げて遊んだのだから、床にブロックが散乱している"……これを本人に分かってもらうのがミソです。

私は、空になったバケツを逆さに振って見せて、そして床を指差して「みんな投げちゃったね」と言い、「だから、バケツに戻そう。お片づけお片づけ」と彼を誘いました。

そのような誘いに応じること自体、経験のなかった彼は、どう私に応じて良いものか見当がつかなかったようです。ただ突っ立ってブロックを眺めていました。

その彼に私は、床から拾い上げたブロックを手渡し、「お片づけは、ブロックをバケツの中に放り投げる」と言って、別のブロックを私が率先してバケツの中に放り投げて見せました。

「カランカラン」と良い音が響きました。すると彼は、興味ない表情をしながらも、おざなりにブロックを手放しました。そのままなら床に落ちるので、私がバケツを落下点まで移動させて受け取り、「よく入れて、片づけができましたぁ!」と言って、彼を誉め讃えたのです。

「えっ?」という顔をしたはやと君。私がナイスキャッチすることで、彼の力ない反応が私への「対応」、すなわち「適応行動」として迎えられたのです。

私は、拾い集めたブロックを次々に彼に手渡しました。はやと君も次第に「やること」が分かってきて、バケツにちゃんとブロックを収めるようになりました。その都度、私が「すごいすごい!」「はやと君はえらくなったねぇ」と誉めちぎっていきますから、はやと君もニヤニヤと笑い出しました。ちなみに私は汗だくです。

冒頭、家族の修羅場から始まった療育場面ですが、ブロックがバケツに"片づけ"終わる頃には、和やかな雰囲気に変わっていきました。

両親は食い入るように私とはやと君の共同作業を見詰めながら、時折安堵の表情を見せていました。

## (4) 片づけられない子どもにジャンボビーズを

3歳になったばかりの**フー君**は、やっと単語を発するようになったASDの子どもです。家庭や保育園における彼は、手にした物をすぐに投げてしまうので、いつも周囲の大人に叱られてばかりいました。そして、気分を害しては別のおもちゃに手を出し、不機嫌なまま集中もできず、それを放り投げてはまた別のおもちゃに手を伸ばすことの繰り返しでした。彼の行く先々でおもちゃがひっくり返され、足の踏み場もない状況になりました。

母親が「自分で散らかしたおもちゃを踏んづけて、本当に痛かったんでしょう、泣きながら『イタイ! イタイ!』と言ったのが"初語"でした」と説明してくれました。

このフー君を「多動な子」と称してしまうことは簡単です。しかも、「ASDだから"多動"なんだ」とレッテルを貼ってしまうことはなお簡単です。しかし、「何故、多動な状態になっているのか」を考えなければ、フー君のためになりません。

名前： **フー君　男の子**
　　　　保育園利用

年齢： 3歳

障害： ASDと中程度の
　　　　知的障害

言葉： 療育開始時は 単語だけ

父親： 24歳。会社員

母親： 25歳。会社員

主訴： すぐに飽きて、物を
　　　　手当たり次第に投げる

　私はこのフー君について次のように考えました。まず、① いろいろな物に手を出すが、肝心の "好きな物" が見出されていない。したがって、"あてもなく彷徨（さまよ）ってしまう" ので "多動" に見える。そして、② 次々に目移りしてはすぐに飽きてしまうのは、"物との関係" が良くないから。すなわち、物（おもちゃなど）の操作がキチンとできないので、楽しめず、興味を失いやすくなって諦めてしまう。その結果、③ 散らかし放題の刺激に溢れた環境を創り出して、それに本人が翻弄されてしまっている。

　こうしてフー君の状況を分析すると、対策も複合的に立てられます。まず、① に対しては、フー君が「これ好き！」と強く興味を抱くおもちゃ教材を探すこと。② については、実際に物を扱わせながら、満足や達成感が得られるまでサポートし、自分でもやり続けられるように操作などを教えていく。つまり、発達を促すこと。③ は、大人が環境整理に努めながら、フー君自身についても、物を整理しながら使い、気持ち良く遊ぶという体験をさせ、その習慣化を目ざすことです。

## ⑸ ダイヤモンドのようなおもちゃ教材

　私は母親に「まず、フー君の心を射止めるダイヤモンドのようなおもちゃ教材を探しましょう」と提案し、「それから、フー君が自ら乱した状況に混乱させられないように、"仕舞いながら遊ぶ" ことを心がけていきましょう」と言って「当分は、大人が率先して片づけ（後始末）役に回る」ように勧めました。

　この「片づけ」という行為。よく考えて見ますと、「自分が成した過去の行為に責任をもつ」という高度な行動であることが分かります。これ自体、3歳の子どもに求められるかというと、やはり難しいと思います。だから、私は、「大人が片づけて」と言ったのです。

フー君の状況に照らして考えると、彼が散らかしたおもちゃを前に、大人が何度「片づけて！」と言っても効果はありませんでした。それは、フー君自身に「おもちゃを散々いじって放り投げたから、周辺が散らかった。よって、清掃、整理・整頓して元に戻す」という因果関係の把握と「それは僕の責任」という意識とが育っていなかったからです。

　母親が怪訝な表情で言いました。「それでは、いつ、この子は片づけられるようになるんですか？」と。私は「彼に責任を負わせる後ろ向きの片づけ（後始末）を求めるのではなく、楽しんだおもちゃを大事に仕舞っていくという“前向き”な『課題』にして提示してあげましょう」と答えました。ちょっと抽象的な説明だったかもしれません。母親は納得していません。私は「それでは、それを実際にやってみますね」と言って、フー君に関わることにしました。

　私は、58、87ページでも紹介したように、モールでビーズを釣る、という課題を用いることがあるので、子どもでも扱いやすい、ジャンボなビーズを選んで蒐集してきました。

　今回も、約1cm角の立方体ジャンボビーズを取り出して、アルミのボウルにジャラジャラと移し替えました。そして、100円ショップで買ってあった、水切り板をその横に置きました（写真5-20）。この水切り板は、格子の内径が縦横各1.3cmになっていて、1cm角のビーズがちょうど良く収まります。そして、格子を外せば受け皿にビーズが残り、簡単にビーズを集められ収納でき、容易に仕舞うこともできるのです。

　私がそれらを机の上に設置しますと、さっそくフー君は“よそにビーズを放り投げよう”としてビーズが収められている器たるボウルに手を突っ込んできました。そして、ビーズをわしづかみにしたのでした。

　私は、彼が宙にそれらをぶちまけようとした瞬間に、「ここにバラバラって撒いてごらん」と言って、水切り板を指差しました。“ぶちまける”行為を直前に「制止」された、と思ったのか、フー君の手が止まり、その隙にパラパラっと彼の掌からビーズがこぼれ落ちました。そして見事に、一個一個のビーズがキチンと格子の間に収まっていったのでした（写真5-21）。

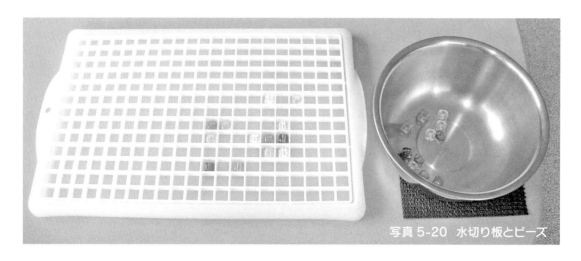

写真 5-20　水切り板とビーズ

写真 5-21

この "キッチリ収まる感覚" は、ある種の快感です。私だけではなく、フー君もそれを感じたことでしょう。「もっと！」という気持ちを表情に込めて、フー君は掌を全開にしてみせて、残りのビーズを一斉に水切り板の上に "ばらまいた" のです。

これも見事に全部のビーズが個々、居心地よさそうに格子に収まっていきました。「すごいねぇ、ぜーんぶ、ビーズが穴の中に入ったね」と私は歓声をあげました。フー君も気持ち良くて、嬉しくなったのでしょう。机に両手をついて、ニコニコしながらビーズを真上から眺めています。すかさず、私が彼の尻下に椅子を持っていくと、彼は無条件に椅子に腰を降ろしました。

そしてフー君は、格子の間に収められたビーズを指で撫でたり、水切り板自体を両手にとって、満足感に浸っていました。彼にとって、ビーズが "ダイヤモンド" になった瞬間です。

確認のため繰り返しますが、ビーズは格子の隙間に挟まっていますから、フー君がしたように水切り板全体を持ち上げても、左右に揺らしても、垂直に立ててみても、ひっくり返さない限りビーズがこぼれ落ちることはありません。すなわち、ビーズを撒いて偶然でき上がった "ビーズの模様" は、格子に守られて維持されるというわけです。この安定感がまた、フー君を喜ばせました。

## ⑹ ピルケースとビンに仕舞う

これまでにない熱い視線をビーズに送っているフー君に、私は声をかけました。「フー君、ビーズはキレイだね。このキレイなビーズをキレイな箱と瓶に大事に仕舞っておいて、また遊ぶときにそこから出して遊ぼう」と言って、ちょうどビーズの各色と同じ色をした「小物入れ（ピルケース）」と大きな取っ手のついた透明な瓶を提示しました（**写真 5-22**）。

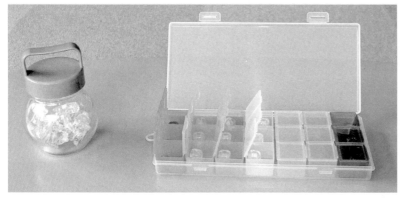

写真 5-22

私は水切り板の格子を外し、受け皿に残されたビーズたちを一つひとつ摘んでは、「赤は赤」「青は青」と言って、ビーズと同じ色のピルケース（DAISO）に配置していきました。フー君は、私の仕事を食い入るように見詰めています。私が「ピンクは？」と言って、それをフー君に手渡しますと、彼は「ピンク」と応じて、それをピンクのケースに"仕舞って"くれたのです。

　「じゃぁ、続きはフー君がやって」と言って、私が身を引きますと、私の提案通り、フー君が仕事を引き継いでくれました。ただし、ピルケースの容量より、ビーズの数の方が大きかったので、入りきれないビーズが出てきました。彼がそのやり場に窮する前に、私は、「残りはビンの中に入れておこう」と言って、一つ摘み上げたビーズを瓶の中に放り入れました。チンチロリーン、っと心地よい音が響きました。「僕もやってみる！」というような意欲的な表情をして、フー君も続きます。

　最後のビーズが瓶の中に収まった時、フー君は自ら瓶のフタを手に取って、ねじ回し式になっているそれをクルクル回して封をしたのでした。「途中で諦めないで、ネジのフタを閉めることができたフーを初めて見た！」と母親は感動していました。

　「ビーズを容器に仕舞う巧緻性や瓶のフタを回す操作性など、フー君はやる気になれば高い力をもっていますね」と私は解説しました。「ええ、ええ」と大きく肯きながら聞いている母親。「片づけろ！って命令されるから抵抗する心が生じて、彼は従わないけれど、こうして"できた"という喜びの延長に"仕舞うこと"を位置づけると、さらなる意欲を引き出すことができますね」と念押しの解説をする私でした。

# 第6章

..............................................................

# ASDと子どもの療育相談室
## ～個別の療育と家庭支援の方法～

　私が26年前に大学内に立ち上げた「子どもの療育相談室」は、ハード面において、①「個別の療育ができる個室」、②「親御さん対応の部屋」、③「きょうだいや祖父母に対応できる部屋」、④「その全員が交わり活動できる集団対応のスペース」、⑤「それらの諸活動を一望でき、かつ、記録（録画など）ができる観察室」を揃えました。そして、ソフトの面では、①「個別療育」とともに②「親子の関係調整」を行い、③「家族支援」を目指すというパッケージ・プログラムを実践の柱にしました。

　2005年からは、この「子どもの療育相談室」の機能をほぼ丸ごと、宮城県発達障害者支援センター「えくぼ」に移動させて「公的なサービス」としての運用を開始しました。

　なお、本章では、白石雅一著『自閉症スペクトラム 親子いっしょの子どもの療育相談室』東京書籍、2010で用いた写真や図表を転載しています。

# 1. 親子いっしょの療育相談室の誕生と特色

## (1) 強度行動障害の家庭訪問 (アウトリーチ) で人間関係を見直す

　私は、1990年に「偏食が悪化して絶食に近い状態に陥り、部屋の隅に座り込んで動かず、奇声と自傷だけを激しくして暮らしている」というASDのM君、15歳男子に関わることになりました。彼は、小学校3年生の後半からまったく学校に行けない不登校状態に陥り、そのまま「中学校も卒業」を迎え、以後、完全な引きこもり状態になっていました。

　彼の住む家は、激しい奇声のために日中でも窓とカーテンは固く閉ざされていて、周囲からは不審がられていました。それに加え、彼が栄養失調で何度も救急車で病院に運ばれましたから、いよいよ地域住民からは「児童虐待が心配される」として警察への通報が寄せられるようになりました。

　公務員だった父親と受験生だった兄は、「もう、こんな家には住めない！ 関係者と見られるのもゴメンだ！」と言って、家を出て行きました。

　その家に家庭訪問して私が見たものは、絶食状態でやせ衰えたM君の姿と、疲労困憊で同じくやせ衰え、しかも倒れそうな状態にある母親の姿でした。

　それでも母親は、M君の自傷行動を抑えようとして懸命に彼の腕を掴みながら、これまでの経緯を次のように語ってくれました。

　「小学校の3年生の時に偏食指導を厳しく受けて、食べなくなって、病院への緊急入院が繰り返された。先生を怖がり登校を渋って、その冬から完全な不登校になった。次第に先生方も家には来なくなった。児童相談所の人も“この子は難しい”と言ったきり対応してくれなかった。それなのに警察と一緒になって“親の責任を果たせ！”って怒っていった。地域の人とはまったく交流はないが、苦情を言いに来る人も減って、もう見ぬふりされている」

　当時、M君のようにたくさんの問題を抱えながら、援助が効かず、対応に苦慮する状態にあることを「強度行動障害」と呼ぶことにして、国がその調査に乗り出していたのです。私もその一環としてM君の家庭を訪問したのですが、学校、教員、地域住民、福祉機関との関係、そして、M君との母親や父親、兄の家族関係、これらすべての「関係」が悪化し壊れた結果として、「強度行動障害」が生じていると実感したのでした。

　それは、その後、いくつもの強度行動障害事例と関わることで確信を得るに至りました。そして、1991年に当時の厚生省における研究班の報告書に「強度行動障害は関係の障害である」と明記することになります。

## ⑵ 関係は「個別」から

　さて、これだけ「関係者」との「関係がない」もしくは、「関係が悪化」している状況にあるケースの場合、何からどう手をつけたらよいか途方に暮れるばかりでした。

　幸い、私にはASDの人たちを対象にした入所と通所の療育施設で働いてきた経験と、そこで磨いてきた「個別の療育」に関する技術や利用者との「関係を創る」ノウハウがありました。

　私は毎週末、M君宅を訪ね「個別に関わって」、彼との関係を築いていきました。その間、母親には、M君から離れてもらって「休養」を与えました。母親は「満足に買い物にも出られなかったので助かります」と喜びましたが、M君の状態が少しずつ安定してくると、「先生の関わり方を見て、勉強したい」と言って、個別の療育場面に同席するようになっていました。

　すると、M君に対する母親の働きかけや指示も私同様に入りやすくなって、「支援者との間に築かれた"関係"が母親との"関係"にも影響して活かされる」ことを知ったのです。

　母親は自らも工夫してM君にビーズ通しやジグソーパズルなどの課題を与えては、M君と向かい合うようにもなりました。そのお陰で、奇声と自傷が減りました。さらに母親はM君のパズルを額装したり壁に飾ったりして、一層意欲的になっていきました。

　その後、私との個別の療育によって「食べること」が整うと、M君は散歩や買い物の目的で外出もできるようになって、公営のプールで遊べるようにもなりました。私は、M君の父親に声かけしてM君の現状を見てもらいました。父親は大変に喜んで「プールくらいだったら、私でも週末に一緒に行けます」と言ってくれて、実際それを実行するために「家に戻って」来られたのです。「奇声がやめば勉強にも集中できる」と言って、兄も帰ってきたということは言うまでもありません。そして、家族の人間関係が修復されたのです。

## ⑶ 親子いっしょの『子どもの療育相談室』のプログラム

　「個別の療育は、家族に見てもらうことでより効果的になる」ことを実感した私は、1997年に『子どもの療育相談室』を開設しました。

　相談室の**対象**は、ASDの子どもとその親御さんで、きょうだいや祖父母といった家族の希望も受け容れて対応もしました。

　相談室の**形態**は、「親子いっしょ」。専門用語では、親子合同面接とも言います。具体的には、親や家族の悩みごとを聴き、相談に乗って具体的なアドバイスをし、子どもとの関係に問題がある場合、その場で「親子の関係調整」を行います。そして、親や家族が見学する中、支援者が個別の課題（情緒・認知課題）を用意してマン

## 表6-1　子どもの療育相談室パッケージ・プログラム

| 人との関係を改善し、発達を促すための<br>親子いっしょのパッケージ・プログラム | | |
|---|---|---|
| 親子の関係調整　⇔ | 個別の療育　⇔ | 家族支援 |
| （プログラムⅠ） | （プログラムⅡ） | （プログラムⅢ） |
| 〈親カウンセリング〉<br>① 親の悩みや葛藤を傾聴して、問題を整理し、支えます。<br><br>〈発達ガイダンス〉<br>② ASDの子どもの発達上の問題や育児について、正しい情報を提供します。<br><br>〈関係調整〉<br>③ 親子の間に生じた関係のズレに対して、改善のための調整 ( 親と子の遊びの支援など ) を行います。<br><br>〈指導的ガイダンス〉<sup>インターベーション</sup><br>④ 関係の混乱に対して、支援者とASDの子どもとのやりとりを開示し、親が努力し改善すべき点などを指摘して、親の態度変容を促します。<br><br>〈モデルの提示 - 取り入れの促進〉<br>⑤ 支援者の個別療育を見てもらい、その狙いや技術の理解を促して、モデルにしてもらいます。<br><br>〈親も療育ができるように〉<br>⑥ 家庭における個別療育の実施を促し、その報告を受け、評価をしていきます。 | 〈安定の基盤作り〉<br>① 人や状況に対するASDの子どもの恐れや警戒心、不安を緩和、解消させるために、個に応じた遊びや過ごし方を開発し、安心に導きます。<br>② 安心・安定の状況に少しずつ変化を加え、その中で安心・安定する経験を増やします。<br><br>〈個別療育〉<br>③ 支援者はASDの人との間に「情緒・認知課題」を媒介にした〈やりーとり〉の場面を設けて、誘いー待ちー求めて、対応を促し、励まし支えながら対処行動に導き、達成感や自信を培い、人と共に作業する楽しさや喜びを取得させます。この体験の積み重ねが、社会性の障害やコミュニケーション障害、こだわり行動の改善に役立ちます。<br><br>〈個別療育の展開と発達の促進〉<br>④ 遊びや課題を媒介にした〈やりーとり〉場面を多様に設定して、適応力を伸ばすとともに、発達を促します。<br>⑤ やり甲斐のある課題を繰り返し提示し、自信につなげ、能動的な態度や生活を築き、より発達を促していきます。 | 〈きょうだい支援〉<br>○ きょうだいの個別対応と心のケア。<br>□ 定期的な面談の実施とアフターケア。<br>□ きょうだい同士の分かち合いの促進。<br>（キャンプ合宿の活用）<br><br>〈祖父母支援〉<br>○ 祖父母などを療育場面に招いて、発達障害に関するレクチャーを行います。併せて子どもの発達状況を説明し、適切な関わり方や養育の方法を具体的に伝えます。<br>○ 昨今の障害者福祉の動向や福祉サービスの利用、活用方法の説明を行います。<br><br>〈地域拠点創り〉<br>□ 家族が地域で安心して暮らせるように、拠点を創ります。<br><br>〈関係機関との連携〉<sup>コンサルテーション</sup><br>□ 児童発達支援センターや保育園、学校を巡回し相談や指導、研修、アフターケアも担います。<br><br>―――――――――――<br>注記：上欄の□の項目は、今回本書では扱っておりません。 |

**1** 親カウンセリングと発達ガイダンス

**2** 親と子の関係を見る

**3** 支援者が遊びを通してお子さんにかかわって、モデルを示します

## 4 支援者による指導的ガイダンス

しつけよりも まずはお子さんを
楽しませて喜ばせること
それが一番です！

具体的に
今両親が行うべきこと
してはいけないこと
そして、家庭での療育の
仕方などを、指示的に
アドバイスしていきます

## 5 支援者の支えで遊んでもらいます

怖くないよ
大丈夫だよ！

へいき
へいき！

なにするの？
不安だな……

ブランコは
楽しいよ！

気持ちをなだめ
分からせて
応じてもらいます

## 6 ついに、両親と楽しく遊ぶ！

支援者が
率先して
♪ この子はどこの子
カッチンコ ♪
と歌い…

♪
この子は
どこの子
かっちんこ！
♪

キャー

そうそう！
その調子！

がんばって！

支援者は応援を続け
親子の遊びを
維持させます

ツーマンで行う「個別の療育」を実施するのです。

　相談室の**特色**は、「親子の関係調整」と「個別の療育」そして「家族支援」を支援の3本柱にして、なおかつ、それらをパッケージとして提供できるところにあります。それら個々のプログラム内容と「療育相談の流れ」については、142ページの**表6-1**と143、144ページの**イラスト**にまとめて示してありますのでご覧ください。

　また、このパッケージ・プログラムを実施するにあたっての**時間的枠組み**は、1回につき60〜90分を費やしています。さらには、ケースとケースの合間（30分以上）をキチンと取って余裕をもって療育相談にあたれるようにしています。

　相談室の**構造**は、**人的な構造**として、支援者が2人、アシスタントのスタッフが1人、専属の学生スタッフが10人ほど（ローテーションを組んで、セッションごとに1人から2人が参加する）になっています。**物理的な構造**は、「個別の療育」と「親子の関係調整」が同室内で行うことができるように、そして隣室では「きょうだいケア」や「グループ指導」が行えるようにと、大きくて可変的なスペース（177㎡）を確保しました（下の**図**参照）。

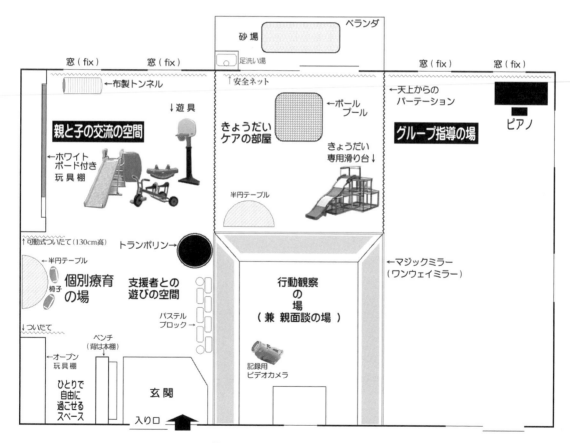

**図6-1 『子どもの療育相談室』の全景**

※この相談室は、仙台白百合女子大学内に設置された。筆者が
仙台白百合女子大学に在任した2003年3月末まで使用。

さて、相談室のその他のサービスメニューとしては、家庭訪問や保育園、学校の巡回相談、それらの先生方に対するコンサルテーション（いわゆる、専門家による専門家へのアドバイス）、施設職員への研修があります。また、過去においては、ASDを対象にした「療育キャンプ」を実施して、その子どもに対する短期療育と、きょうだいケア、親の集団カウンセリングを行ってきました。

## ⑷ 個別療育の進め方と親子の関係支援
### ① 安定の基盤作りとやりとり

ASDの子どもの「関係が育たない」状態に対して、「関係が育つ」ように、地道にアプローチしていかなければなりません。言うまでもありませんが、人との心地よい関係こそがその後の学習への取り組みや発達促進のための原動力になります。

そのためには、ASDの子どもが抱く不安材料を除去し、ASDの子どもが嫌う状況や物を整理し片づけ、彼らを安心させて、彼らが好む環境や物、遊びを用意、提供することで、「安定の基盤」を作ることが第一に必要となります。

『子どもの療育相談室』では、この「安定の基盤作り」を「個別の療育」の第1段階に位置づけて実践しています（147ページの**イラスト**）。

具体的には、子どもひとりひとりに適した遊びを見つけ出す、もしくは創造して子どもを充分に楽しませ、満足させていきます。子どもの年齢が低い場合など、トランポリン遊びなどが好まれます。

しかし、いつまでもトランポリンを跳び続けるわけにはいきません。お互いに休憩も必要になるでしょうし、時間が来ればセッションの終わりにもなります。仕方ありませんが遊びを中断、もしくは終わりにしなければなりません。

その際に、いきなり「休憩！」や「終わり」を宣言するのではなく、前もって「たくさん跳んだから、そろそろ、ちょっと、お休みしてみようかな？」と提案したり「いっぱい遊んだね。次もたくさん遊ぶから、今日はそろそろ終わりにしましょうか？」と誘ってみて、少しずつ子どもをその気にさせるように仕向けていくことが大事です。

その時「イヤだ！　やめないで！」「ぎゃぁ〜っ」という抵抗に遭うかも知れませんが、そこでも「分かったよ、無理にはやめないよ。だから、あと20回跳んだら、一度、お休みにしてみない？」と求めていきます。

つまり、前段階で充分に子どもを楽しませた分だけ、支援者としてもある程度の余裕をもって、子どもに求めることができるのです。

そこで、ちょっとでも子どもが「お休み」の姿勢をとってくれたら、大いに子どもを誉め、感謝の気持ちを伝えます。そして、即刻であっても、子どもから「休憩はお終いだ！　さぁ、もっと跳べ！」という要求が出されたならば、今度は、それに支援者が「応え」ます。すると、

「わーい、わーい」という子どもの歓喜の声があがって、喜びの気持ちを知ることができます。それに支援者は、「嬉しいね、楽しいね」と「情緒的な応答」でさらに応えます。これが遊びを通した子どもとのコミュニケーション（やりとり）になります。

## 個別療育の進め方❶　安定の基盤作り

子どもが大好きなトランポリンなどで満足のいくまでしっかりと遊んであげます。その上で、「ゆっくり跳ぼう」とか「今度は早く跳ぼう」と言って、少しずつ変化をつけたり、求めたりして、休憩や、お帰りの際の「区切り」に備えるようにします。

子どもの満足と安心を基盤にして、ついたてを立てたブースの中で子どもが大好きな童謡（♪こぶた　たぬき　きつね♪）の紙芝居を見せて、歌を聞かせています。

## やりとりのサイクル

この「求める」→「応じる」→「誉める」→「喜ぶ」→「共感する」→さらに「求める」→「応じる」という支援者主導の〈やりとり〉のサイクルと、子どもからの「求め」に支援者が「応じる」という〈やりとり〉のサイクルも生じて、まさに、情緒的な心地よいコミュニケーションが成立していくことになるのです。

この「関係」を基にして、子どもに「見る」「聞く」ことを求める状況を作っていきます。例えば、子どもが「大好き！」であることを調べて、アニメのキャラクターや手遊び歌の絵、テレビのシーンなどを紙芝居仕立てにして提供するのです。

その際、周囲の刺激で惑わされないように、ついたてを立て、部屋の隅を利用してのブースで行うとより効果的でしょう。

安定の基盤作りのための遊びの提供は、身体を使ったものから、徐々に椅子に座って物を見て楽しむ遊びに移行していくと良いでしょう（147ページの**イラスト**）。

## ② 情緒・認知課題の実施について

コミュニケーションの障害をもち、なかなか気持ちを語ってくれない、もしくはそれができないASDの人たちと「ことば」や「会話」でもって関係を深めていくことは至難の業です。

したがって、支援者とASDの人たちとをつなぐ、媒介が是非とも必要になります。それがおもちゃや教材になるわけです。

ただし、幼いASDの子どもや知的障害の重いASDの子ども、過敏で警戒心が強いASDの子どもなどは、ただおもちゃや教材を差し出したところで期待する応答はなかなか返ってきません。したがって、キチンと「何をすべきか」「何をして欲しいか」という明確な要求を示さなければいけません。この要求や「求める」ことが付加されると、そのおもちゃや教材は「課題」という性格に生まれ変わります。

さらに、先に紹介した幼いASDの子どもや過敏性の強い多くのASDの子どもは、課題を「見て」と求めるだけで、拒否反応や抵抗を示して、目線を逸らしたり、腰を浮かせて逃避する姿勢に入ります。併せて「ヤダヤダ！」と言ってパニックに陥る子どもも出てくるでしょう。

そうした際、彼らのネガティブな情緒を受け止めて、そして、あやし、なだめ、目の前の課題をよく見せて、やり方を教え、さらには、手本を見せて、よく分からせていくことで、彼らの前向きな態度を引き出していきます。

この「情緒をなだめ」「よく見せ、よく分からせる」という「情緒と認知」に対する並行的なアプローチを総称して、「情緒・認知課題」と言っています（149ページの**イラスト**）。

## 個別療育の進め方 ❷  情緒・認知課題の実施について

**1** 子どもにとって簡単で応じやすいことに誘ってみる

「これやってみようか」と誘うのは、「簡単な課題」だけじゃなく、身体を使った遊びやレクレーション的なゲームでもいいのです。

**2** 気持ちをなだめ、よく見せて、励まします

自信がなくて手が出せないときは、優しく手を添えて、一緒にやってあげます。うまくいかなくて「もうやめたい！」と怒っても、「辛かったね」「でもね、よく見てもう一度やれば、きっとできるから大丈夫だよ」などとなだめ、励まして取り組むように促します。

**3** 「できること」が目的ではありません！

人との〈やり－とり〉を通して、励まされながら「自分の乱れやすい気持ちをコントロールできた」と実感して、ほめられて、自信や自己肯定感をもつことが一番大切なのです。

# 人との《やり－とり》が自信と人への信頼につながる！

## ③ 寄り添って、手を添えて

ASDの人たちは、多様なる対人関係の障害により経験不足で自信をもてず、躊躇し、ちょっとしたことでも気持ちが萎<sup>な</sup>えてしまいがちになります。そこをしっかりと理解し、支えます。

具体的には、丁寧に「見るところ」を教え、時に、手を添えて勇気づけてあげます。そのたくさんの支えでもって課題が達成されたとしても、充分に彼らを誉<sup>ほ</sup>め讃<sup>たた</sup>えてあげましょう。

ここで味わう感動は、ASDの人たちにとっても掛け替えのない貴重な体験となります。

そして、支援者はそのプロセスを包み隠さず、直に親御さんたちに見てもらいます。

支援者は子どものみならず、親御さんも支え勇気づけるのです。

## ④ 向かい合って、刺激を強く

人間関係が人を育てます。情緒・認知課題を媒介に培った「関係」を活かして、徐々に教科学習のようなレベルに高めていきます。

その際、支援者側の位置が重要なポイントになります。前段階の"寄り添う"関わりは、子どもの隣に支援者が身を置き、子どもと共に"前を向いて"います。これは、目線回避の傾向にあるASDの子どもに配慮した、刺激を弱めるための立ち位置なのです。

これに対して、ここの④では、子どもとの間に形成された「関係」に基づいて、お互いの顔を確認できる対面での"向き合う"形をなす位置に支援者は座って刺激を強めていきます。

この際も、先述した〈やりとり〉のサイクル（148ページ）を忘れずに。

## ⑤ 親子で楽しむ療育

個別の療育を間近で学んでもらうことによって、親子関係の調整に役立ちます。支援者は、子どもとの間で重ねた情緒・認知課題を親御さんとの間で実施してもらうよう勧めていきます。初めての課題を親御さんに行わせて失敗の危険を心配するより、支援者との間で充分にこなして、子どもとしても「自信」をつけている課題を選んで行きましょう。

このお互いの「成功体験」が「家庭での療育」につながっていきます。

個別療育の進め方❺　親子で楽しむ療育

## ⑥ 親子で進める個別療育

ASDの人たちは、自由時間や余暇時間を過ごすのが上手くありません。これは、幼い頃は特にそうです。

家庭での時間を有意義に埋める、家庭でもキチンと日課を過ごす、家庭でも親と〈やりとり〉をして関係を強化していくためにも、家庭での個別療育は必須です。一日、5分〜10分でも可です（できれば15分〜30分）。材料となる情緒・認知課題は、本書にたくさん掲載しました。是非、チャレンジしてください。

個別療育の進め方❻　親子で進める個別療育

## ⑦ 遊びや課題を共有して楽しめる家族に

理想型をイメージしていますが、個別療育のプログラムをしっかりこなし、親子関係の調整もし、きょうだい支援もきっちり行う『子どもの療育相談室』のパッケージ・プログラムなら、到達可能です。

個別療育の進め方❼　遊びや課題を共有して楽しめる家族に

# 2. "個別"の関係創りと"みんな"の関係創り

　私の療育は「関係が基本」とする考えと方法に拠っています。それは、療育のみならず、教育や指導や訓練も「良い関係」があって成り立つものと捉えており、人間の発達の基礎に「人間関係」を位置づけています。

　ただし、この「関係」を支援者とASDの子ども、もしくは母親とASDの子どもという二者には限定していません。臨床心理士としては、その二者間の関係形成が得意分野なのですが、それだけでは療育の成果が一定水準以上はあがらないということを実感するに至り、最良と思える方法を模索してきました。

　そこで行き着いたのが、ASDの子どもと関係する人たち"みんな"を対象にした、関係の「形成」⇔「調整」⇔「修復」⇒「発展」のためのアプローチなのです。

　具体的には、支援者とASDの子どもとの〈やりとり〉を核として、親にはカウンセリングや発達ガイダンス、指示的なアドバイス、関わりのモデル提示などを行い、〈親とASDの子ども〉、〈家族とASDの子ども〉、〈関係者とASDの子ども〉、さらには、〈家族間〉、〈家族と関係者〉の「関係」に介入していくものです。

　それでは、ケースを紹介しながら、より具体的にその方法を紹介していきましょう。

## 事例① 支援者との関係形成から母親との関係修復へ

　「子どもが私にちっとも懐かないんです！ この子は自閉症じゃないですか?」と悲痛な声をあげ、やつれた表情をして20代前半の母親が『子どもの療育相談室』にやって来ました。その1歳2ヶ月になるゆめのちゃんは、初対面なのに女性スタッフにすっかり懐いて、肝心の母親には目もくれず遊んでいます。

　様子を見ながら関わってみると、ゆめのちゃんはASDとは多くの点で異なりました。その説明は割愛しますが、私は、ゆめのちゃんの状態よりも母親のうなだれた姿勢の方が気になりました。

　床に座り込み肩を落として語る母親は、ゆめのちゃんが視線を向けても何のリアクションも起こしませんでした。その無反応に"反応して"、ゆめのちゃんはプイッと背を向け、スタッフとの遊びを再開します。「この子は他人となら遊ぶんです」と母親のつれないコメント。母親の子どもを見る目は、何かに囚われているようで"曇って"いました。

　その後、母親のことばを傾聴していくと、早すぎた結婚を後悔していること、望まない妊娠と出産に戸惑ったということ、自分の青春が子どもによって「奪われた」と憎々しく思うことがあること、自分はまだ実家に居て親に甘えていたかった、心境が明らかになりました。

母親は“果たせなかった過去の願望”に囚われて生きてきたようです。そして、子どもと過ごす“今”は、何も見えていないかのようでもありました。

　「お母さん自身、もっとご自身のお母さんに抱かれていたかったんですね」と言った私のことばにうなずいて涙を流しています。

　泣き腫らした目を拭ってもらい、私は母親を遊びに加えました。スタッフと母親が対になって、手製の布ブランコでゆめのちゃんを揺らしながら、緊張する母と子の心を和ませました。そして、スタッフと母親が交互に彼女を抱っこしてトランポリンを跳び、ぎこちない母子双方の行動をその場で修正していくと、これまでになかったゆめのちゃんの笑みが出現しました。

　「この子、私を見て笑ったんです!!」と言った瞬間、劇的に母と子の関係が変わり始めました。ゆめのちゃんはさかんに母親の後を追い、ベタベタと甘えて母親を喜ばせました。

　セッションの2回目、母親は、しっかりとゆめのちゃんを抱きしめてやって来ました。ゆめのちゃんの服装も華やかなものに変わっていました。いろいろと買い物に出かける元気が蘇って来たのでしょう。母と子の生活の変化がうかがえました。

　3回目のセッションでは、育児に消極的であったという父親も、妻や子の変化に誘発されて参加しました。家族が一体となって遊びに興じて、家路につきました。両親いわく「皆で生まれ変わった！　という感じです」と微笑みました。

## 事例②　行動障害への間接的アプローチ ～両親との関係修復～

　「この子、耳塞ぎが激しくて困ります」と両親は言いました。確かに、だいすけ君（4歳）はプレイルームに入室するなり両耳を両手で塞いで、聴覚刺激を断とうとしていました。同時に背中を丸め、その姿はとても窮屈な印象を与えました。

　しかし、私は、それよりも母親の甲高い声や父親の“軍隊の長官みたい”な命令口調の方がより奇異に感じました。

　両親はさかんに指示を出し、だいすけ君を従わせていました。「ほら、よく見て靴をしまいなさい」「そこじゃないでしょ、こっちにしまうんでしょ！」「どこを見てるの？　ちゃんとかかとを見てったら、もぉ！」「先生にあいさつしたの？」「こんにちはって言えた？」「ほら、またどこ見てんの？」「カバンを放り投げちゃダメでしょ」「靴はやっぱりお父さんが入れた下の段に入れ直しなさい」「そうそう、お母さんの隣に」「違う、違う！　それは上でしょ。今言ったのは下の段なの！」と矢継ぎ早にまくし立てています。

　私は「これではだいすけ君じゃなくても耳を塞ぎたくなる」と溜息をつきました。

　このように一度にたくさんの指示を出された場合、人は誰でも混乱します。だいすけ君も眉をしかめ、今にも両親の腕に噛みつきそうな表情になりました。すかさず父親が「この子、他害もあるんです」と解説しました。

　私は、スタッフに両親の面談を頼み、だいすけ君にマンツーマンで関わることにしました。

それは、だいすけ君を両親から離し、両者を落ち着かせる目的もありましたから。

　私は、あえて無言でパントマイムのように動き、威圧感のないように彼に接していきました。安心しただいすけ君は、耳塞ぎを解き、よく笑いました。

　私は、スタッフとの話に夢中となっている両親に割って入り、その楽しく遊んでいるだいすけ君の姿を見てもらい、次のように述べました。

　「だいすけ君に必要なのは耳塞ぎの指導ではなく、周囲がもたらす"刺激過多"の状況をなくすことです」。そして、「指示は一つの場面で一つだけに絞って出すことを守ってもらいたい」と告げたのです。

　だいすけ君のデリケートな内面に気がついた両親は、自分らの言動を戒めるようになりました。この介入が功を奏して、だいすけ君の耳塞ぎや噛みつきはなくなっていきました。そして、両親は、だいすけ君の気持ちに沿うように変貌していきました。

　この両親は、今ではだいすけ君の担任に「関わり方」を教示するベテランの父母として、学校でも一目置かれる存在となっています。

## 事例③　きょうだい関係、きょうだいと親との関係

　「わたしはみさき、太朗のお姉ちゃんです。６歳です。お母さんが買い物なんかでいない時は、太朗の面倒はわたしが見てるの。どう？　えらいでしょう」と一方的に話すみさきちゃんの傍らで、母親は目をつり上げています。「余計なこと言うんじゃないの！　あんたは今日、太朗の"おまけ"なんだから」と母親が一喝します。

　「障害のある子どものきょうだいの寂しさ」を実感した私たちは、みさきちゃんにも一人の支援者（女性）をつけて、存分に遊んでもらうことにしました。

　普段、弟の太朗君のことで我慢することが多いみさきちゃんは、ここぞとばかりに支援者への命令を繰り返し、支援者を独占しました。そして、赤ちゃんになりきって、子猫のように甘え出しました。しまいには、おもちゃの哺乳びんをくわえ、ハンカチをオムツに見立て、それをあてがって、赤ちゃんことばで話すようになりました。

　私が母親に「お姉ちゃんも随分とストレスを溜めていましたね」と言うと、彼女は声を詰まらせて「ほんと、みさきには申し訳ないと思っています。あの子は感じやすい子で、精一杯私たちを支えようとしているんです。そこが逆に"鼻につく"時もあって、あの子に辛くあたってしまうこともあるのです」とこれまでの気持ちを吐露しました。傍らで、父親も目頭を押さえています。

　この家族、みんなそれぞれの想いをもち、それぞれが互いを支え合って、太朗君を中心にした生活を送っています。しかし、それが空回りする時もあります。皆の胸の内には様々な想いが駆け巡っていました。

　次のセッションでは、「みさきちゃんデー」と称してクッキーパーティを開催しました。みさ

きちゃんを主役に据えた会です。そこには祖父母も参加してもらうよう頼んでおきました。

　新調したワンピースを着てやってきたみさきちゃん（それを着させたのは母親の心意気！）は、エプロンを身につけ、手際よく振る舞って、アレコレと大人に指示を出し、おいしいクッキーを焼きあげました。

　その立ち居振る舞いに母親が赤面して「私によく似ているわぁ」と感嘆すると、みさきちゃんはとても嬉しそうに、周囲を見渡して笑い返しました。

　さて、太朗君には強い偏食があって、普段親を困らせていました。しかし、この日は環境が大きく違いました。そして、焼き立てのクッキーの匂いや焼き加減に魅せられて、自己のこだわりに打ち勝って、クッキーをモリモリ、バクバク食べたのでした。

　「家では食べないのに……」と驚く父親。これ以降、太朗君の偏食が少しずつ改善されていきました。

　後に、太朗君の就学問題で両親は悩むことになりました。姉の通う小学校の特別支援学級に「太朗を就学させたい」という母親の強い希望があったからです。しかし、太朗君のことでみさきちゃんに負担をかけはしないか、いじめられはしないかと両親は悩んでいたのでした。

　みさきちゃんは、その両親の気持ちを察して「太朗が学校に来たら、私が面倒見る。いじめられないように私が守ってあげる」と申し出たといいます。そのことばを聞いて、一層両親は深く悩んでしまいました。

　そして、父親が決断しました。「これ以上、みさきに我慢はさせない」と。

　現在、特別支援学校に通っている太朗君は、みさきちゃんと本当に仲の良いきょうだいとして暮らしています。

# 3. 家族の成長と療育

　物言わぬ、または自己表現の未発達な段階にある子どもの内面（心の世界）は、その行動が断片的ながらも実情を伝えてくれます。そのパズルの小片のような「心の真実」を、子どもとの〈やりとり〉を通して慎重に貼り合わせて行くことで全体像をつかんでいく。この作業は、児童臨床の基本です。

　そこに親が同席すると、親との相互作用によって一層鮮明に子どもの内面が見えてきます。そして、親の内面もそこに投影されやすくなるのです。子どもは、親の内面を映す鏡でもあります。

　さて、事例で見たように、ASDの子どもとその家族全員を同席させる『子どもの療育相談室』では、"入室の場面"から家族構成員それぞれの特徴や問題点、その力動、家族がもつ雰囲気などを素早く把握することができます。

それによって問題の責任をASDの子どもだけに転嫁してしまう過ちを犯すことなく、家族間の葛藤や病理に介入することも容易になります。

　これは、子には子の、親には親対応の面談者が別々に応対するといった、旧来の「並行面接」との決定的な違いなのです。

　ちなみに、先に紹介したみさきちゃんへの"セッション"は、不定期でしたが1年間続けられました。ある日、みさきちゃんがプレイルームの布トンネル内にうずくまってしまったことがありました。彼女に付いていた女性支援者が「どうしたの？　具合悪いの?」と慌てて訊ねると、「ここはね、お母さんのお腹の中なの。わたちゅは生まれる前の、赤ちゃんなのでちゅぅ」と答えたそうです。この日からみさきちゃんの"生まれ変わりごっこ"が開始されました。

　ある時は、不死身の子どもを演じ支援者を召し使いにしてこき使ったり、時には魔女役にしてそれを退治したりしました。

　「今日は、幼稚園までね」「この次は小学1年までね」というように、回を追うごとに、生まれ変わりごっこの中のみさきちゃんも成長していきました。そして、「弟が生まれたということね」と言って、支援者に人形を抱かせました。

　その際、支援者が未婚ということもありその抱き方に窮していると、みさきちゃんは「やさしく、やさしく、こうやってあやしてあげるのよ」と言って支援者に手本を見せてくれたそうです。「みさきちゃんは、愛情を注いでくれた"お母さん"を演じているんだ」と察した支援者は、胸にこみ上げてくるものを感じたそうです。

　その後みさきちゃんは、「わたし、みさきのお母さん役をやってみる」と言って、実際に自分のお母さんを演じたそうです。そして、みさきちゃんに"見立てた"支援者に対して、時に厳しく、かつ、時に優しく接したそうです。

　そして、彼女なりに自分の半生を反すうし終えた時、みさきちゃんは晴れ晴れとした顔つきで支援者に言ったそうです。

　「お姉ちゃんね、私、この"ごっこ遊び"はね、もう終わりにするよ」「でね、学校のクラブも忙しくなるから、ここに来ることも今日でお終いにするね」と。

　こうしてみさきちゃんは、私たちのプレイルームから"巣立って"行きました。

# 第**7**章

∙∙∙∙∙∙∙∙∙∙∙∙∙∙∙∙∙∙∙∙∙∙∙∙∙∙∙∙∙∙∙∙∙∙∙∙∙∙∙∙∙∙∙∙∙∙∙∙∙∙∙∙∙∙∙∙∙∙∙∙∙∙∙∙∙∙∙∙∙∙∙

# 親子関係と家族関係のための
# 療育相談 事例

　子どもの成長に欠かすことのできない「人との愛着関係」。これは、
「母子関係」に限ったことではありません。「愛着」は、父親とも、祖
父母とも結ばれる大事な「人間関係」です。

　これまでに紹介してきた『子どもの療育相談室』では、ASDの子
どもの「人間関係」を育むことを主題に療育実践を行ってきたので、
いろいろな「人間関係」の問題にも遭遇し、対応を重ねてきました。

　この章では、「離婚の危機にあった夫婦関係」や「育児に関わらな
い父親の問題」「情報格差に悩む祖父母の問題」について、「療育」を
核にしたアプローチで改善、解決に導いた事例を紹介します。

　なお、白石雅一著『自閉症スペクトラム 親子いっしょの子どもの療
育相談室』東京書籍、2010で紹介した事例の一部を改訂し転載して
います。

# 1. 引っ越しや離婚の危機（ライフ・イベント）に対する療育の効果

## (1) ライフ・イベントと ASD

### ① ライフ・イベントはストレス源

　長い人生にはたくさんのライフ・イベントがあります。例えば、引っ越しがあります。夫婦と子の場合、それに伴う祖父母との同居。そして、疾病の罹患や介護、死去や葬儀。また、新たな出産や父親の転勤、単身赴任。リストラ、失業に事故や災難。子どもの進学、就職、自立。さらに、夫婦の不和や離婚、死別など、枚挙にいとまがありません。

　長引く不況や急激な社会構造の変化によって、これらのライフ・イベントにうまく対処できずに、悩み、うつ病にかかる人も増えています。産後うつ病やリストラ、失業によるうつ病などもあります。

　人生経験を積んでいる大人でさえも、ライフ・イベントは大きなストレス源です。立場が子どもで、しかも ASD だったらどうでしょう。結果は、想像に難くありません。

　ASD の子どもは、下の子の出産や転校、クラス替えなどの環境変化に際して状態を乱してしまうことが知られています。睡眠障害が始まった、ことばが消えた、自傷行動が始まったなど、ASD の子どもは行動で精神的なショックを表しています。

　それら状態変化の誘因に注目した研究が見当たらないので、統計学的な根拠はありませんが、私の『子どもの療育相談室』では、「住環境の変化」により状態変化が生じたと考えられる子どもが高い確率で存在しています。

### ② 特に引っ越しには注意が必要！

　その事実は、親御さんに対する聞き取りで明らかになったことで、最初から家族が自覚していた"原因"ではありませんでした。大抵の場合、「うちの子、○歳○ヶ月の頃から急にしゃべらなくなって……」と言う親御さんに「その時、引っ越しや祖父母との同居をしませんでしたか？」と尋ねてみて初めて、「そういえば、引っ越したんです。その頃！」となるのです。

　住環境の変化、特に引っ越しは、精神的に大きなダメージとなります。大人の場合、女性、しかも母親に多いと言われていますが、「引っ越しうつ病」があり、うつ病の専門サイトでも注意が呼びかけられています。

　すなわち誰もが「引っ越し」を契機に精神・行動的な変調をきたす可能性があるわけで、「新しい状況に抵抗を示し馴染みにくい」のは、ASD の専売特許ではないのです。

　問題なのは、引っ越しの準備や後始末に大人が忙殺されて、ASD の子どもへのケアを怠っ

てしまうことです。それがゆえに、その頃に ASD の子どもの状態が変化しても誰も気づかず、あとになって慌てる、という事態が生じてしまうのです。

## ③ 引っ越しへの対処

　私の場合、家族に転居の予定がある際は、最低でも1ヶ月前から転居先の家に通い、近所を見せ、転校する予定の学校などの校庭や園庭で遊ばせることを勧めています。新築で家を建てる場合は、家が建っていく過程を見せるように勧め、工事中でも屋根が完成したら屋内で弁当を広げて食べてくるように言っています。家が完成するまでには4～6ヶ月は要しますから、充分な事前説明と心の準備ができるわけです。きょうだいにとってはピクニックとなり、親御さんにとっては現場を見ることにもなりますから、一石二鳥の効果があります。

　この策を講じた複数の家族から「本当に無事に引っ越しを済ませることができました！」と感謝されています。引っ越しの予定のある方は、参考にしてください。

## ⑵ 翔太君と親の離婚危機

　私が「関係」重視の療育相談を行っていることが広まり、次のような依頼が舞い込みました。旧知の小児科医から「ASDと思える2歳の子どもを連れて来た夫婦のことですが、子どもの状態よりも、その夫婦の仲の悪さが気になりました。母親が離婚寸前と言うんですよ、臆せず……。父親は涙ぐみ、母親は表情ひとつ変えないで、"子どもは自閉症です！"と連呼しましてね。私は母親の方に、"気分の休まるお薬を出しましょうか？"と言ったのですが、それが母親の神経を逆撫でしたらしく、"ちゃんとした先生を紹介しろ！"と言うんですよ。そこで、まずは夫婦の関係の修復が一番と思いましてね、事後で悪いんですけど、白石先生のこと紹介させていただきましたから、直に連絡が行くと思います。なにとぞ、よろしくお願いします」

　確かに、夫婦の仲が悪いことは、育児にとっても、その他に関しても"百害あって一利なし"です。特に、障害のある子どもの家庭の場合、夫婦仲が"良い"に越したことはありません。

　私は、この紹介を受けて「親の離婚」というライフ・イベントがASDの子どもに与える影響をいろいろと考えてしまいました。例えば、親が本格的に別居します。いるはずの父親もしくは、母親がいなくなります。「今どこにいる」という説明もありません。そのうち、転居の準備が進められることでしょう。事態によっては、馴染みのない祖父母との同居もあり得ます。生活基盤と環境が大きく変わります。ひとり親家庭になった場合、当然、母親は働きに出なければなりません。子どもの教育環境も、幼稚園から保育園に変わるかもしれません。離婚がもたらす子どものストレスは甚大です。

　「和解の可能性があるのなら離婚は避けたい」と私は思いました。理想を言えば、夫婦で助け合って子どもの育児や療育にあたってもらいたい。

　でも、夫婦の都合もありましょう。「離婚回避」を第一の目的とするのではなく、あくまでも療育が進展した結果、そうなれば良いと心を決めて、連絡を待ちました。

## ① 翔太君の発達歴

　子どもの名前は、**翔太君**です。初めて連れて来られた時、2歳ちょうどでした。きょうだいはありません。父親は33歳で会社員です。母親は28歳の専業主婦です。親子3人暮らしです。

　翔太君は、1歳3ヶ月の時点で「喃語が出ない」、「おもちゃを並べて斜めから見入っている」などの点から、母親に「発達の異常」を確信させていました。

　母親は、近所にいる同年齢の子どもと比較して、「反応の悪さ」と「回避的な行動」を実感したと言います。乳幼児健診の際、母親自ら「自閉症だと思う」と医師に打ち明けています。

　保健師の紹介で、耳鼻咽喉科を紹介され受診しました。「聴覚障害」の疑いを指摘されましたが、「納得がいかなかった」といいます。それから2ヶ月間の待機を経て、児童相談所を訪ね、「自閉症ですか?」と聞いても、心理担当職員に「年齢が低すぎて、今は分からない」と言われ、途方に暮れたと言いました。

　母親は、県内の主要な病院をすべて回りました。しばらくして、ある病院の紹介で総合病院を受診しました。小児科の医師より「自閉症の疑い」を指摘され、「とりあえず、発達の遅れを伴った発達障害と言っておきましょう」という説明を受けました。母親は、「分かっていたこと」なので大きな落胆はなかったと言いました。

名前： 翔太君　　男の子

年齢： 2歳

障害： ASDと知的障害

言葉： 療育開始時は、なし

父親： 33歳。会社員

母親： 28歳。専業主婦

きょうだい： なし

主訴：「自閉症の子をどうやって育てて
　　　　いけばいいのか、教えてください!」

関係者の捉えた問題：
　　　両親の不仲。離婚の危機。

## ② 問題の概要と主訴

### ● 問題の概要

10年ほどOLをして蓄えのあった母親は、専業主婦になってからも、5歳年上の夫を頼りにすることがありませんでした。そのため、妻に存在感を示したい夫は仕事に精を出しますが、これがまた、彼女の反発を買うことになって、急速に夫婦仲が冷めていったといいます。

折しも妊娠が判明した時、実父が急逝し、実母が兄の家に引き取られたこともあって、母親の動揺は限界近くに達しました。

母親は、ポッカリと空いた心の隙間を「"女の子"を産みたい！」という願望で埋めようとしたそうです。

しかし、誕生したのは期待に沿わず男の子でした。母親は「落胆した」と言いますが、その男の子に"女の子の服"を着せて、「気持ちをなぐさめた」とも言いました。

その母親に、追い打ちをかけるかのように生じた翔太君の問題です。

当初、母親は翔太君の障害を明らかにすることに全精力を傾けました。夫いわく、この頃の母親は、「何かに憑かれたように、病院のことばかり話題にしていた」と言います。

しばらくして、母親は翔太君を連れて家を出て、空き家になっていた実家に戻ってしまいます。夫は「置いてきぼり」にされたと言いましたが、母親は「夫に責任があった」と言いました。

最初出会った時、母親は臆することなく、「うちは、母子家庭同然です」と挨拶しました。「自分が翔太をどうにかしてみせる」という、過度の緊張感が伝わってきました。そのぶん母親は、疲労の極地に達していると感じました。

ちょうど2歳になったばかりの翔太君は、喃語もなく、プレイルーム内を徘徊し、支援者が近づくとそれを回避して、手かざしの常同行動を起こして「不快」な気持ちを表しました。

この回避行動は、母親に対しても見られました。それも、他人より強く現れていました。時に翔太君は、近づく母親に対して、身構え、防御の姿勢さえも見せることがありました。

母親は、「世話をしようとして近づくと逃げるので、何もやってあげられません。日中は二人で家の中にいても仕方ないので、近くの公園に行って、この子を野放しにしています。そうされると翔太も喜ぶんです」と力なく言いました。

母親の不安、気負い、ストレス、そして翔太君との関係を垣間見た私たちは、体罰やネグレクトの危険性も強く感じ、「その芽を早く摘み取っておかなければいけない」と思いました。

### ● 主訴

この家族を紹介した医師からは、「ASDの子どもの両親が不仲になって、離婚しそうなので、相談に乗って欲しい」と依頼されていました。それに対して、母親は、離婚のことよりも「子どもを診て欲しい」と強く願い出ました。

母親は、「自分の子が自閉症と分かっています。その自閉症の子をどうやって育てていけばいいのかを教えてください！」と単刀直入に述べました。

## ⑶ 個別療育と家族支援の経過

### ① 初回セッション：母親の高い理想

　母親が翔太君を連れて来室しました。これまでの経過説明などを明瞭に述べました。翔太君に関しては「名前を呼んでも一切振り向いてくれない」「身体を任せないので、シャンプーや歯磨きがしにくい」などの問題を訴えました。

　そして、「近所の子どもと遊ばせたい」「とにかく集団に入れたい」「○○の幼稚園はきちんと集団保育をしているので、将来はそこに入れたい！」と高い理想を述べました。

　また、「ブランコは嫌いで乗らない」とか「抱き上げると嫌がる」「肉は食べない」「刻み食にしてあげないと口に運ばない」「意思表示ができない」などと、「〜ができない」という否定的な側面を強調して訴えました。

　これまでの母親の懸命さは認めます。しかし、母親の中にある満たされない願望が強すぎる余り、目の前にいる"現実の子ども"を否定してしまう傾向にあることを、私は感じ取っていました。

　さて、翔太君はプレイルーム内を漫然とさまよっている感じで過ごしました。医師の診断書には「多動傾向が認められる」とありましたが、何に関しても興味がわかず、操作も稚拙なため、転導性（気移り）が強く、徘徊をする他に過ごす策がなかったので"多動"に見えたのであろうと思いました。いわゆる多動児に見られるような衝動性は感じられませんでした。

### ② 第2回セッション：接近と回避の葛藤

　今回も母と子で来室。私は、母親に「今日は、お母さんが翔太君と遊ぶように」勧めました。

　すると母親は、いきなり翔太君にボールを放り、「こっち、こっち！」と言って返球を強く求めました。しかし、無視されました。母親はこのように翔太君に求めても"フラれている"ことが多かったのです。

　私は、「彼に求めていることが突飛かつ高度過ぎるのではありませんか？」と指摘しました。そして、「まずは、身体を使った遊びを提供して、翔太君を喜ばせれば、徐々に応じてくれるようになりますよ」とアドバイスすると、母親は「でも、何をしても喜ばないんです……、この子は……」と悲観的に答えました。

　そこで私は、おもちゃの水車（子どもがよく風呂場や砂場で使う玩具）を手押しポンプ（浮き輪などを膨らませるために用いる空気入れ）の風圧でクルクルと回すという"感覚的な遊び"を提供することにしました。

　すると翔太君は、それに惹かれてやって来るのですが、手を出さず、すぐに遠のいてしまいました。しかし、また接近して来ます。でも私やスタッフと目が合うと、逃げるように去って行ってしまい、それを何回も繰り返していました。

　「人に近づきたいけれども、近づけない」という、この相反する気持ちの葛藤状態は、母

親にも同様の傾向が見られました。

　彼女は、翔太君が滑り台に登り、その高さゆえに怖くなって困惑する表情をしたとしても、すぐには救いの手を差し延べられませんでした。差し出した手を「払い除けられたらどうしよう……」という迷いが、即座に生じたからです。

　翔太君もふと、母親に期待のまなこを向けるのですが、それは微弱過ぎて、母親の援助行動を誘発するに至りません。そして、母親がやっと手を差し出した瞬間には、彼はもうソッポを向いて、別の動作を起こしているのです。

　母子ともに、互いに期待を寄せながらも遠慮して、諦め、自己の世界に戻ってしまうことの繰り返しです。この悪循環を切り崩す"きっかけ（介入）"が必要でした。

　私は、誘いに対する反応が良くなくても、翔太君を抱っこしてトランポリンを跳んで、彼を楽しませようとしました。それに対して、翔太君は喜んで反応するものの、「もっとやって」という要求を出すことはありませんでした。

　しかし、こちらが忘れた頃にフラフラッと背後から近づいてきては、スウーッと私の背中を撫でていくことが確認されました。私は、「翔太君はさっきの遊びを、今になって"もう1回やって"と要求しているみたいですね」と、母親に解説をしました。

　この体験から、私は「彼にフラれても諦めないで楽しそうに演じ続け、誘うこと」を母親にアドバイスしました。母親は、「フラれたからといって、絶望的になってはいけないのですね！」と言って目を輝かせました。

　折しも、翔太君が振り向いて母親を見ました。母親は私の助言通り、即刻、「しょうたぁ、（ママは）見てるよ！」と言って、にこやかに手を振って見せました。すると、翔太君は立ち止まり、そしてこちらにやって来て、母親のその指と指の間に自分の小さな指を絡ませて笑ったのです。「すごいねぇ！　翔太君！　ママが気づいてくれたことに挨拶してくれたの！」と私の歓声。目を丸くしている母親に「そうなんです、お子さんの行動には、間髪を入れず、即応してあげないと」と念を押しました。母親は大きく肯いて「分かりました！」と言いました。

　この時、私は、気になっていた翔太君の父親について、母親に尋ねました。すると、別居中の父親との関係は冷え切っているようで、彼女は夫の短所や気に入らない点を列挙して批難しました。そして、「ひどい父親だと思いませんか？」と同意を求めて来ました。

　私は、確かに「それはひどい」と思いましたし、それに耐える母親に同情する気持ちも生まれました。しかし、私が「ウーン」と黙っていますと、次第に彼女の表情が曇っていくことに気がつきました。

　そこで、ちょっと場の雰囲気を変えるべく、「芸能人で言うとどんなタイプのお父さんなんですか？」と尋ねてみると、母親は表情を一変させて、「マスコミで"理想のパパ"と賞賛されている○○さんみたいな感じ！」と言って、照れくさそうに笑ったのです。さらに「優しい人なんです。本当は……」と、夫に対する気持ちを打ち明けました。

すると彼女は、それまでとは打って変わって、夫の良いところや自慢できる話を展開したのでした。

　その彼が子煩悩であるという話も聞けたので、「ご主人も一緒に来られませんか?」と誘ってみたところ、母親は「彼、土日しか休み取れないし……」と口ごもりました。

　私が「それでは、次回のセッションは土曜日にしましょうよ」と提案すると、母親は「夫が来られるかどうかは分かりませんが、予約は是非お願いします!」と張り切って言いました。

## ③ 第3回セッション：父親参加と心情

　父親が母親に誘導されて相談室にやって来ました。父親は即座に「妻から"良い先生に出会った"と聞いて、私も教わろうと思ってやって来ました」と挨拶しました。彼は、物腰の柔らかい好青年でした。

　父親は、翔太君の真正面に位置するよう努め、翔太君の反応を見逃さないように神経を集中させていました。時たま翔太君が父親に近寄ると、彼は大いに喜んで見せて、懸命に相手をして遊んであげようとしていたのが印象的でした。

　この子どもへの一生懸命さに比べ、夫婦間の距離は大きく、ほとんど会話もされず目線すら合わせない状態が続きました。父親が一歩でも母親に近づくと即座に反応した母親が身を引く、ということが幾度となく繰り返されました。

　その後、父親も母親同様に「翔太と遊べない」「遊んでも翔太が嫌がるようなので続けられない」と切ない心情を語りました。

　家族3人が、各々の出方を窺い黙ってしまい、身動きがとれない陰鬱な状況でした。そこに私が介入して、以前行った水車の遊びの時のように、子どもを遊びに誘いその反応を引き出すという、"関わりのモデル"を夫婦に示していきました。

　父親は、真剣に私の行動を観て、そのコツを取り入れようとし、私の遊びをよく真似て、子どもに接しました。

　時に私やスタッフが用いる"育児語(赤ちゃんに向けて大人が発する「マンマ」とか「オツムテンテン」などのことば。マザリーズと呼ばれていたものを、正高信男氏が「母親語」(1993)、後に「育児語」(2002)と訳した)"まで、恥ずかしがらずに真似してくれました。

　「おい、おい! いま、翔太が笑ったぞ!」と喜んで語りかける父親を、最初は"無視"していた母親でしたが、次第に「あなたの体重でトランポリンが裂けるんじゃないかって、翔太は心配なのよ」と、親しみが感じられるような返答をするようになりました。

　「今日は、お父さんが参加されて雰囲気も変わり、翔太君も楽しんでいましたね。相談室だけじゃなく、家でもこうして夫婦で協力し合って、翔太君を楽しませてあげてください」と述べると、「ハイッ!」と父親が率先して答えました。

## ④ 第4回セッション：父親、家に帰る

　土曜日でも休みを取ることができなかった父親は、忙しい仕事の合間を縫って駆けつけてきて、母と子に合流しました。「家でも翔太と夫婦で遊べるようになりました」と父親から笑顔で報告されました。前回のセッション以降、父親が家族と暮らすようになったことが窺えました。

　すかさず、母親は「でも……、翔太が飽きたら夫婦で困ってしまい、黙っちゃうことの方が多くて……」と不安感を述べました。

　「翔太君が最近喜んで観ているＴＶ番組とかはありませんか？」と尋ねますと、母親は「この子、殺虫剤なんかの"変なＣＭ"が好きなんですよ」と神妙な顔つきをして答えました。私は「好きなものがあればＣＭだって構いません」と言って、早速そのＣＭに登場するキャラクターのお面を、段ボール紙をくり抜いて作って見せたのです。

　これに翔太君は小躍りして喜んで反応しました。両親は代わる代わるに、このお面を被っては翔太君を喜ばせ、大満足でした。

　「私、今日の帰り、スーパーで段ボールもらってくるわっ！」
　「おれがお面つくるよ！　だから、裁縫箱出しておいてね」
　「なんで、裁縫箱なの？」
　「あそこには、おれの大事にしているハサミがしまってあるんだ」
　「だったら、私のブラウスのボタン付け、やっておいてよ」
　「そんなの朝飯前さぁ」
と、微笑ましい夫婦の会話が成立していました。

## ⑤ 第5回セッション～第7回セッション：もう大丈夫！

　第3回目のセッション以降、父親も欠かさずセッションに参加しました。親子3人、お揃いのシャツにスニーカーという出で立ちが板についてきました。

　翔太君が鼻水を出すと、母親が抱っこをして、父親がその鼻を拭い取りました。この夫婦の連携が心を和ませました。

　「お母さん以上に優しいお父さん。いいじゃありませんか！」と私が言うと、父親が「あっ、それでいいんですか？」と聞き直しました。

　私は「自信をもって、翔太君に優しくしてあげてください。それで、翔太君が"お父さんだけ好き！"となることはありませんよ。安心してください。逆に、お母さんにも余裕ができて、その分、翔太君がお母さんに"甘える"ことの方が増えるかもしれません。その時は、"嫉妬"しないでくださいね」とアドバイスしました。

　その後、その予想通り、翔太君はすっかり母親に甘えるようになって、片時も側を離れなくなりました。愛着行動の出現と進展が一度にやって来た感じです。

「私がトイレに行ってもついて来るんですよ」と照れて笑う母親。負けじと、父親も「朝、出かける時玄関まで追って来て、悲しい顔をして、手を振ってくれるんです」とご満悦。

「あなたは夜遅いから、翔太がサービスしてるのよ」

「そうだよな、寝顔しか見られない日が多くてなぁ……」

遊んでいる翔太君に向かって母親が言いました。「だったら早く帰ってくればいいのにねぇ、翔太」

「この親子、もう大丈夫！」と、私たちは実感したのでした。

## (4) 親の心、家族の絆。そして虐待予防

母親には、いろいろな面において高い理想がありました。その分だけ、挫折も経験していました。したがって、それらは、満たされない願望としていつまでも心に引っかかって、漠然として残されることになりました。

母親との面談を重ねるたびに、亡き実父に対する複雑な感情（コンプレックス）が語られました。その中で明らかになったのは、「自分は、自分の満たされなかったこれまでを"やり直す"ために、どうしても"女の子"が欲しかったんです。私が親になって、自分では得られなかった満足を、"子どもに"味わってほしかった」という気持ちでした。

彼女は、翔太君の出産後、まさに父親になった気持ちで子育てに専念しようとします。その結果、夫の存在は軽んじられます。

そうした母親に、夫がその存在感を示そうとすればするほど、角が立ち母親の感情を逆撫でしました。母親は、夫を無視して"独り"で翔太君を育てていこうと自分で自分を追い詰めていきました。

ここで、旧来のカウンセリングでしたら、母親の「人格の成長」を願い、育児や夫との関係をひとまず脇に置いておいて、「傾聴」と「受容」に時間をかけたことでしょう。

しかし、私は、翔太君との関係や夫との関係のなかで、母親の問題を捉えていきたいと思いました。

母親の"強い気持ち"とは裏腹に、実際の母親は翔太君との関係に悩み、深く傷ついて、自信を失っていました。しかし、身近な夫に「頼る」関係ができていない。だからこそ、母親は「"有名な"幼稚園の集団に入れたい！ そうすれば、何とかなるかもしれない」と、「他人頼み」の願望をもつようになるのです。

以上の理由から、私は、彼らの関係に「介入」する道を選びました。

この母と子には、双方に「人に近づきたいけれど、近づけない」という相反する気持ちの"葛藤"状態がありました。母親の場合、彼女のことばを借りれば「これ以上、翔太に嫌われたくない」という感情から、翔太君に手を差し伸べることにも「いつも躊躇していた」と言います。

それは、翔太君の「母親に近づきたいけれど……しかし」という躊躇と同じで、そこに生じた"母と子のズレ"が問題を複雑にしていました。

　これを補正すべく、「即座に応答する」という関わり方を提示したのです（2回目のセッション参照）。

　また、夫との関係では、彼に「母親的」な行動特性があることを見抜き、彼の「優しい接し方」を強めたことです。

　実際、彼は実によく気がつき、細やかな配慮をしてくれました。こうした、彼の特性を母親に「評価して」伝えたのです。

　母親は「私にない所を、彼が補ってくれているのかも知れない」と言ったあと、「そういう優しいところに惹かれて結婚したんだっけ……」と、ポツリとつぶやきました（2回目のセッション参照）。

　ちなみに、夫婦の関係は実に複雑です。臨床心理士だって、一筋縄ではいきません。私は、母親が血気盛んに、いろいろと夫の"悪口"を言った時に、それに「同調しないで良かった」と胸を撫で下ろしています。

　さて、夫婦同士が互いを認め合うこと。これには、共同作業の場面が必要です。ASDの子どもに対する療育において、「課題」を媒介にしたやりとりの場面が絶対必要なように。そのために、私の『子どもの療育相談室』では、夫婦での参加を強く求めています。

　この翔太君のケースのように、母親が「父親的役割」を、夫が「優しい母親的役割」を担っても良いではありませんか。夫婦それぞれのやり方があっても良いと思います。

　それを"利点"として、夫婦が自覚し、親として自己肯定感を回復できれば良いと思います。

　私は思います。例えば、不登校で悩む親のカウンセリングを、子の"不登校状態"を放っておきながら続けることは良いことなのだろうかと。数年かけて「母親の成長」は成されるかもしれないが、その間の"不登校"に苦しむ子はどうするのか？と。「お母さんは元気に、立派になられました」「しかし、お子さんは学校を中退し、ニートになってます」では、悲しすぎます。

　確かに、翔太君のケースでは、母親の内面の問題がすべて解決したわけではありません。まだまだ、語り尽くせずに、明らかになっていない点もありましょう。夫にしてもそうです。

　宿題は残っています。しかし、夫婦が互いを補って協力し合うことで、翔太君の状態が変わり、発達の光が見えてきたことで、まさに3人で「生きていこう」という方向性が定まったのは事実です。

　こうなれば、後は、翔太君の療育を軸に三者の関係を微調整していけば良いのです。

　それについては、これからも我々との長いおつき合いが必要となるでしょう。しかし「親と子」が別々に、「夫婦」も別々のカウンセリングに長い時間をかけるより、家族にとって有益な

時間になると思っています。

最後に、ちょっと専門的な話をします。

私の『子どもの療育相談室』で行っている「親と子いっしょ」の療育相談の形態は、親－乳幼児心理療法の分野では、「母－子の合同面接」として一般的になっています。これは、元々フライバーグ（Fraiberg, S.）が虐待を疑われる家庭に「訪問」し介入した際に見出された、いわゆる"危機介入"の一つでした。

子どもは、たとえ悩んでいても、第三者に「親に虐待されている」とか「育児放棄（ネグレクト）にあっている」などとは決して言いません。親自身もそうでしょう。

ですから、フライバーグ女史は、専門家が「親と子が一緒」にいる家庭を訪問して、「関係」を観ることの重要性に気づき、それを相談・援助に活かしたのです。

冒頭に述べたように、ASDの子どものいる家庭は、他の家庭よりもライフ・イベントの影響が大きく、"慢性的な危機状態"にあると言えるでしょう。その中で、夫婦の不和や別居、離婚などは、療育の維持を大変困難にするばかりか、虐待のリスクも大きくします。

そのような意味でも、『子どもの療育相談室』の療育相談形態は、虐待の予防に役立っています。

ちなみに、『子どもの療育相談室』を利用する家庭において、子どもを虐待するケースは一例も出ていません。

# 2. 父親問題に関する取り組み

## (1) 育児困難の陰に父親の病理がある

「親子いっしょの相談室」を方針としてきた我が『子どもの療育相談室』にも残念ながら、一度も顔を見せない父親がいますし、長男・次男がASDで三男が赤ん坊という家庭であっても家庭を全く顧みない、という父親もいます。また、親としての責任を祖父母に転嫁し、相談もなく同居を決めてきて、一層母親（妻）を苦しめていることに気がつかない父親もありました。

幸い、母親の頑張りが療育効果を呼び込んで、子どもが安定し、成長を見せるものですから、家庭内のいざこざは小康状態を保ち、虐待とかDVといった事件に至るケースは生じていません。

経験上、やはり父親のもつ病理を感じています。それなのに、相談機関に赴くのは母親が主ですから、どうしても母親が指導の矢面に立たされてしまいます。父親の病理が母親の首を真綿で絞め、苦しめて、育児に悪影響を及ぼしているのにもかかわらず、その被害

者たる母親を今度は専門家が責め立てる。指導や治療の対象は、その背後に隠れ潜んでいるにもかかわらず。

　『子どもの療育相談室』では、父親治療や態度改善のための特別プログラムを用意しているわけではありませんが、親を支え、子どもへの療育成果をあげることによって、父親に気づいてもらうためのいろいろな努力をしてきました。

　例えば、父親の療育参加を促すために、あえて土曜・日曜、祝日の予約を受け入れることや、家族からの父親に関する聞き取りを積極的に行うなどがそれです。

　今回は、典型的な父親を紹介し、子どもの変化に伴って変容した父親の行動を見ていきたいと思います。

## ⑵ 父親像が療育のポイントとなった事例

### ① "謎の携帯ラジオ"のこうへい君

　知的障害を伴わないASDのこうへい君は、中学1年生でいつも胸ポケットに携帯ラジオを忍ばせて、片耳だけにイヤホンを装着してやって来ます。かなり大股で歩きますので、持病を抱える母親にとって彼の後ろをついて歩くのも最近では難儀なことです。それにも増して、突然電信柱の陰に身を寄せては、ぶつぶつと独り言に耽る時間がありましたから、母親としては「恥ずかしくて」、まさに「他人の振り」して「ここまでやって来ます」と言いました。

　このケースの主訴は、「いじめ」と「孤立」でした。元々、人に接することが苦手で、幼稚園でもずっとプラレール遊びに没頭し「おさるの電車博士」という異名をとっていました。"おさるの電車"……すなわち"独りよがりの電車"という意味で、彼は、電車のこと以外は何も知らない、と嘲笑されていたのです。

名前： こうへい君　男子

年齢： 13歳　中学1年生

障害： 知的障害を伴わないASD

父親： 45歳。会社経営

母親： 40歳。専業主婦

主訴： いじめられる。孤立している。

支援者の捉えた問題：
　　父親との関係に問題

## ② 母親の苦しみと父親の諦め

したがって友だちはいませんでしたし、「友だちは邪魔ばかりするから要らない」と言って、彼からも友だちをつくろうとはしませんでした。

そして、彼をターゲットにしたいじめがはじまり、それは瞬く間にエスカレートしていきました。

母親は、「小学校の6年間は、私の方が地獄でした。本人は決して『いじめに遭った』とは言ってくれませんし、近所で親身になってくれていた家の子が、実はいじめっ子の中心だったり、担任は『それだったら特殊学級か支援学校へどうぞ』って言って私をいじめるし……。PTAに出ても、いつもこっちが白い目で見られてきました」と言って、涙を流しました。

それを拭って一呼吸置いた母親は、「中学生になれば、少しはいじめも意地悪も落ち着くかな、と期待したんですが、小学校と同じメンバーがそのまま中学に上がりましたので、何も変わりません……」と声を詰まらせました。

通常学級で学ぶ一部のASDの子どもと親が体験する悲劇でした。母親の「私も楽になりたい！」という願いが伝わってきました。

さて、このケースの父親ですが、彼は比較的大きな会社の3代目で、商工会議所などの役員も引き受け、忙しい毎日を送っていました。先代が一度会社を傾けたことがあり、それを教訓にした彼は、質素倹約を是として、引き継いだ事業規模を維持することに使命感をもって、勤勉に働いていました。社長という肩書きには珍しく、公用車もマイカーも持たない生活ぶりでした。

彼は毎朝、電車とバスを乗り継いで、長い時間をかけて出勤していました。海外出張に出ても一切観光などはせず、まっしぐらに帰宅し、お土産はいつも商談に用いた“サンプルの商品”だったものですから、こうへい君は父親を「サンプルの父」と称したと言います。

この父親は、早くからこうへい君に会社を継がせることを諦めていました。したがって、余計に社員教育に力を入れるようになって、いつしかこうへい君とは疎遠になっていきました。

母親は、「昔は率先してプラレールにつき合っていましたが……」と過去を懐かしみ、「最近の夫は『俺はなんのため、誰のために働いているんだか分からない』と嘆いています」と言って、溜息をつきました。

## ③ こうへい君へのプレイセラピー

こうへい君の療育は、主訴が「いじめ」と「孤立」でしたから、彼の心を癒す目的でプレイセラピーを主に行いました。

その頃のこうへい君は、ファンタジーの世界にドップリと浸かっていて、過去に電車で旅行した行程を忠実に再現することに専念していました。

「JR東日本の○○の駅に、○○時○○分とうちゃーく！　左側ドアが開きまーす。ご注意く

ださい」

　「そこで、名物の□□弁当を駅弁売りのおじさんから1050円で買って、それを△△駅を通過するまでに、急いで食べて、お父さんは電話をしにデッキに立ちます」

　「だから、白石先生は、駅弁売りになってください。できなければ僕がやります。『切符拝見』という車掌も僕です」

　「ちなみに、お父さん役も僕がやりますから、白石先生は、その時だけは、運転手やってもいいですが、あんまり長く運転したい、なんて言わないでください。言っておきますが、しつこくしないでくださいね」彼はひとりで機関銃のようにしゃべり続けていました。

　「おさるの電車博士のまんまじゃないか！」と私は可笑しくなりました。

　彼は、電車での短・中距離旅行をたくさん経験していました。したがって、旅行中継の材料には事欠きません。

　この療育時間（60分間）のすべてを使った"旅行ごっこ"は、しばらく続きました。

## ④ ファンタジーの中の発見 〜父親への同一視〜

　私にはつまらなくなったこの遊びでも、彼のファンタジーにつき合うことで"発見"という収穫がいくつかありました。一つは、こうへい君が「父親が自分の好きな電車に思う存分乗せてくれた」という感想を持ち、父親のイメージがとても良かったということ。もう一つは、彼が愛用する携帯ラジオの正体が分かったことです。

　それに関して、私は当初、彼は"刑事物"のドラマにこだわって、"ある刑事になりきっている"ものと見ていました。彼は、ラジオを刑事の無線機に見立てている。

　しかし、それは違いました。彼にとって、携帯ラジオは、毎日長時間電車に揺られて通勤する父親の象徴だったのです。

　実は、こうへい君は父親に憧れ、父親に同一視していたのです。父親が電車の中で聞いている携帯ラジオを自分も持っていたかったのです。

　母親に、父親の携帯ラジオについて尋ねてみました。母親は「新商品が出るたびに買い替えるくらいラジオにはこだわっています」と言いました。そして、「そのたびに、こうへいは父親の"おふる"をもらえるものですから喜んでいますけど……」とも言いました。

　そのことば通り、こうへい君は半年間で3回もラジオを替えています。それは、同じ数だけ父親がラジオを買い替えた、ということでもあります。

　「父親と携帯ラジオがキーワードになるな」と察した私は、そろそろマンネリ化したこうへい君との遊びをそれらのキーワードでもって変えたいと思うようになり、そのスキを窺っていました。

## ⑤ プロレスで展開

　その機会は、思ったより早く訪れました。"旅行ごっこ"の最中、こうへい君が「慌ててキヨスクでラジオ用の電池を買いに走る父親」を再現して見せたのです。私は、「待ってました！」とばかりに、キヨスクのおばさん役を買って出て、その頃プロレスラーとして人気のあった人物になりきって、乾電池のCMのような演出をして、「パワー全開！　○○の乾電池！」と演じてみたのです。

　これにこうへい君は飛びつきました。もうお腹がよじれるくらい大笑いして転げ回りました。長かった第1ラウンドの鐘が鳴り、"旅行ごっこ"に幕が降ろされました。こうへい君との第2ラウンドの療育が始まったのです。

　いつの頃からでしょうか、オーソドックスなプロレスは、テレビのゴールデンタイムから追いやられ、深夜遅くの放送になりました。これが幸いしました。

　こうへい君の父親は、帰宅が遅いのでその深夜のプロレスをよく見ていたと言います。この父親の好みにあう"ギャグ"だからこそ、こうへい君に大ウケしたのでした。

　こうへい君は、彼もプロレスラーに扮して「闘おう！」と言ってくるようになりました。私も髙田になったり、蝶野になったり、長州や小川になって応戦し、いつも負けました。

　ここで感心したこと。それは、こうへい君が"ごっこ"としてのプロレスを演じるというルールを自分から守っている、ということでした。

　そして、願ってもない発見。それは、プロレスごっこは、筋書きが描きにくい、ということ。要するに、プロレスごっこは、即興で進行させなければならず、この点は、彼の不得意とするところでもありました。さらに、彼が避けている他人との身体接触が求められるということ。"飛んで火に入る夏の虫"と私はほくそ笑みました。

　さらに幸いしたことは、プロレスラーの"口の悪さ"と"マイクを握りたがる"ところです。

　こうへい君の自己主張の弱いところを、「プロレスラーを演じることで補強できる」と思いついたのです。

　私は、試合に負けても、勝っても、オモチャのマイクを握り「いいか、お前ら、オレをなめちゃいけねぇゾ！　オレは世界で一番つえぇ男なんだ！」とか言って一説ぶつのです。負けじと彼もマイクを握り「なに言ってんだぁ！　お前なんかには負けん！　この次も絶対マットに沈めてやるからな！」という具合で、即興で返してきます。

　これが掛け合いの漫才のようになって、女性支援者や母親に受けるものですから、こうへい君も調子に乗ります。

　「こんな活き活きとして、それも上手に相手に合わせてしゃべるこうへいを初めて見ました」と母親は感想を述べました。

　こうへい君は、日を追うごとに自由にプロレスラーを演じるようになり、即興での応答も際立って良くなっていきました。そして、平気で私と床に寝そべってはいろいろな技をかけてく

るようになりました。

## ⑥ 父親の登場

　ところが、生真面目な父親です。「プロレスなんかやらせて、人に危害でも加えたらどうするおつもりですか?」という抗議の電話をかけてよこしました。私は、「これ幸い!」と思いました。

　私は、「よかったら、一度"観戦"しに来ませんか?　深夜のプロレスより楽しいですよ」と相談室への来室を誘ったのです。父親は「それでは、息子がお世話になっているし、ご挨拶に参ります」と言って、次週やって来ることになりました。

　翌週、父親は母子に遅れてやって来ました。背広の胸ポケットには近々こうへい君の物になるであろう携帯ラジオがしまわれていました。

　その時はちょうど、こうへい君とのプロレスが始まったばかりでしたので、私は急遽レフリー兼司会役として脇に退き、「本日のメインイベント〜っ、元オリンピック銀メダリスト小川直也(こうへい君)!　対するは、"サンプルとぉーさん"こと長州力!!」と場内アナウンスしたのです。

　父親はクスっと笑った後、「私が長州ですね」と言って過去のヒーローをあてがわれて、まんざらでもない様子を見せました。

　真面目だけれど乗りの良い父親でした。背広の上着を脱ぎ捨て、シャツの袖をまくりあげて、こうへい君と向き合いました。

　こうへい君が最初に「チョップだ!」と言って父親の胸に手を当てました。その瞬間、父親が恐れていたことが氷解しました。

　こうへい君は、"うそっこ"でまさに加減して父親を叩いたからです。

　父親は笑いながら、しかし、ちゃんと演技をして、胸を抱えてうずくまってくれました。「さぁどうした、長州、もうお終いか?」と挑発するこうへい君。父親の反応が待たれます。私たち"観衆"は、固唾を飲んで父親の出方に期待しました。

　「がっはっはっはぁ、そんなへなちょこチョップでこの長州が倒せるものか!」と父親。こうへい君の行動を試しているのです。

　ここでこうへい君が本気になったら、もうプロレスはお終いです。一転、私たちは不安になりました。

　しかし、こうへい君は再度、加減して、しかもスローモーションにまでして、父親を蹴り上げる"真似"をして見せたのです。

　もう、父親は安心しました。彼もこうへい君に呼応して、わざとスローモーションでゆっくりと倒れ込んでいきました。

## ⑦ 父親の変化とこうへい君の成長

　父親には、「こうへい君にとって父親が男性モデルである」こと、それはもう「同一視」に近い憧れであることを伝えました。

　父親は、これまでこうへい君と疎遠だったことを反省し、「自分に何ができるでしょうか?」と真剣に訊ねてきました。

　私は、「こうへい君が大好きなお父さんが彼につき合ってあげることです」と答えて、「例えば、週末などは車のディーラーを2人で巡って、あれこれ検討して楽しむと良いですよ」と提案しました。私は、こうへい君が「家には車もない」と嘆いていたのを知っていたからです。

　父親は、仕事に疲れて帰ってきても機会があればこうへい君とプロレス遊びに興じるようになりました。そして、週末はできる限り休みをとって、こうへい君と「車選びの休日」を過ごすようになりました。

　質素倹約な父親です。車選びには慎重を期しました。こうへい君と母親は「パンフレットだけが溜まっていく」と愚痴を言いましたが、決まらない分、父と子が長く楽しむこともでき好都合でもありました。

　その後、こうへい君のプロレスが「型」のある武道につながらないか、と考えた父親が近所の空手道場を探してきました。放課後、友だちもなく部活にも加わっていなかったこうへい君にとって、良い余暇活動の場ともなりました。そこでは何人かの親友もできました。

　空手道場ではもっぱら"型"を稽古する日々でしたが、彼は"対戦"よりもそちらを好みました。「プロレスみたいに実際は殴らない方がいいじゃん」なんて言っていました。

　中学も2年に進級したこうへい君は、徐々に人付き合いの"型"を拡大していき、滅多なことでは奇異な言動を起こさなくなっていきました。

　この対人関係の改善と"空手をやっている"という周囲の認識から、彼がいじめの被害に遭うことはなくなりました。私の療育も「学習の補習」という性格に変わり、プロレスなどの遊びは父親に委ねていきました。

## ⑧ こうへい君からの"贈り物"と卒業

　時は流れ、高校卒業後、福祉の専門学校に進んだこうへい君から、宅配便が届きました。そこには、大量の「車のパンフレット」が収められていました。そして、彼の手紙が添えられていました。

　「私は、もう自閉症を卒業したので、私が昔世話になった物たちを白石先生の相談室に譲ります。大切な物ばかりですから、とっても大切にしてください」と。

## ⑶ 療育実践とサイコドラマについて

## ① サイコドラマとは

　個人の内面奥深くに抑圧された外傷体験に注目し、それをセラピーの対象にして、精神分析を創始したのがフロイト (Freud, S. 1856-1939)です。その"個人主義"に対して、モレノ (Moreno, J.L. 1889-1974)は、"社会と個人"の"関係"に注目して、サイコドラマ (心理劇)を始めます。ちなみに、彼は、ソシオメトリーやソシオメトリックテストでも有名です。

　そのサイコドラマを日本に導入したのが、外林大作先生 (1916-2012)で、外林先生と共に普及に努めたのが我が恩師、石井哲夫先生 (1927-2014)です。当然ながら、かくいう私も両先生に強い影響を受けています。そして、サイコドラマを療育実践に活用しています。

　さて、サイコドラマは、人と社会との関係を重視し、それが如実に表れる人の「役割」に注目します。サイコドラマは、まさしく集団心理療法で、私が「親子いっしょ」の療育相談をはじめる基礎となっているわけです。

　クライエントの生活に大きく、時に重大な影響を与えているのが「役割」です。人は、元々自発的に、かつ、創造的に生きていける存在なのですが、社会の中で暮らして成長や発達を遂げるたびに、多種多様な「役割」を負わされ、それに縛られていく動物でもあります。

　幼児でも下に弟や妹が生まれれば、即「おにいちゃん」という「役割」が与えられ、時に厳しく、その「役割」に沿った行動を求められてしまいます。「役割」のもつ拘束力は大きいものです。

　この「役割」に押しつぶされてしまうのが中間管理職に就いたサラリーマンです。そして、「役割」を剥奪され、自分を見失って彷徨ってしまうのが高齢者。「役割」は両刃の剣のようです。

　サイコドラマでは、これまで幾重にも身につけてきたそれらの「役割」を一度脱ぎ捨てて、「素」のままで「自分を生きてみましょう」という機会を提供します。

　人と織りなす即興劇という状況のなか、囚われのない「自分」をさらけ出してみる。「自分って、こんなに素直だったんだ!」とか「しがらみがない所での自分って、こういう発想をしてこういう行動に出るんだ」という「気づき」につながります。

　「役割」にがんじがらめになっていた人にとって、この体験は自分をリセットする機会となります。個人カウンセリングと違って、実際の「人との関係」の中で、そうした体験をするというのがサイコドラマの醍醐味です。

　そして、観念も偏見も劣等感ももたない「身軽」な状態で目の前の人や状況に関わってみる。「こういう対人的なアプローチの仕方があったんだ!」というような自分の可能性も発見できます。

　サイコドラマは、まさに心理療法なのです。

## ② サイコドラマと療育

　サイコドラマでは、クライエントを治療の場面（＝即興劇）に引き入れるために、支援者（専門的には補助自我の役割を担う者という）が率先して柔軟に活き活きと振る舞うことが第一に求められます。クライエントを即興劇の舞台に立たせ、その相手を「活かす」のが支援者の仕事です。

　「子どもに合わせた」教育とか「子どもの気持ちに添った」保育というものが現場に求められている昨今、サイコドラマを学び実践する意味はとても大きいと思います。

　言うまでもなく、ASDの子どもたちは一定の「役割」に固執します。「嫌だ！と言ったら絶対に嫌だ！」という「拒否の役割」。「やると決めたら、岩が削れるまでやり続けなければならない」と決めてしまう「こだわりの役割」。そして、知的障害を伴わないASDの青年期によく見られる「形式ばった大げさな役割」の取得。

　それら柔軟性を欠いた状態に「サイコドラマのアプローチは有効である」と発想し、ASDの子どもへの療育実践に移した恩師の石井哲夫先生は、やはり、すごいと思います。

## ③ サイコドラマの療育アプローチ

　ASDの子どもの食べ物以外にも見られる「食わず嫌い」の数々。「やらない！」と決めてしまったら、是が非でも動かないこと。したがって、もてる力も発揮できず、新たな学習の機会も逃して発達も滞ってしまいます。それは「認知の障害」が原因と言われますが、広く捉えれば心の問題でもあります。

　ASDの子どもの頑なな心を和らげたい。少しずつでも経験を積んでいってもらい、成長と発達をして欲しい。しかし、これまでの「正攻法（訓練や教育）」では歯が立たない。彼らの抵抗を大きくしてしまうだけです。

　だからこそASDへの療育には、サイコドラマのアプローチが必要でした。

　「食べない」と決めてしまっている頑なな気持ちを"変えてやる"と意気込むのではなく、「食べられるかもしれない」「本当は食べたいのかもしれない」という気持ちを引き出していくアプローチ。そのために、支援者はいろいろと演じてみせます。

　「いい匂いがするよぉ～」と言って食べ物の周辺の空気を全部吸い込んでしまう勢いを見せたり、実際に食べてみて、「すっごくおいしい！」と唸って見せたり。そして、「だから、安心して食べてみたら」と誘って、相手の反応を見ながら待ってみる。

　この「演じる」行為の中に含まれる「見せる」－「誘う」－「待つ（見守る）」の工程は、ASDの子どものペースに合っていると思います。

　「見て」－事態を把握して安心し、「誘われて」－少しずつ気持ちが動き、「待ってもらって」－自分のペースで判断ができる、からです。

　「そう言われてみれば、これって、食べて毒になりそうではないし、結構、おいしそうだよ

な」と「拒否の役割」をひとまず脇に置いておいて、「素」の自分で対象物を吟味してみた。「じゃぁ、一口食べてみよう」と自主的に口に入れてみる。「なぁんだ、自分の味覚にも合うじゃないか！」

　誘って、待って、見守ってくれていた支援者は、満面の笑みを浮かべて喜び、誉めてくれます。「人の働きかけに"応じてみる"ことも、まんざら悪いことじゃないぞ」という気持ちが起きてきます。

　サイコドラマのASDの子どもへのアプローチは、簡単に述べれば以上のようなことです。

　ちなみに、「演じる」ということばに、アレルギー反応を示す方もあるかも知れません。「演じる」＝「偽る」とか「嘘っぽい」「成り済ます」といったネガティブなイメージをもたれるからでありましょう。

　しかし、「演じる」の本来の意味は、己の囚われに固執しないで、相手や状況に合わせて、自分を変えていく「自由な態度」にあります。

　子どもや親御さんからの信頼が厚い先生の"振る舞い"を思い返してみてください。彼らの行動は臨機応変ですし、教室も変幻自在に整えられていきます。それでいて、「教師」という役割に適っていて、安全管理も保護者対応も上手にこなす。まさに、「先生を自分で演出している」のです。そこでは、毎日、子どもが感動を体験して、活き活きしています。

　それに比べ、囚われがあって「演じきれない」先生は、総じて"暗い"印象です。教室にも活気がありません。苦言と安全管理が主となり、子どもも「管理、管理」でうんざりしています。「子どもの笑顔が大好きで！」という最初の志と大きく矛盾するこの状態では先生も辛いでしょう。

　私は、このような先生に「１週間休暇を取って、乳児院や保育園でボランティアをするように」勧めています。

　そこで赤ちゃんの担当にしてもらい、マンツーマンでお世話をしお相手をすることに徹してくる。赤ちゃんは、あやす、なだめるなどの場面において、大人の「自由に演じる」力（すなわち、自発性）を自然と引き出してくれます。誰の目も気にせず、思いっきり赤ちゃんをあやし、我を忘れて赤ちゃんの気持ちをなだめます。

　そして、赤ちゃんが笑ってくれた時、それに呼応して心底喜んでいる"本当の自分"を再発見することができるのです。

　私は、赤ちゃんの育児場面にサイコドラマの原点を見ています。

## ④ 療育場面の「起・承・転・結」

　私は療育実践をドラマ（劇的な出来事）だと思っています。主題（あるいはモチーフ）はいつも「関係を創り、発達を促す」ですが、それを１回１回の療育場面でその都度、形にするために「起承転結」という大枠の流れを組み立てるように心がけています。

具体的には次の通りです。

① 起：まず、子どもの様子をじっくり見る
　　　（その日の状態に合わせた最良の取り組みを想定する）

② 承：子どもの気持ちを読み取り、受け取る

③ 転：こちらも、受け取ってもらえるような課題を設定して、求める
　　　（時には、子どもの目先や気持ちを変えるために、課題や遊びを提示する）

④ 結：キチンとやりとりをして、満足や達成感を得てもらい、状況を締め括って終わる

　これらのプロセスを踏むことで、どのような状態のASDの子どもであっても、毎回療育時間の枠内で「大きな満足」を体験して帰っていくことができるのです。ですから、次回の「来室を拒む」子どもは皆無です。皆、喜んでやって来ます。そのために、1回の療育時間は通常で60〜90分を用意しています。

　ただし、ベテランの支援者になると「起承転結」の配分を自由に設定し、変えていくこともできるようになります。例えば、継続的に関わってきて、学習態度が板に付いてきた知的障害を伴わないASDの子どもならば、「起・承・転」を10分で済ませ、残り時間を全部「結」に費やすこともよくあることです。

　荒れた状態でやって来た子どもの場合、逆に「起・承・転」に60分を費やし、状態を整えて、「結」は、5分。それで状態回復に導き、残りの時間は、苦労してやって来た親の慰労に努める、というパターンもあります。

　いずれにせよ、療育の主題である「関係を創り、発達を促す」ことは、今述べた「起承転結」のプロセスによって可能になると考えていますので、それぞれに配分の違いはあってもこの流れは崩せません。

　さて、かく言う私も療育実践を行う福祉施設現場において管理職となっていましたから、若い支援員や保育士の実践をよく見て回りました。そこで分かったことを話しましょう。

　自信のない者は、延々といつまで経っても「起」に留まって観察ばかりに専念しています。これではラチがあきません。

　心優しすぎる者は「承」から抜け出せず、受け身一方でしまいにバテてしまって、結局子どもに疎まれます。

　目立ちたがりやの者は、「転」ばかりで子どもを疲れさせ、かつ混乱させて終わります。

　そして、彼らに共通することは、「結」に至らないということです。だから、次回から子どもが「来室や登園を渋る」ようになるのです。

　子どもの評価は、次回の来室時に下されます。

　「良い芝居公演ができた！」と自分では満足したのに、次回公演の幕が上がると客席はガラガラ。リピーターは来ず、唖然とする俳優たち。上記の療育場面に似ているではありませんか。

やはり、療育実践は、一つのドラマなのです。

　最近、虐待する親の治療プログラムや親業訓練にサイコドラマを取り入れる傾向が強まっています。元々サイコドラマは、ロールプレイとして教育現場や研修場面に用いられていましたので、ご存じの方は多いと思います。ただ、「道徳教育の一環」とか「過去の振り返り」という本来の意味とは異なった側面が誤って強調されるおもむきがありますので、この機会に改めて解説しました。

# 3. おじいちゃんとおばあちゃんのケア、そして療育

## (1) 祖父母の抱える情報格差
Digital Divide

　ラジオや新聞の子育て相談に「孫」のことで相談を寄せる祖父母の多いこと。私の『子どもの療育相談室』の場合でも、孫と両親に付き添って来室する祖父母の数は年々増えています。

　この両方の祖父母に共通する点があります。それは、祖父母が「孫の障害」すなわち、「発達障害」に関してほとんど知識をもっていないということです。

　「孫に接する時間は多いのに、孫の障害については何も知らされていない」という祖父母がなんと多いことか。したがって、両親に付き添ってくる祖父母たちは、「育児で悩む“我が子”のことが心配で」という心境であることが主なようです。

　おじいちゃん、おばあちゃんは、孫の世話に追われながらも、“我が子のこと”をしっかり気に留めているのです。

　ある団塊世代のおじいちゃんが言いました。「何故、孫が“目の中に入れても痛くない”ほど可愛いかと言えば、それは“可愛い我が子が生んだ子だから”だよ」と。

　しかし、情報はもっていません。

　ひと頃、高齢者の情報格差が一般に問題視されました。日常や緊急・災害時において、必要な情報を得ることが難しい高齢者が取り残されてしまう、という危惧がそれでした。

　発達障害に関しては、まさしく、その状況が起きています。

## ⑵ 無理解と誤解の原因

　発達障害に関する情報や知識をもっていないことは、当然ながら、発達障害を理解していないということです。祖父母がそのような状況にある原因は、以下の4つが考えられます。

　　① そもそも説明を受けていない

　　② 曖昧な説明で、得た情報が理解に至っていない

　　③ 説明の内容や情報を理解しようとするよりは、別の観念や自己の経験を信じ込む

　　④「障害」を強く否定し、説明や進言を拒む

　①に関しては、祖父母のみならず親も説明を受けていない、もしくは、障害に気がついていないという状況が想定されます。つまり、「障害理解」のスタートが切られていないというわけです。

　さらに、①は、④に関連して、"世代間の連鎖"と言うべき状況が心配されます。すなわち、頑なな祖父母の"子"も頑なに「障害」を認めないので、当然「子から親への」説明がなされない。祖父母と両親が共に④であった場合、発達障害児に対する療育的アプローチは大変難しくなります。

　そのケースに比べ、実際は②や③のパターンの方が多いと思われます。前者②については、専門家であっても"初心者"に発達障害のなんたるかを説明するのは難しいものです。ですから、病院における診断と言っても結局は「様子を見ましょう」とお茶を濁されてしまうように、それをキチンと行える親はそもそも少数なのです。

　後者③に関しては、ある程度の科学的もしくは客観的な説明や情報提供がなされても、親類の助言や根拠のない新興宗教の教えを信じ込んで、流されてしまうタイプを指します。

　このように、発達障害に関する"無理解と誤解"の原因は様々で、それが複合的に絡み合って複雑になっている場合もあります。いずれにせよ、無理解や誤解が影響して発達障害児の生活は乱れ、発達が阻害されてしまう危険性も高まっていきます。

　そして、家族の不和も生じやすくなり、深刻さも増すことになりかねません。そうしたケースをいくつかご紹介致します。

## ⑶ 関係の弊害

### ① 肥満

　さて、よくある弊害として、例えば、肥満問題が挙げられます。「うちの孫は食べていないとキーキーとうるさいから」と言って、問答無用に食べ物を与えてしまう祖父母。私の知るケースでは、朝早くに起きて祖父母と1回目の朝食を摂り、両親が起きるとまた一緒に朝ご飯を食べる。昼は学校給食ですから1回で我慢しますが、下校してまず駆けつけ一杯のご飯。夕飯は早くに祖父母と摂り、両親が遅くに帰宅するとまた一緒に食べる。計6回の「食

名前： ちひろちゃん　女の子

年齢： ８歳　小学３年生

障害： ASDと重度の知的障害

言葉： なし

父親： 31歳。会社員

母親： 34歳。会社員

祖父母： 63歳と62歳

主訴： 肥満。1日6回の食事。
　　　祖母が骨折被害

事」を続けた結果、小学３年生にして父親の体重を超えている。

　一度膨張させた胃袋は、なかなか標準には戻りません。動作も緩慢になって、やりたいことも思うようにできなくなる。いきり立ってしまうことが多くなり、自傷や他害、粗暴行動につながっていく。体格は大きくなり力もつきますから、それらを止めることも難しい。そこで、機嫌をとるようにさらに食べ物を与え続ける。肥満の悪循環です。

　上述の３年生のASDの子。**ちひろちゃん**と言います。学校から帰ってきていきなり台所の炊飯器を開けて、抱えるようにして白米を食べ出したのでおばあちゃんが止めると、頭突きを喰らわし、おばあちゃんのろっ骨２本にヒビを入れてしまいました。

## ② 孤立

　「何の障害か病気かは知らないが、隣近所に孫のことが知れたらやっていけない！」と嘆くおじいちゃん。「家の庭で遊ばせるな！」「買い物にも連れて行くな！」「町の運動会も秋祭りも参加させるな！」とおばあちゃんを叱り飛ばします。

　**南ちゃん**は、来年就学を迎えます。両親は「特別支援学校」を進路に選んでいますが、おじいちゃんは「○○支援学校って名前が入ったバスのお迎えが来たんじゃ、近所に恥ずかしくて外に顔出しできない！」と言って、「断固反対」の姿勢です。

　そうは言っても、地域の小学校に"隠れるようにして"通うことは考えられず、両親は途方に暮れています。

　農業を営むこの家は、南ちゃんの母親も重要な働き手です。日中は、おじいちゃんと母親が農作業をし、おばあちゃんが南ちゃんの世話にあたっています。

　そのおばあちゃんが重い病気に罹り、寝込みました。おじいちゃんは、母親に言いました。

家から出るな！

| | |
|---|---|
| 名前： | **南ちゃん　女の子** |
| 年齢： | 6歳 |
| 障害： | ASDと重度の知的障害 |
| 言葉： | 療育開始時は、なし |
| 父親： | 35歳。農業 |
| 母親： | 33歳。農業手伝い |
| 祖父： | 66歳。農業 |
| 祖母： | 65歳。要介護状態 |
| 主訴： | 南ちゃんを外に出したがらない祖父 |

「ヘルパーか何か知らんが、よその者にかあちゃん（祖母）の世話はさせん。第一、家に入られれば南のことが知れてしまう。悪いが、あんたが面倒見てくれ」と。

『子どもの療育相談室』で母親は涙ながらに訴えました。

「なんで南がこんなに"悪者"にされなくてはいけないのでしょうか？　南を外に出すな、隣近所とつき合うな、終いには役所（福祉）の世話になったらいけないです。私たちは孤立して、共倒れになって、死ぬのをただ待てばいいって言うんですか？」

## ③ うつ状態

「うちの孫の将来を考えると、鬱々として、夜も眠れません」

ASDの**マー君**を連れて『子どもの療育相談室』にやって来た両親に付き添って来室したおばあちゃんの顔色が悪いので、スタッフが声をかけた際に発せられたことばです。

私は、初回療育相談をサブの支援者に任せ、このおばあちゃんの話を別室で聴くことにしました。

彼女は、夫が定年を迎えた際に、若夫婦に第2子が誕生したこともあって、同居を決め家を引き払って、現在の家に引っ越してきたそうです。そこで、4歳になったマー君と暮らしはじめるわけですが、生活を共にして初めてマー君の障害を知りました。

おばあちゃんは、「どうもマー君の様子が気になるので、本を読んだり、夫のパソコンで調べたりして、"気になり出した"というのが正直なところです」と説明してくれました。

そして、「ここを紹介してもらったのも私ですし、ここに"来よう"と両親を誘ったのも私です」と付け加えました。

おばあちゃんは、「マー君の親は共に働いていますから、赤ちゃんも生まれたことだし、少

すわって!!
すわって!!

名前： マー君　男の子

年齢： 4歳

障害： ASDと重度の知的障害

言葉： 二語文出るも命令語が多い。
　　　奇声も多い。

父親： 38歳。会社員

母親： 28歳。会社員

祖父母： 共に61歳

きょうだい： 弟0歳

主訴： マー君のこだわり行動と
　　　祖母のうつ

しでも手助けがしたいと同居したのですが、孫たちのことを含めて、生活の一切合切に無頓着で、よくこれで社会人として生活が成り立っているものだと驚いているのが現状です。マー君の障害についても素人で何も分かってあげられないし、気の利いた手助けもできません。特に、マー君の障害が下の子に"伝染"しないか、それも心配で心配で、先ほど申し上げたように"夜も眠れない"のです」と不安な気持ちを一気に語ってくれました。

　そして、「夫が定年した、ここに引っ越した、同居した、という物寂しさや忙しさ、若夫婦への気兼ねなども影響しているんですね。医師から"軽いうつ病"と言われて、薬を飲んでいます」と打ち明けてくれました。

　「ただ、そこの医師は、マー君の説明をしても"分かんない"と言うので、ここを紹介してもらったんです」と言って、やっと微笑んでくれました。

## (4)『子どもの療育相談室』の祖父母ケア ～ケース別～

### ① 肥満改善への取り組み（ちひろちゃん）

#### 1) 親は知らない

　ちひろちゃんが初めて『子どもの療育相談室』にやって来た時、その巨漢さゆえに、3年生と聞いて我が耳を疑いました。思わず、「どうして、こんなに太ってしまいましたか？」ということばが口をついて出てしまったほどです。

　私の質問に、両親は「祖父母が"食べたいだけ"与えているようで、知らぬ間にこの状態でした」と、忙しさのあまりちひろちゃんのことは一切、任せきりであったということを滲ませて語りました。

したがって、両親はちひろちゃんの実際の生活実態をよく知りませんでした。「それでは、お休みの日はどう過ごされているのですか?」と聞きますと、「土日は夫婦でグッタリで、祖父と祖母が気を遣って、趣味でやっている集まりにちひろを連れて行ってくれます。そこでは、"めんこい、めんこい"って皆に可愛がられると言って、祖父も祖母も悪い気がしないようですし、ちひろ自身も喜んで行っています」という返事でした。

　「これは、まず、ちひろちゃんの生活をよく知っているおじいちゃん、おばあちゃんに話を聴いてみなければ事が進まない」と判断した私は、ちひろちゃんが学校から帰宅する時間前を選んで、家庭訪問することにしました。

### 2) お菓子の大盤振る舞い

　おじいちゃんとおばあちゃんは大変気さくな人柄で、私の質問に淀みなく答えてくれました。そこで判明したのが、先に紹介した「1日6食」という驚くべき事実です。さらに、土日の件については、「若夫婦も仕事、仕事で忙しいから、休みの日ぐらいはゆっくりさせてあげたい、と我々年寄りが取り決めて、無理してでもちひろと3人で外に出かけるようにしています」と正直に語ってくれました。

　私が「大人の趣味の集まりと聞きましたが、それにちひろちゃんがつき合っているということは、実際には"お菓子の食べ放題"という状況ですよね」と念を押しますと、「その通りです。年寄りはたくさん食べ物を持ち寄りますから、かと言って"余らせてはもったいない"となって、ちひろには、"大盤振る舞い"ですよ」と白状してくれました。

### 3) 学校との連携

　そこにちひろちゃんが帰ってきました。特別支援学校のスクールバスの停留所がちょうど家の前で、しかも幸運にも担任の先生がプリントを手渡すために、ちひろちゃんと一緒に玄関までやって来たのです。

　私は、ちひろちゃんが家に入ったのを見とどけて、玄関先で先生を捕まえて単刀直入に訊きました。「ちひろちゃんの"肥満"について、学校ではどのように捉えていますか?」と。担任の先生は「よくぞ訊いてくれました!」という表情をされて「私たちもそれが一番の問題だと認識しています。ただ、昨今の学校事情からなかなか家庭に踏み込んだ指導ができなくて……」と言いました。

　「それでは、ご一緒に連携して、これからやっていきましょう」と提案し、早速、家族と一緒に『子どもの療育相談室』に来てもらう約束をとりつけました。

　翌週、『子どもの療育相談室』に両親、祖父母、担任の先生が揃いました。私は、関係者が共有すべき情報は、一堂に会して得ることが良いと考え、そういう場を設けることを積極的にしています。今回もそうです。

　このケースの場合、まず、「ちひろちゃんの障害」について共通理解をもつべく、意見を訊

きました。

　両親は「うちの子は、"広汎性発達障害"って聞いています」と言いました。担任は「私は、前の担任から"自閉的傾向のある知的障害？"とだけ聞かされています」と言いました。

　特別支援学校に通って３年が過ぎても、両親並びに担任の先生は、ちひろちゃんの障害名をきちんと把握していませんでした。その横で、チンプンカンプンで目を丸くしているのが祖父母です。

　私は、「つまりはどちらも"自閉症"というように理解しても構わないということですね」と言いました。そして、祖父母には時間をかけてASDの基本的なレクチャーを行って、ちひろちゃんの様子に照らして、具体的な取り組みを説明していきました。

　私が「自閉症のお子さんは、生活をパターン化したがります。したがって、食べると決めたら何があっても"食べなければ気が済まない"状態となります。今日は体調も悪く、本当は食べたくなくても無理して食べているということがあるのです。実際、そう思う時はありませんか？」と祖父母に尋ねますと「そう言えば"おえっ"て吐きそうになりながらも、ちひろが白米を掻っ込んで食べている姿を見ることがあるね」と答えました。

　すると、担任が「学校給食でもそういう時がありますが、別のクラスに"反すう"して食べる子がいて、そういうものなのかなって思っていましたが、それはやはり良くないんですね」と言いました。

　私は、「良いか悪いかは置いておいて、それでは先生に訊きます。ちひろちゃんは、箸を使って食事をしていますか？　それともスプーンですか？」と尋ねました。担任の答えは「うちの特別支援学校は、まだ先割れスプーンです」でした。

　私は皆に向かって言いました。「毎度毎度の食事を、"スプーンで口に掻っ込む"ことが良くありません。学校では、早速、箸を使えるように指導してください。しかも、"握り箸"はダメです。ちゃんと箸の持ち方を習得させて、丹念にご飯を口に運ぶ。そして、ゆっくりと咀嚼する習慣を確立させてください」と。

　そして、「まず、これが"学校での課題"です」と宣言しました。

### 4) 大人の役割分担

　すると両親が質問してきました。「ちひろは、白石先生が仰るとおりパターン化するので、それを止めたり崩そうとするとパニックになって、ばあちゃんのろっ骨を折った時のように暴れます。スプーン一つとっても、それって簡単じゃありませんよね」と。

　そこで私は次のように説明しました。「一度確立したパターンを変更することは難しいので、これからは、なし崩しに悪いパターンが形成されないよう細心の注意を払いながら、逆に良いパターンが形成されるよう、皆で努力してください」とまず、前置きしました。

　そして、「ちひろちゃんの場合、"食べたい！"という欲求は体格を見ても明らかですからそれを利用します。つまり、学校で箸を導入したとしても、結局は"食べられる"のですから、

そこは"食べられるのだから、大丈夫！"と言ってそれを保障してあげれば、最初は抵抗するでしょうが、徐々に受け容れてくれますよ」と言いました。

「問題は、学校と家庭における"ドンブリ飯"にもあります。この大きな容器を使って、目一杯ご飯を食べるというパターン化が肥満を呼んでいます。これを少しずつ、少しずつ、変えていきます。つまり、12ヶ月をかけて、徐々にドンブリのサイズを小さいものに変えていってください。そうすれば、"嘔吐"もなくなります」と指示を出しました。

さらに、「お米にこんにゃくの"増量剤"を少しずつ混ぜて炊くこと」と、両親は早起きすること、祖父母は朝食時間を遅めて、家族全員で一緒に朝食を摂るパターンを確立することを求めました。

こうした具体策を目の当たりにして、両親も担任も「やるべきことが分かって意欲がもてました」と感想を述べました。

最後に私は、「まだ、やるべきことがあります。一つは、土日の過ごし方です。"お菓子漬けの外出"は禁止です。その代わり両親には辛いことでしょうが、お二人の生活パターンを改めてもらい、土日は片方ずつでも構いませんから、ちひろちゃんのお相手をしてよく運動させ、かつ、3食を守るという過ごし方に徹してください」

「その分、おじいちゃん、おばあちゃんの負担が楽になりますから、余ったエネルギーは、帰宅後の過ごし方の改善に振り向けてください。具体的には"帰宅後の搔っ込み飯"は禁止。その"不満"は"お相手すること"で穴埋めしてください」と言いました。

祖父母が身を乗り出して尋ねます。「どうやってご飯以外で満足させれば良いのですか？そのぉ、もっと具体的に……」と。

私は担任に向かって「今日の話で帰宅後のちひろちゃんの様子が分かったと思います。おじいちゃんとおばあちゃんは帰宅後の過ごさせ方で困っていますので、先生も是非協力してください。つまり、ちひろちゃんには、毎日家庭でできる"宿題"を持たせて帰してあげて欲しいのです」と注文をつけました。

担任は「それをおじいちゃん、おばあちゃんと一緒にこなすということで、"相手する"になるわけですね」と理解してくれました。

おばあちゃんが言いました。「これでちひろのご飯は、1日4食に減らせますね。近所のお米屋さん、"あがったり"だわ」と。そして、皆が笑いました。

## ② 頑なで孤立を招くおじいちゃんへのレクチャー（南ちゃん）

### 1）おじいちゃんを呼ぶ

私は、南ちゃんの母親に「お母さんも一度思い切って寝込んじゃってみてください。そして、その日はおじいちゃんがここに南ちゃんを連れて来るよう言ってみてください」と指示を出しました。

母親は、「南の療育のために、先生のところだけは"欠かせない"と言ってきましたから、私が"体調悪い"って言えば、きっとじいちゃんは分かってくれると思います」と言いました。

　翌週、律儀なおじいちゃんは南ちゃんを連れて『子どもの療育相談室』にやって来ました。

　私は、プレイルームの入り口にたくさんの「自閉症関係の本」を積み上げておきました。おじいちゃんは、早速反応しました。「先生、お引っ越しですか?」と。

　私は、これらの本がすべて「自閉症関係の本」であること、しかも、これは、ほんの一部であることを説明しました。

　おじいちゃんは、「先生、これを全部私に読めって言うのですか?」と目を丸くして訊いてきました。

　私は、「そうではなく、これほどの本が出るくらい、世間には"自閉症の人がいる"んですよ」と言って、「昔みたいに、お子さんの障害を隠す人は減りました。逆に、社会でそうしたお子さんたちの世話をしましょう、負担は分け合っていきましょうという気運になっています。南ちゃんは、可愛らしいお子さんで、隠れて暮らさなければならない道理はありませんよ。世間に出しても大丈夫ですから、もっと自由にさせてあげてください」と言いました。

　おじいちゃんは「うーん」と一息入れて「そうかい、そんなにたくさんの南のような子がいるのかい」と自分に言い聞かせるように言いました。

　私は、付け加えました。「自閉症は何の原因で生まれるかも分かっていません。母親の責任でもなければ"家の恥"でもありません。それなのに、お母さんは自分を責め心を痛めています。そのお母さんを少しでも楽にさせるのは、みんなで負担を分け合うことですよ」と。

　黙って聞いているおじいちゃんに、さらに言いました。「うちの子に障害があると打ち明けても大丈夫ですよ。そういう社会や制度になっていますから。逆に、これ以上南ちゃんのことを不自然に隠していけば、それこそいろいろ疑われて、話がこじれると思います。学校のことでもお母さんは悩んでいます。そうした心労がたたって本日を迎えたんだと思いますので、どうかおじいちゃんも理解してください」と。

　その後、私は南ちゃんの手を取って彼女が大好きなトランポリンを一緒に跳びました。「キャッキャ」と声をあげて南ちゃんが笑います。その光景を微笑みながら眺めているおじいちゃんの姿がありました。

　私は、おじいちゃんと交替しました。最初足もとがおぼつかなかった感じのおじいちゃんでありましたが、長年畑仕事で鍛えた足腰です。すぐに要領を得て、南ちゃんを満足させるだけの跳び方をマスターしました。

　「これ、楽しいね、先生!」とおじいちゃんが笑って言いました。そして、「先生、ひとつ私が読んでも分かりやすい本を貸してちょうだい」と言いました。

　私は「百の本を読むよりも南ちゃんとこうして"楽しく遊ぶ"ことの方が多くを学べますよ」と言って、「是非、しばらくは、おじいちゃんもここに通ってください」と誘いました。

### 2) おじいちゃんに社会福祉の制度を教える

　翌週もおじいちゃんが南ちゃんを連れてやって来ました。私は本当におじいちゃんが来てくれたので正直驚いてしまいました。思わず、「まだお母さん寝込んでいますか?」と尋ねてしまったほどです。

　おじいちゃんは言いました。「いやいや、嫁は元気になって起きてますよ。嫁にはばあちゃんの世話もあるし、"南をここに連れて来るくらいは、私がやる"って言ったんです」と。

　私は早速の対応に感謝を述べました。すると、おじいちゃんは「ここに来ると、南と遊ぶ方法が分かってためになる」とも言いました。

　それに気をよくした私は、いろいろと南ちゃんと遊ぶやり方をおじいちゃんに伝授していきました。

　おじいちゃんもポツリポツリと自分から話をしてくれるようになりました。最初は、農業のことが中心でいわば社交辞令のような会話でしたが、次第に家庭内の様子も話し出しました。

　そこで私が「介護保険って知っていますか?」と尋ねますと「あぁ、納税で義務づけられたヤツか」と言いました。私は、「税ではありませんが、医療保険と同じですよ。それを払うことで、気兼ねなく病院を利用できるように介護も必要なときに利用しましょう、という制度になっています」と説明しました。

　そして「したがって、おじいさんも介護保険料をお支払いですから、おばあちゃんの介護も遠慮なくヘルパーさんに頼むことだってできるんですよ」と言いました。

　「そうかい、そりゃある程度は使ってみなけりゃ、損だわな」とおじいちゃん。

　「そうですよ、元をとれっていうわけではありませんが、実際おばあちゃんが寝込んでいるのだから、使って当然ですよ」と私。

　「そういう話、農協とかの会合で出てません?」と聞くと、おじいちゃんは「嫁に田畑を全部任せるわけにはいかないから、しばらくそうしたもんとはご縁がなかった」と言って、彼も地域から孤立した生活を送っていたことを垣間見せてくれました。

　私が「早速、保健師さんをご自宅に伺わせるように手配しますから、ヘルパーさんの件よく相談してみてください」と言いますと、彼は「それはそうだが、ばあちゃんがよその人の世話を受け容れるかどうか……」と口ごもりました。

　私は言いました。「おじいちゃんだったらどうです? 介護のプロに介護されるのと、お嫁さんに世話されるのでは気の遣い方が違うのではないでしょうか? おばあちゃんだってプロの介護に慣れれば、逆に気兼ねがないことで、そちらを気に入ると思いますよ」と。

　翌週もおじいちゃんが南ちゃんを連れてやって来ました。今回は、「保健師さんが来てくれて、ばあちゃんの様子を見ていった」ことの報告も兼ねていました。

　おじいちゃんは言いました。「ばあちゃんが、"よかった"と言ってくれた」と。

　この日もおじいちゃんは、南ちゃんとたくさん遊んで帰りました。

### 3) じいちゃん効果

翌週は、久しぶりに母親がやって来ました。おじいちゃんが南ちゃんのことを認め、かつ、育児にも理解を示してくれたことで、母親はとても元気になっていました。そして、開口一番に「センセッ、聞いてください！ 南が"しゃべった"んです！」と報告してくれました。

私は驚いて「えっ！ それで何て言ったんです？」と聞きました。

母親は大声で「"ジーちゃん"って、じいちゃんを呼んだんです！」と言いました。母親は目に涙を溜めながら、「私はちょっと悔しい気持ちでしたが、じいちゃんは喜んで喜んでぇ！……2人して泣いちゃいました、先生！」と興奮してしゃべり続けました。

## ③ うつ状態への対処（マー君）

### 1) マー君の障害を体験する

私は、30分ほどおばあちゃんの話を聞いて、2人でプレイルームに行き、そこで過ごしているマー君の様子を見ることにしました。

マー君はおばあちゃんを見つけるなり、「おばーちゃんは、ココスワッテ」と言って、彼女の手を取り、父親の右隣りに座らせました。父親の左隣には、すでに母親が座らせられています。

マー君は、3人で並んだ大人を斜め見して、「ヒューロロロ」と奇声を発し、かつ、指先を小刻みに動かして興奮していました。

私は、これまでマー君につき合ってくれていたサブの支援者に、同室していた両親の様子を尋ねました。彼女は「マー君の言いなりで、ずっと、あのままで座っていました」と説明してくれました。

そこにおばあちゃんが加わったわけですが、その大人たちは一向に動こうとはしませんでした。

私が「皆さん、遠慮しないで。さぁ、立ち上がってマー君と遊んでください」と促しますが、誰も動きません。

そこで私が「それでは、お母さん、マー君と一緒にトランポリンを跳びましょう」と誘うと、やっと母親は立ち上がりましたが、マー君の抵抗に遭います。マー君は母親のところに飛んでいって「タタナイノ！」と言って、母親の手を取り、下に引きさげて再度座るように求めました。

### 2) こだわりや拒否への介入

「いいの、いいの。マー君、そんなにこだわらなくても。これから、お母さんに遊んでもらうんだから、立ってもらっていいの」と言って、私が彼を抱き上げますと、彼はこん身の力を込めて、のけ反り私から逃れようとします。

彼の身体をしっかりと横抱きした私は、そのままトランポリンに乗り、小刻みに跳んで、彼を揺らしていきました。そして、時折彼の脇腹や太ももを「コチョ」と言ってくすぐってみたの

です。

　表情を硬くしていたマー君も、このくすぐりに呼応して、「イヒッ」「イヒッ」と笑いました。

　マー君の身体が弛緩して、私に身を任せてきたことが身体を通して伝わってきました。

　私は、脇で突っ立ている母親に「さぁ、お母さんと"タッチ（交替）"するから、お母さんはマー君を受け止められるように、身構えて！」と指示を出しました。

　母親は、オロオロしていましたが、私が「タッチ！」と言ってマー君を預けましたから、彼を受け止めて、勢いでトランポリンに上がって、「ジャンプ、ジャンプ、ジャンプーッ」と私を真似ました。

　しかし、マー君は再びのけ反って「降ろせ！」というサインを送っています。母親の表情も不安を帯びています。

　私は、「マー君！ まだ降りないの！」と言って、「もっと、もっと、もっとぉ～」と母親のジャンプが続くよう促しました。

　もう母親が「限界」という表情をしたので、父親を誘って母親に替わってもらいました。父親はガッチリとマー君を包み込んだこともあって、マー君は父親の腕の中に収まって様子を窺っています。

　父親は"やけくそ"という感じで、激しくトランポリンを跳びました。彼は無言で跳んだので、私が代わりに「ジャンプ、ジャンプ、ジャンプーッ」と言い続けました。

　私は、おばあちゃんを見ました。彼女は未だに床に座ったままでした。したがって、今跳んでいる父親の交代要員にはなりません。

　父親の跳び方が単調なので、私が彼に替わりマー君を再び抱いて、跳び続け、かつ、時折くすぐって、彼を楽しませました。

　ちょうどマー君も疲れた様子を見せたとき、私は彼を床に降ろしました。マー君は逃げ去るようにして玩具棚に走り寄って行き、適当に玩具を手にして、何食わぬ顔でそれを操作していました。

　しかし、突然、振り返り、私を見て、「ジャンプ、ジャンプ、ジャンプ」と言ったのです。

　「そうね、さっきの"ジャンプ"、楽しかったね。もう1回やってほしいね」と私はマー君の気持ちを代弁して見せました。

　マー君は、「そうさ、当たり前さ」という顔をして、私の手を引きに来ました。そして、バンザイをして、「トランポリンを跳べ」というサインを示したのです。

　私は「そうか、そうか、もっとやってほしいね。わかったよ」と言って、彼を抱き上げ、再び彼とトランポリンを跳びました。

　その最中、3人の大人たちに向かって言いました。

　「マー君は、最初は抵抗しても、こうして遊んであげれば、"もっとやって"と求めてくるようになります。そうしたら彼の気持ちを受け止めて、しっかり遊んであげてください」と。

父親はポカーンとした表情をしていましたが、おばあちゃんと母親は、笑顔で応えてくれました。

マー君を床に降ろすと、しばらくして、また彼がバンザイの恰好（かっこう）をしてトランポリンを求めてきました。その際、私はマー君に「お母さんやってと言って、お母さんのところに行きなさい」と言いました。するとマー君は、「おかーさん、ヤッテ」と言って、母親の手を引いたのです。

母親は感激し、喜んで応じました。

### 3）マー君はASD ～取り組みの基本は3つ！～

その後、私は、両親とプレイルームを出て、別室で話をしました。

両親は、開口一番「それで、マー（マー君のこと）は、自閉症でしょうか？」と質問してきました。

私は、正直に「ご一緒に過ごされてみて、お気づきになったと思います。マー君が示したいろいろな行動は、自閉症の特徴に一致します。自閉症と思ってよいと思います」と告げ、具体的にマー君の行動に照らして、ASDの説明を行いました。

父親が「これから、どうすれば良いでしょう？」と聞いてきました。

私は、「3つ基本的なことがあるので、よく聞いて考えてください」と切り出しました。「1番目はマー君についてです。マー君に対しては専門的な関わり、すなわち療育が必要ですから、障害のあるお子さんを対象にした、毎日通って指導を受けられる"児童発達支援センター"を利用すること」

「2番目は、これまで育児を担ってくれて、しかも、マー君の自閉症に気づいてくれたおばあちゃんの負担を軽くしてあげること。さっき、おばあちゃんは、もう床に座り込んでいましたよ。休ませてあげてください」

「3番目は、したがって、ご夫婦も相応な負担を覚悟すること。特に、お父さん。さっきのようにただ見てるだけ、というのではダメです。"これからどうすれば？"とお聞きになったからには、是非行動で答えを見せてください！」

私は、この両親を引き連れてマー君とおばあちゃんが待つプレイルームに帰りました。早速、母親がおばあちゃんに深々と頭を下げて言いました。「お母さん、ありがとう」と。

かたや父親は、「マー君、お待たせ」とは言いましたが、入り口で立ち止まり、スリッパを脱ぎません。目敏くそれを見つけた私が喝！を入れます。

「もう1回ぐらいは、トランポリンを跳んで帰ってください」

私は、母親に「今、私がお話しした"自閉症の説明"と"今後の取り組み"について、おばあちゃんに報告していてください」と指示を出し、両名をテーブルに着かせました。

そして、父親には「父親が遊びを担うんです！ マー君が逃げても、誘って誘って、応じてくれるまで誘い続けて、ちゃんとトランポリンを跳んでいってください」と命じました。

## ⑸ ケースのその後

　ちひろちゃんに関しては、関係者を集めた"御前会議"によって、それぞれの分担と役割が明確になりました。それぞれが決められた仕事を遂行し、肥満包囲網が強固なものになりました。それとは反対に、ちひろちゃんはお相手してくれる人や時間も増え満足が大きくなったぶん、体重は減っていきました。

　今では、「ろっ骨を治すことで楽した分、運動不足になった」と嘆くおばあちゃんにつき合って、散歩をすることが楽しみになったちひろちゃんの姿があります。

　**南ちゃん**は特別支援学校に通っています。「○○特別支援学校の名前入りバス」に抵抗を示していたおじいちゃんも、今ではバス停までの送り迎えをしてくれています。寝込んでいたおばあちゃんの認知症が進んだ時も「ケアマネージャーと交渉して、ショートステイを選んでくれたのもおじいちゃんでした」と母親が報告してくれました。

　障害児の祖父母という立場を軽視せず、キチンと向かい合って話をすることで真摯に事態を受け止め、老齢であっても自分を変えてくれる。私は、南ちゃんのおじいちゃんにいつも感謝しています。

　**マー君**の場合、私が勧めた状況とはちょっと違う展開になりました。それは、家族がよく話し合った結果、マー君の施設利用が「親子で通う施設」へと変更になったからです。

　母親が「私も仕事を辞めて、一から障害とそれへの関わり方を学びたい」と願い出たことと、それだったら「通園の間、下の子は"薬を飲んでいる私でも面倒が充分に見られる"」とおばあちゃんが申し出たからです。

　「気配りと頑張りが過ぎる」ので「しばらくは休ませてあげたい」と願った私でしたが、そこは、家族が変化した上での決定ですから見守ることにしました。

　現在でも不定期ながら、おばあちゃんのカウンセリングは続けています。おじいちゃんのこと、息子のこと、マー君のこと、下の子の世話のこと、私はまるまる1時間、おばあちゃんの愚痴を傾聴することに徹しています。

　最近では、「うちの息子の小さい頃をよくよく思い出してみたら、マー君にそっくりだった。それに気がついたら、本当にマー君のことが早く分かって良かったと思っています。あんな息子のようにはならんようにしなければ」と言って、よく笑うおばあちゃんになりました。

　「だから、おばあちゃんはマー君のことにいち早く気がついたんだ！」と私。

　そのマー君も小学校に入る歳になりました。おばあちゃんは大胆にも「あとは両親で決めること。私はおじいちゃんが認知症になってしまわないか、そっちが心配」と言ってみせました。

　老年期、うつ病から認知症に移行する高齢者が多くなっています。私は、元気に過ごすおばあちゃんを見て、「家族は良い選択をしたんだ」と納得しています。

# 第8章

......................................................

# ASDの子どものパニック
## ～理解と防ぎ方と対処例～

　ASDの人のパニックもASDの子どものパニックも、共に「陥るもの」であって、人の気を引くために、とか、イライラの解消のためにとかで"意図的に"「起こす」ものではありません。つまり、パニックに陥ってしまう本人は、「被害者」なのです。「パニックは迷惑行為で、パニックになった方が諸悪の根源だ」と捉えるのは、間違いです。

　また、パニックは、これに陥るとフラッシュバックされることも増えていくので、結果、頻繁にパニックが生じるようになっていきます。

　したがって、パニックは、「陥らせないこと」が何よりも大切です。「対処云々」よりも、まず、「陥らせないため」の予防対策を練って、備えておくこと。

　私は、この警鐘と共に、ASDの子どものパニックについての定義も示しています。

　なお、本章は、アスペ・エルデの会　発行『アスペハート』誌 Vol.35と発達協会　発行『月刊 発達教育』2014年7月号に掲載された論文「自閉症スペクトラム障害の子どものパニック─その理解と対応」を基にしています。

# 1. パニックについて

　私たちは、気に入らないことがあると「イライラ」します。思い通りに事が進まないと、時に「かんしゃく」を起こします。それを他人にとがめられたりすると腹いせに「当たり散らして」周囲に迷惑をかけたりします。

　これらの心理や行動は、「イライラする」「かんしゃくを起こす」「当たり散らす」というように、皆、「主体は個人にある」ことが分かります。

　したがって、「イライラしやすい子」や「かんしゃくを起こしやすい子」「当たり散らして騒ぐ子」には、本人に対して、丁寧に「言い聞かせる」、優しく「諭す」、具体的に「ソーシャルスキルを教える」ことでの対応が適しています。

　似たような言葉に、「パニック」があります。これは、先掲の「イライラ」や「かんしゃく」「当たり散らす」とよく混同されて使われていますが、内容は根本的に大きく異なります。

　パニックは、"起こす"ものではなく、"陥る"ものなのです。すなわち、パニックは、周囲の人や環境、社会状況に左右された個人が、受け身の形で、思わず"陥ってしまう"ということなのです。

　このパニックに対しては、パニックに陥らないように「事前に」「状況説明のアナウンスをする」とか「分かりやすいように図説しておく」「正しい情報をキチンと入れる」などの環境調整を心がけます。つまり、本人を取り巻く環境に対してのアプローチが大事である、ということです。

　さて、ASDの人たちが見せるパニックは、一般のパニックとは大きく異なります。当然ながら、先述した「イライラ」や「かんしゃく」「当たり散らす」とも違います。

　本章では、以上のような観点から、ASDの子どものパニックに対する理解とその対応について述べていきたいと思います。

# 2. パニック 用語と歴史

　人は思わぬ事故や事件に遭遇して、頭の中が真っ白になったり混乱したり、気が動転してしまうことがあります。これをパニックといいます。また、火災や災害にみまわれた際に群衆が錯乱状態に陥って予想もつかない異常行動に走ってしまうこともパニックと呼びます。前者は、個人の心理的反応としてのパニックで、後者は、群集心理としてのパニックです。ここでは便宜上、前者を第一のパニックと呼び、後者を第二のパニックと呼ぶことにしましょう。

　パニックには、さらに、恐慌と呼ばれる第三のパニックがあります。これは、物価や株価の大暴落、経済不況などによって社会全体が混乱状態に陥ってしまうことを指します。具体的には、金融恐慌（1927年）や世界恐慌（1929年）、昭和恐慌（1930年）がそれです。

　これらの恐慌では、銀行への取り付け騒ぎや企業倒産による失業、夜逃げ、一家心中が相次ぎました。

　特に日本では飢饉や大地震も同時期に起きて、餓死者や被災民が大量に発生し、人々の鬱

積は限界に達していました。それに呼応した青年将校がクーデター未遂事件を二度も起こして、世情は戦争へと大きく傾いていきます。恐慌とは、このような「崩壊のスパイラル」を意味します。

　以上が通常知られているパニックの概要です。ちなみに、私たちが日常的に使っているパニックは、第一のパニックの意味で使われることが多いようです。また、最近では「パニクる」と表現されることもあって、俗語化して"表現の軽さ"が進み、"内容の重さ"とのギャップが大きくなることが気になっています。

イライラはパニックではない！

かんしゃくもパニックではない！

当たり散らすのもパニックではない！

パニックは陥るもの・メルトダウン

## 3. ASDの人たちのパニック（第四のパニック）

　恐慌という第三のパニックに比べても、ASDの人たちのパニックは深刻です。よって、私は、ASDの人たちのパニックを第四のパニックと呼んで正しい理解と適切な関わり、支援を呼びかけています。それでは、悲惨な事例から見ていきましょう。

　こだわり行動を止められたASDの子どもが「ギャーッ」という大きな奇声を発し、両手で自分の頭を強く叩きながら、地面に崩れ落ちて泣き叫んでいます。彼はさらに、右手の甲に自ら噛みついて、両足をバタつかせるとともに、後頭部をコンクリートの固い地面にゴンゴンと激しく打ちつけ始めました。

　耳をつんざく奇声と、自殺行為に同等する激しい自傷行動と、いたたまれない程の泣き声を伴ったASDの子どものパニックは、やはり、独特です。

　したがって、これまでに紹介した3つのパニックとは区別して捉えなければならないと思います（197ページのイラスト参照）。

　実は、そうした認識はすでに起こっていました。アメリカでは、ASDの人たちのパニックを「メルトダウン」と呼んでいるのです。

　周知の通り、アメリカは世界で唯一、他国を原子爆弾によって攻撃した国家です。そして、繰り返し核実験を行うとともに、何度も放射能事故を起こしてきたことでも知られています。そのことから、“原子炉事故で核燃料が溶け落ち、アメリカの地中を突き抜けて、反対側の中国にまで達した！”というブラックジョークが映画にもなりました。その名を「チャイナ・シンドローム」といい、今では「メルトダウンの怖さ」を伝える用語にもなっています。

　要するに、原子力の威力と原発事故の脅威をよく知るアメリカ人だからこそ、ASDのパニックに「崩れ落ちたら手に負えない」という特性を見出して、「メルトダウン」の呼称を用いたのです。

　これは、福島第一原子力発電所での事故に伴う「メルトダウン」の恐怖を知る私たち日本人も学ぶべき視点だと思います。

## 4. パニックに陥りやすいわけ

　ASDの人たちが独特なそのパニックに陥りやすいのは、ASDの基本的な障害が大きく関係をしています。その観点から、解説をしていきます。

### (1) 社会性の障害とパニック

　ASDの人たちがもつ社会性の障害は、パニックに陥りやすい要因です。それは、決められたルールに沿えない、困った時に助けを求められない、人のアドバイスを受け入れられないので、周囲との間に軋轢や問題が生じることによります。

### (2) コミュニケーションの障害とパニック

　ASDの人たちのコミュニケーション障害もパニックに大きく関係しています。具体的には、言いたくても言えない、「いやだ！」と言ったつもりでも相手に伝わっていない、相手の言う意

味がよく分からないなどの"行き違い"によります。それでASDの人の中には不安やフラストレーションが溜まり、パニックに陥りやすくなります。

### ⑶ こだわり行動とパニック

周知の通り、ASDの人たちは、いろいろな事物にこだわりやすく、多くのこだわり行動をもっています。そして、彼らのこだわりを無理矢理に止めたり、変更させたりすると、先掲したような強いパニック状態に陥ることもよく知られています。

そもそも、ASDの人のこだわり行動には、3つの特徴があります。1:変えない、2:やめない、3:始めない、です。それぞれに、1:無理矢理変える、2:強制的にやめさせる、3:脅してもやらせるなどの無茶な負荷を与えますと、パニック状態に陥る可能性が高まるということを改めて理解してもらいたいと思います。

そのように考えますと、ASDの人たちが陥るパニックの多くは、このこだわり行動への無理解や侵入的かつ強引な関わりが原因しているのかも知れません。

### ⑷ 感覚過敏とパニック

ASDの子どもの中には、服の肌触りや背中のタグに過敏に反応して、「交換」を執拗に求めてくるケースがよくあります。また、特定の臭いや大きな音が受け入れられずに、それが生じている場所に留まっていられない子どもも多くいます。その刺激源を除去してあげるのではなく、彼らに我慢を強いると、ストレスフルになって、パニックに陥りやすくなります。

### ⑸ 強圧的な関わりとフラッシュバック

これまで見てきたように、ASDの人たちにはいろいろな事情が強くあります。それらを無視して、一方的に抑えつけたり、変更させたり、我慢させたりすると、逃げ場のない、そして、人に頼れないASDの人たちは、自滅するようにパニックに陥ってしまいます。この原因である「強圧」的な関わりは、恐ろしいことに、ASDの人たちの心の中に「トラウマ」を発生させます。このトラウマは、ASDの人たちに特徴的な「フラッシュバック」となって、容易に再現されるようにもなります。

このフラッシュバックによって、パニックも頻発するという「悪循環」が形成され、ASDの人たちの落ち着く時間と場所がなくなっていきます。

### ⑹ かん違いとパニック

強圧的な関わりと抑圧的な環境に長く身を置くことで、ASDの人たちは、懐疑心や被害意識を強くします。それが他者の態度への過敏さとなって、過剰反応を生じさせ、時に「かん違い」でパニックに陥ってしまうケースも出てきます。

## 5. ASDの人たちのパニックの定義

さて、私は、これまで述べてきたところのパニックに関する歴史的な認識と実態把握から、ASDの人たちが陥るパニックを定型発達の人たちのパニックとは区別をして、次のように定義します。

### ASDの人たちのパニックの定義

突発的な事故や変更、不安、恐怖、強圧場面に遭遇して、気が動転して慌てふためくが、対応できずに、錯乱状態になって、絶叫したり、泣きわめいたり、暴れ回ったり、自傷したり、時に他害に出たり、凍り付くこともあって、周囲からの声がけやサポートを一定時間受けつけられない状態に陥ること。この嫌な体験がトラウマになりフラッシュバックも起きやすくなって以後、頻繁にパニック状態に陥るようになる。

ちなみに、近年、精神医学の分野でよく聞かれるようになった「パニック障害」や「パニック発作」は、不安症の一つに捉えられています。具体的には、大勢の人の前や閉じられた狭い空間では動悸が激しくなっていたたまれない、などの心身にまたがる症状に苦しめられるのがそれで、一般のパニックやASDのパニックとは区別されています。

## 6. ASDの子どもをパニックに陥らせないための13箇条

ASDの子どもたちのパニックは、「恐慌状態」であり、「メルトダウン」でもあります。しかも、フラッシュバックにつながり、パニックに陥りやすくなるという悪循環を考えれば、ASDの子どもたちを「パニックに陥らせない！」ことが何よりも大切です。

以下の13箇条をよく理解し、ASDの子どもたちのために実践に移してください。

### ASDの子どもをパニックに陥らせないための13箇条

① 大きな驚きや不安、強い恐怖を与えない。

② かん違いは防げないので、これに留意しそれを優しく訂正できるよう準備しておく。

③ 心配事や悩み事、イライラなどのストレス状態を適宜察知して傾聴し、和ませる。

④ 不注意や不器用に備え、手が滑りにくい、倒しにくい、壊れにくい素材や教材を揃えておきながら、失敗しないよう適切にサポートする。

⑤ フラッシュバックが起きる引き金（トリガー）を引かないように気を配る。

⑥ 体調不良のときは、無理をさせない。心身を休ませる。

⑦ 感覚過敏を引き起こさせるところの物質や環境を遠ざける。

⑧ 苦手とする人物に遭遇したり、共に過ごさせたりすることを回避する。

⑨ 見通しをもたせ、予測を立てるための提示を適宜、キチンと行う。

⑩ 日課やタイムスケジュールの遵守を強く心がけ、変更の際は、事前に余裕をもって周知し、納得させる。

⑪ 生活環境や学習環境などが変わる際は、前もって周知し、納得させておく。

⑫ こだわり行動やその対象には、真摯な態度で接し、無下に止めたり、取り上げたりしない。安心を取り付けたその上で、時には、ちょっと待つことや我慢も必要と諭していく。

⑬ 帰宅する様子（言動）をチェックし、幼稚園や学校からの連絡帳もチェックして、頑張り過ぎや疲労の観があれば、クールダウンを勧めたり刺激の調整をしてあげる。

## 7. ASDの子どもがパニックに陥った際の対応のポイント

　それでもASDの子どもがパニック状態に陥ってしまった場合、次に示した対応のポイントを参考にしてください。

### ASDの子どもがパニックに陥った際の対応のポイント

① パニックに陥ったASDの子の周りに人がいる場合、静かに場所を移動してもらう。

② パニックに陥ったASDの子の周りに危険物がある場合、速やかに片づける。

③ パニックに陥ったASDの子を叱ったり、説教したりしない。

④ 支援者は、落ち着いて、冷静にゆっくりと動き、傍らでASDの子に合ったなぐさめのことばをかけてみる。例えば「もう大丈夫だよ」「大丈夫、大丈夫」「平気、平気」など。

⑤ 自傷行動がある場合、「大丈夫、大丈夫」「自分を叩かなくてもいいんだよ」などの声かけをしながら、冷静に、自傷行動を抑えてあげる。

⑥ 身体接触が可能な場合、肩や腰などに手を添えて、エスコートするようにして、床や椅子に座るように促し、ゆっくりと導き、落ち着くまで一緒に居てあげる。

⑦ ASDの子がパニックに陥った原因がその環境にある場合、刺激の少ない別の場所にASDの子を移動させる。

⑧ そこでも立ったままだと落ち着かないので、支援者も一緒に、床や椅子に腰を下ろすと良い。

⑨ パニックに陥らせた原因となった人や物質がある場合、それらをASDの子に再度近づけないように手を打つ。

⑩ 環境的に安心が確保された場合、それをASDの子に告げ、そして、見せて、確認させて、「ほら、もう安心だよ。平気になったよ」と言って、安心を取り付ける。

⑪ ASDの子が落ち着いてきた場合、「よく頑張ったね」「えらかったね」と優しく語りかけ、誉めてあげる。

⑫ ちなみに、支援者や先生が威圧したり、叱ったりしてASDの子をパニックに陥らせた場合、その「加害者」たる支援者や先生では、パニックに陥っているASDの子を落ち着かせ、安心に誘うことはできにくい、と考える。

⑬ したがって、パニックに陥らせてしまった支援者や先生は、ASDの子に付くことは諦めて、他の支援者や先生と交替する。そして、自らは、他児を避難させるとか、危険物を片づけるなどの環境整備に回る。

## 8. パニック寸前での回避術

　繰り返しますが、何としてもパニックに陥ることは避けなければなりません。だからと言って、パニックを恐れるあまり、関わりや介入を諦めて、放任扱いでは、ASDの子どものためになりません。

　養育や療育、教育の場面では、ASDの子どもが抵抗を示しても、逃げようとしても、対応をさせて、達成感や自信を得てもらわなければならない時があります。

　その際、「パニック寸前での回避術」を身につけておくことが必要です。

　例えば、手先があまり器用でないASDの子どもに折り紙や工作を求めた場合、グチャグチャになる前に、手を貸してあげるとか、その時も「壊さないで、こっちへ来い！」と叱って呼びつけるのではなく、支援者や先生が自ら、ASDの子どもの所に赴いて、「さぁ、助けてあげるよ」「ここまで、良く頑張ったじゃないか」と優しく声をかけてあげれば、パニック寸前で回避することができるのです。

　実際、多くの支援者や先生方も、このようなパニック寸前での回避術をいろいろともっています。

　しかし、残念ながら、そうでない支援者や先生がいつもいつも同じ過ちを犯して、繰り返し、ASDの子どもをパニックに陥れているのです。

　その方々は、是非とも「できる」支援者や先生方の回避術に学んでいって欲しいと思います。

# 第 **9** 章

...............................................................

# ASDの子どものこだわり行動
## 〜理解と対処と活かし方〜

　ASDの人の「こだわり行動」には、① 変えない、② やめない、③ 始めない、という３つの特徴があります。これらが、関係者を困らせますし、ASDの子どもの場合は、本人の発達を阻害する要因にもなります。

　しかし、この「こだわり行動」には、「強み」もあることから、ここに注目して、「強みを活かす」「伸ばす」ことで、本人からも喜ばれる「支援」につながります。

　その反面、こだわり行動は、止める、抑えつけるなどの無理強いをすると、「パニック」を誘発し、「自傷行動」までも引き起こさせて、さらにその自傷行動が「こだわり行動の対象」になってしまう悪循環が形成されます。

　第９章では、これらの問題に "無理なく" 対処して、「人間関係」を形成した事例を紹介しています。

　なお、本章は、慶應義塾大学出版会 発行『教育と医学』No.807に掲載された論文「こだわり行動への対処法と支援」を再編集しました。

# 1. こだわり行動の定義

私は、ASDの「こだわり行動」を次のように定義しています。

---

### ASDの人たちのこだわり行動の定義

ある特定の物や状況に著しい執着を示し、それを常に一定の状態に保っていようとする
欲求に本人が駆られた結果、それが変わること、変えられることを極度に嫌うようになり、
行動面において反復的な傾向があらわになること。

---

これは、定型発達の人が示す一般的な「こだわり」に加え、「こだわり」と総称されやすい
強迫症や依存症とも区別して捉えているからです。

したがって、本書で用いる「こだわり行動」は、ASDの人が現す「こだわり行動」を指してい
るということをご了解ください。

# 2. こだわり行動の3つの特徴

こだわり行動には、3つの特徴があります。それは、① こだわり行動の代名詞でもある「変
えない」、② 行動にストップがかからないことの「やめない」、③ 新規に行動を「始めない」で、
これら3つの方面から関係者を困らせています。

また、こだわり行動は、物事や人、行為、時間、そして、目に見えない感覚までも対象にす
るので、対応は広範囲に及び、対処も難しいと捉えられています。

そのことから「問題行動」とか「行動障害」と見なされて、「困った行動」の代表、さらには、「強
度行動障害の大きな原因の一つ」とも考えられています。

しかし、このこだわり行動には、3つの特徴のそれぞれに「強み(Strength)」があることも
分かってきました。

"困った行動"なのに、その人の「強み」にもなるこだわり行動。これは、数ある問題行動の
中でも、唯一無二の存在です。換言すれば"困った行動"でも「強み」に目を向けて、そちら
側を伸ばしていくことが、ASDの人たちにとって優しい支援になるのです。

# 3. こだわり行動の困ったところと強み

## (1)「変えない」の困ったところと強み

乳幼児期のASDによく生じるこだわり行動の一つに、排泄に関するものがあります。これは、
オムツという物にこだわる、「ウンチやオシッコはオムツの中でしかしない」と排泄の場所や仕
方を決めてしまう、その排泄の時間も「家に帰ってから」とか「寝る直前」と定めてしまう、と
いういくつもの「変えない」が複合したこだわり行動でもあります。

学齢期においては、それまで慣れ親しんできたクレヨンや幼稚園で教わった「文字のなぞり
書き」にこだわり、筆記具や書き方を「変えない」ことで先生方を困らせるASDの児童がたく
さんいます。また、指を使った計算方法を小学校の高学年になっても変えられないで、高度な

計算に対応できず、本人も困ってしまうケースが散見されます。

この「変えない」という特性をポジティブな視点から見直します。すると、将来「品質を変えない（努力をする）」とか「何があっても（集中して）作業する時間を変えない」ということが評価されて、その人の「強み」となる可能性が出てきます。

### ⑵「やめない」の困ったところと強み

幼稚園の園庭でブランコ乗りを「やめない」ので、順番を待つ園児や次の学習場面に進めたい先生方を困らせる ASD の子どもがいます。

学校では、授業中でもしゃべり続け、そのことを注意した児童への非難をずっと「やめない」ASD の子どもがいます。

この「やめない」という特性は、裏を返せば「途中で投げ出さない」「最後まで諦めない」という「強み」になり、研究者やアスリートへの道につながっていきます。

### ⑶「始めない」の困ったところと強み

幼稚園や学校で新しく体験する行事のたびに、混乱し、拒絶する結果、新規の行動を「始められない」ASD の子どもがたくさんいます。遠足では、観光バスへの乗車を拒否するので、通園バスでの個別送迎を試みますが、到着した遊園地も初めてだと、バスから降りられず、関係者を嘆かせるケースも多いことでしょう。この他にも、慣れないトイレは使わない、新奇な食べ物には手を付けない、という「始めない」があります。

これらの「始めない」は、健康を害する恐れと、体験や学習の機会を逃してしまう危険性が強くあって、発達や成長の阻害要因として留意していかなければなりません。

さて、この「始めない」のポジティブな面ですが、「余計なことを始めない」とか「二兎を追わない」、「他に気移りしない」ということになり、「一途さ」や「失敗回避」につながることが「強み」になるわけです。

## 4. 変えない、やめない、始めない、への対処法

### ⑴ 変えない：ルーチンの中に、緩やかに変化を加える

「変えたくない」という彼らの気持ちをまず受け止めて、頭ごなしに叱ったり無下に禁止したりせず、彼らのルーチンをよく観察しながら見守り、安心させます。その上で少しずつ変化を加えて、より適切な方向へと導いていきます。その際、わずかでも応じられたなら「えらいね！ よく変えられたね」と即誉めて、達成感や自信を得られるように対応します。これは、変化への慣れと耐性をつくる、ということでもあります。

### ⑵ やめない：交換条件を提示して、やりとりする

「やめたくない」という強い意志を利用します。具体的には、「それでは、あと 10 回やらせてあげるから、10 回で終わろうね」とか「タイマーが鳴るまで遊んで良いよ。それで、ピピッと鳴ったら終わりにしようね」という「交換条件」を提示し、やりとり（交渉）をして、納得させることが大切です。これは、「気持ちを切り替える」ことや人とのコミュニケーションの練習にもなります。

### ⑶ 始めない：見通しをもたせる

　分からないこと、慣れないことへの「不安」を人一倍感じ、さらには、そうした条件下での失敗体験がフラッシュバックするので「始めない！」という拒否反応に出る ASD の子どもたち。だからこそ、前もって具体的にかつ繰り返し説明をして、彼らの理解と納得を取りつけた上で、新規な状況にも参加させていきたいものです。ここでの成功体験が蓄積されれば、「始めない」は減っていきますし、「変えない」「やめない」ことにも良い影響を与えていきます。

## 5. さらなる問題　〜パニックや自傷行動との関係〜

　ASD の人は、こだわり行動が無下に制止されたり、乱暴に扱われたりすることで、パニックに陥り、自傷行動を併発させることがよく知られています。そのパニックは、フラッシュバックと連動するので、錯乱状態が頻発するようになり、併せて自傷行動も増えていきます。この自傷行動は、ASD 特有のこだわり行動の対象になっていき、「自傷の形態を変えない」ことや「自傷行動をやめない」ことに発展して、より重症化していく危険性を有しています。つまり、これがこだわり行動を起因とする「負の連鎖のトライアングル」の形成（209 ページ**図 9-1**）であり、強度行動障害の典型ともなります。

　ちなみに、ASD の人のパニックは、「陥らせないこと」が第一です。そして、自傷行動も「起こさせないこと」が大事で、具体的には、「自傷行動の代替行動を与えること」が大きな防止策になります。このいずれにもこだわり行動が強く関与します（210 ページの定義参照）。

　これらの大きな問題への対処方法と支援の策を集約させた事例を次に紹介しましょう。

## 6. 事例 こだわり行動↔パニック↔自傷行動の連鎖への対処と支援

### ⑴ ケース A 君の概要（強度行動障害）

　A 君は、ASD と重度の知的障害（療育手帳は A 判定）を併せもつ男児 16 歳で特別支援学校の高等部 2 年に在籍しています。青い色への強固なこだわり行動と頻発するパニック、それに伴う激しい自傷行動や他害行動があり、強度行動障害にも指定されています。A 君は一度パニックに陥ると「大人 4 人がかりでも抑えるのが難しい」と警戒されていたので、学校では男性教諭がマンツーマン（時に 2 人）で付き、皆とは別の教室で過ごさせたり、校内を自由に徘徊させたりして、時間を送っていました。

　この A 君が校外の福祉施設において現場実習の体験をすることになりました。しかし、先のような状態にある A 君を受け入れてくれる施設は簡単には見つかりません。

　しばらくして、「対応が難しくても生徒さんへの関わり方や指導の手本を具体的に見せてもらえれば、その上で判断をしたい」という施設がやっと現れました。

　私は、その施設と学校、保護者からの要請を受けて、"手本"を示すために、A 君と直接会って、関わるにことになりました。

### ⑵ こだわり行動に注目し、強みを活用した関わり

　当日、A 君は、青い長袖のパーカーを着て、フードを頭から被り、青いズボンに青い靴、と

いう全身青色の衣装に身を包んで登場しました。彼の後を追って来た母親は、青い弁当箱と青色のかき氷シロップ瓶を抱えていました。彼女によると「うちの子は、外出先でも、ご飯に青いシロップをかけて食べないと落ち着きません」ということでありました。

　それに対して、私は、A君の「青い色にこだわっている」ことに注目して対応を練っていました。その一例としては、私も青いシャツを着て、青い台紙のネームプレートを首から提げて、A君に同調して見せたことです。これに加え、青いスーパーボールに青い紙コップ、青いビーズと青いモール、青いバックル、マリンブルーの海に生物が描かれたピクチャーパズル、青い表紙のスケッチブックと青いクレヨン、青い色鉛筆を用意し、さらには、青色のスライムを青いコップに入れて、準備万端整えて彼を迎えたのです。

　療育室に入ってきたA君は、初対面の私を見て開口一番、「アオ！」と言って微笑み、かつ、青色のネームプレートを手にとって「アオね」と指差しました。そこで私が「そう、青くて嬉しいね。今日はA君が大好きな青を揃えたよ」と応対すると、彼は、机の全面に置かれた「青いおもちゃ教材群」を見渡し「アオイねぇ！」と明瞭に言ってさらに喜んだのでした。

　さて、私は、スケジュールボードを用いて、彼にこれから提示する「青いおもちゃ教材を用いた課題」の概要と順番の説明を行い、終わる時間（30分間）も明示して、彼に見通しを与えて、さらなる安心を取りつけました。

　そして、青いスーパーボールを青い紙コップに1対1対応で入れていく課題を皮切りに、青いビーズを青いモールで刺していく課題→青いバックルの凸と凹をカッチンと合わせる課題→マリンブルーのピクチャーパズルの型はめ課題→青い表紙のスケッチブックに示された青い□の枠内を青いクレヨンで塗りつぶす課題→青い色鉛筆でA君の名前を書かせる課題を順次提示していきました。

　彼の「青色こだわり」に目をつけて、すべてを青色に統一したのは、正解でした。彼はどの課題に対しても意欲的に取り組み、やり抜き、達成感と満足感を示すようによく笑いました。私がその都度、「よく聞いて、よく見て、よく考えて、しっかりやったね！」「すごいすごい！」と誉め讃えると、彼は、「これでいいんだね。次は何かな？」という気持ち（自信と期待）をアイコンタクトで表し、落ち着いて次の課題提示を待つのでした。

　以上、課題を媒介とした療育の場面が終了すると、A君は笑顔のまま席を立ちました。母親が慌てて「青いシロップをかけたご飯は食べないの？」と確認します。するとA君は「イラナイよ」と言うように、余裕の表情で手を振って見せました。それを見て私は「心が満足したから、青はこれ以上要らない、ってことだな」とA君の気持ちを理解しました。

　ところで、青いスライムは、A君がイライラしたり、疲労で表情が曇ってきたりした際に、彼の気分転換や小休止のために用いました。このスライムの提示に彼は喜んで応じて、指を青いスライムの中に漬けて、ひと時、感触の世界に浸っては、自己調整して、自発的に再び課題に向かうのでした。

　この息抜きが「パニック回避」の策として効果を発揮したということは、言うまでもありません。

かくして、Ａ君は終始、意欲的で喜びに溢れた状態で、なおかつ平穏に私との「課題（療育）」の時間（30分間）を過ごすことができたのです。

その結果、実習の対象施設からは「Ａ君がいろいろとできることと、パニックに陥らせない配慮の仕方を知りました。うちの施設でも大丈夫だと感じました」という評価を得ることができて、Ａ君の施設実習が実現されました。

### (3) 本事例の成功の要点とまとめ

① **こだわり行動の活用と強み**：Ａ君の「青い色への強固なこだわり行動」に注目し、青いおもちゃ教材と課題を多数揃えて提示し続けたこと。これにより、「青への嗜好は変わらない」「青を媒介にした課題対応はやめない」「他のことは気にならない（始めない）」という強みを引き出せた。さらに、指示理解や物の操作性、人に対する対応力も高く、自己調整力もあるので、それらが強みとなって活用できることも判明した。

② **事前説明と見通しの提示**：何がどのくらい、いつまで求められるのかを事前に説明することで、見通しをもたせ、安心感を与えた。また、課題ごとに「終わり」を確認して、区切りと進捗状況を知らせて、さらなる安心感を与えたこと。

③ **パニックに陥らせない対策**：②の働きかけに加え、青いスライムによる感覚刺激で気分転換と小休止、自己調整（癒やし）の機会を設けて、パニックを回避したこと。

④ **自傷行動の防止**：「やってみたい！」という気持ちを「青」で引き起こさせて、「できた」という達成感や「やってよかった」という満足感が得られる課題を連続で提示し、対応させ続けたこと。これは、退屈させない、暇を与えない、ということでもある。それにより「自傷行動の代替行動」が獲得されて、自傷行動の防止につながった。

⑤ **即誉めること**：適応行動は、即誉め、達成感と満足感と安心感を補強し続けたこと。これが自信と信頼関係の形成につながり、不適応行動の発生を防ぐことにもなった。

⑥ **関係者に対する"手本"の提示**：子どもの実態や可能性を見ることもなく、「強度行動障害」と聞いただけで、諦めたり、尻込みしたりする学校や施設などが未だにある。それらに対する支援は、対象児者への関わり方、困った行動への対処の仕方、防ぎ方、支援の方向性を具体的に提示して、"見せる"ことにある。

ASDのこだわり行動には、"困ったところ"と「強み」の両面が備わっています。その"困ったところ"を無理なく克服させ、良い状態に導くことが「対処」であり、「強み」を見出し、引き出し活用して、活動や生活の質を高めていくことが「支援」だと思います。

また、こだわり行動は、他と連鎖してASDの人を強度行動障害に陥らせる怖さも有しています。その負の連鎖を断ち、パニックや自傷行動を改善させるのも実は、こだわり行動だということを学びました。

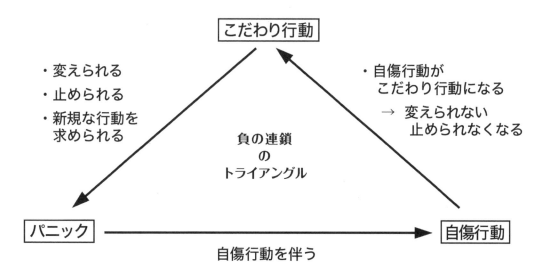

図 9-1　こだわり行動とパニックと自傷行動の負の連鎖

## コラム⑤ あらためて こだわり行動の定義について

　ASD の人のこだわり行動は、「こだわり」というくくりで、「強迫症」や「依存症」などの精神疾患と混同されることがあります。また、「繰り返し」行われるので、「常同行動」と間違われることもあります。

　そこで、私は、ASD の人のこだわり行動とそれら "類似" の症状や行動を区別するために、こだわり行動を定義しています。

### 【こだわり行動の定義】

　「ある特定の物や状況に著しい執着を示し、それを常に一定の状態に保っていようとする欲求に本人が駆られた結果、それが変わること、変えられることを極度に嫌うようになり、行動面において反復的な傾向があらわになること」

※出典　石井哲夫・白石雅一（1993）『自閉症とこだわり行動』東京書籍

なお、類似するそれぞれの特徴を一言で表すと次のようになります。参考にしてください。

こだわり行動：　好きだから、やめたくない

強　迫　症：　やめたいのに、やめられない

依　存　症：　何にも増して、快感や興奮を求める結果、「ダメ」だと
　　　　　　　分かっていても、やめられない

常　同　行　動：　自己刺激行動と同じ。ASD の人以外にも見られる行動

# コラム⑥ あらためて ASDの人たちのパニックの定義について

　ASDの人のパニックは、意図的に"起こす"かんしゃくや自暴自棄の行動とは異なり、意図せず"陥ってしまう"状態を指します。しかも、錯乱状態に陥って倒れ込み、起き上がれないくらいの惨状となるので、米国では、ASDの人のパニックを「メルトダウン」と呼んでいます。すなわち、世界を恐怖に陥らせるところの「原子炉の大事故」になぞらえているのです。

　その反面、一般では、「試験で難しい問題が出て、パニクった」と"軽いノリ"でパニックを使うことがあります。

　また、不安症の一つに位置づけられている「パニック障害」とも混同されることがあります。

　これらのことを踏まえて、私は、ASDの人たちのパニックを定義して、独自性を強調しています。

## 【ASDの人たちのパニックの定義】

　「突発的な事故や変更、不安、恐怖、強圧場面に遭遇して、気が動転して慌てふためくが、対応できずに、錯乱状態になって、絶叫したり、泣きわめいたり、暴れ回ったり、自傷したり、時に他害に出たり、凍り付くこともあって、周囲からの声がけやサポートを一定時間受けつけられない状態に陥ること。この嫌な体験がトラウマになりフラッシュバックも起きやすくなって以後、頻繁にパニック状態に陥るようになる」

※出典　白石雅一 (2013)「特集 パニックにはこうして対処する 自閉症スペクトラム障害 (ASD)
　　　　のパニック/総論」アスペハート Vol.35、14-24
　　　　白石雅一 (2014)「自閉症スペクトラム障害の子どものパニック〜その理解と対応〜」
　　　　発達教育、2014年7月号、4-11

# コラム⑦ 自傷行動（発達障害の場合）の定義について

　自傷に関しては、定型発達の人が起こす場合と、発達障害の人が起こす場合とでは大きな違いがあるので、注意が必要です。その違いを端的に示すと、定型発達の人が起こす自傷は「人目を忍んで隠れて行う」のが一般的であるのに対して、発達障害の人の自傷は「あえて人前で行われる」ことが特徴です。

　このような理由から、定型発達の人が起こす自傷を「自傷行為」、発達障害の人の自傷を「自傷行動」と表記して区別する趣が強くなっています。

　特にASDの人の自傷行動は、こだわり行動やパニックとの関連が強く、常態化される危険性が高いので、理解と対処法を念頭に置くことが求められます。

　その意味で、私は発達障害の人の自傷行動を定義しています。

## 【自傷行動（発達障害の場合）の定義】

　「自傷行動は、刺激への感覚過敏性や不足状態に対応するための自己刺激として、または、人への要求のためのコミュニケーションの手段として、自ら自分の頭や顔などの身体を叩き、手や腕を噛んだり引っ掻いたりする行動を常同的に繰り返すこと。これらは、こだわり行動に補強され、パニックに付随して生じることが多い。また、トラウマを起因としてフラッシュバックされることもある。治療的な支援としては、環境調整や代替行動の提示、やりとりを通して成長・発達に導きながら本人を強めていくことなどがあげられる」

※出典　白石雅一 (2020)「自傷と発達障害〜その理解と治療的支援〜」
そだちの科学、No.35、38-48

　なお、定義の中で自傷行動の原因として挙げた「刺激への感覚過敏性や不足状態に対応するため」とは、①嫌いな刺激を遮断するため、②適切な刺激が不足し環境が「つまらない」ため、ということになります。

　これらのことを踏まえた上で、**自傷行動への対処法**を挙げます。参考にしてください。

① 嫌いな刺激を遮断するために起こされる自傷行動に対して：

　　→ 環境調整を行い、嫌悪刺激を除去すること。

② 適切な刺激が不足し環境が「つまらない」から起こされる自傷行動に対して：

　　→ 代替行動の提示を行い、自傷行動に代わる刺激や楽しみを獲得させる。

③ コミュニケーションの手段として起こされる自傷行動に対して：

　　→ 好ましいコミュニケーションの仕方を教え、再学習を進める。

　以上の環境調整、代替行動の提示、コミュニケーション（やりとり）を教えることを総称して、「本人を強めること」と表記しています。

# 第10章

••••••••••••••••••••••••••••••••••••••••••••

# ASDの子どもの
# 集団遊びと集団指導

　私は、「個別の療育」がまず先にあって、「人間関係を形成」
してから、「集団の指導」が可能となり、続いていくものだと
考えています。個別の療育を経て、親や支援員や先生の顔や
目を見るようになる、言うことに耳を傾ける、指差しの先を
見る、提示したおもちゃ教材を見て操作するなどの「人間関
係の基本」が整うことが「集団」の前提条件です。

　第10章では、ASDの子どもの特徴に合わせた、"彼らにウ
ケる"こと間違いない！とっておきの「集団対応」の「テーブ
ルゲーム」を集め、紹介しています。また、100円ショップで
手軽に用意できるおもちゃ教材も掲載しました。そして、最
後に、「人間関係を可視化できる」優れたおもちゃ教材の使い
方を解説しました。

# 1. 集団とテーブルゲームとレーダーチャート

## (1) ASDの子どもたちにとっての"集団"とは

ASDの子どもたちにとって、集団参加は、彼らの特性である社会性の障害やコミュニケーションの障害、そして、こだわり行動が障壁となる大きな課題です。

だからと言って、「集団参加を諦める」ことはありません。集団活動で得られる「他者からの評価」や「協調性」、「自己発見」、「達成感」、そして「人と共にある喜び」と「安心感」さらには、「信頼関係の獲得」はとても貴重です。

また、集団に適応するために、自分の考えや意見を調整する「自己調整力」や自分の感情を整えたり制御したりする「感情調整力」の能力向上が期待されます。

そのような「集団効果」の獲得を目指して、ASDの子どもたちの「集団参加」を促していきたいものですが、最初から多くを求めないこと、が肝要です。

集団参加は、ASDの子どもたちの「強み」を活かせるところから、徐々に進めていきましょう。

例えば、

① 人への忖度がない子の場合：集団活動での「タイムキーパー」役が向いています。

② 会話よりも書くことが好きな子の場合：学習発表会では役者よりも「台本書き」が向いています。

③ 電車が大好きな子の場合：野外活動や修学旅行で利用する交通網や時刻表を調べさせて、発表してもらいましょう。

などです。

このような「部分参加」でも「キラリ！」と光る活躍が集団内で徐々に評価されていき、ASDの子どもたちの役割や居場所が確保されて、集団での行動の機会も増え、適応力も向上していくことを期待していきます。

## (2) 集団遊びのコツ

何と言っても、集団遊びに欠かせない物は、「テーブルゲーム」です。つまり、卓上で遊ぶ"アナログゲーム類"を指します。具体的には、トランプやカルタなどの「カードゲーム」と人生ゲームやオセロ、囲碁将棋、ブロックスなどの「ボードゲーム」に大別されています。よって、テレビゲームやオンラインゲームは含めません。

以上のテーブルゲームを用いて、集団を構成させての遊びを展開させるのですが、「物を設置すれば事が進む」わけではありません。

集団遊びに関わる側（主催者）の視点で、いくつかのコツを提示します。

① テーブルゲームを初心者用、中級者用、上級者用に分けて用意します。

② テーブルゲームのルールや対象者年齢、所要時間、難易度は確実に把握しておきます。

③ その上で、ゲームのルールを参加する子どもたちに合わせて変更させられる余裕や柔軟さをもつことを心がけましょう。

④ 参加する子どもたち個々の個性や注意点を把握して、"天敵関係"にある子ども同士は距離を置かせたり、別のグループに配属させたりして、配慮しましょう。

⑤ テーブルゲームにおける「勝ち負け」に大人がこだわらないことです。その上で、「テーブルゲーム（カードゲームとボードゲーム）は、"勝ち負け"を気にしないでください。大切なのは、ゲームをしながら、相手を励ましたり、会話をしたり、時に、協力したり、助けてもらったりして、楽しむことです。勝ち負けは付きますが、みんなは、何回も何回も今後、何百回もテーブルゲームをしていきますから、勝つ時もあるし、負けることも出てきます。それにいちいち爆発したり、悲しんだりしないで、次のゲームを楽しむことを考えていきましょう！」と説明して、子どもたちを勇気づけてください。

⑥ 進行中における、子どもたちのテンションに気を配り、"上がり過ぎない"ように適宜、クールダウンのための声かけを行い、逆に"下がり過ぎて固まらない"ように優しく声かけして、励まし、手助けもして支援していきましょう。

⑦ それでもASDの子どもが激高して、テーブルゲームを投げようとしたり、壊そうとしたりした場合、大人は"激高しない"で冷静にかつ、静かに、投げることや壊すことを"事前"に抑えてください。そして、必ず未然に防いだ上で「投げること（壊すこと）をよく我慢したね。偉かったよ。今後も我慢できるように頑張ろうね！」と子どもの努力を評価し、励ましていきます。

⑧ また、ゲーム途中におけるカードや付属品、備品の管理ができないASDの子どもたちへの対処法があります。彼らは、それらを"見失いやすく"、"なくしやすい"という特性をもっています。ですから、100円ショップで売っている「タッパー（容器）類」を子どもたちに配っておいて、その中でカードや付属品、備品を管理させれば良いでしょう（**226ページ写真**）。

⑨ ASDの子どもたちは、ゲームの終了とともに、"蜘蛛の子を散らす"ようにその場から退散していってしまいます。そして、ゲームで使用したカードやボード類もそのまま、付属品や備品もタッパーに入れたまま、片づけないで放置してしまいがちです。この状況に陥ることを防ぐために、また、ゲームによる興奮を鎮めるためにも、「終わりの会の儀式」をして、その場に留めさせて、かつ、片づけの指示を出し、実行させることが大切です。この"アイシング"が大事なのです。具体的には、茶道、華道、剣道、囲碁将棋などの礼の儀式に倣い、ゲーム終了後に「正座」をして皆で「ありがとうございました」と礼を述べ、息と姿勢を整えてから、「お片づけを致しましょう」と大人が言って、片づけに子どもたちを導くのです。

⑩ この片づけに際しては、あらかじめ、キチンとゲーム類をしまっておく場所の指定を明示しておくことが大切です。これにより、子どもたちの混乱や物の紛失を防ぐことができます。

　以上、たくさんのコツがあります。これらを参考に、これから紹介するレーダーチャートやテーブルゲームの使用例をご覧ください。

## ⑶ テーブルゲームとレーダーチャート

　テーブルゲーム（カードゲームとボードゲーム）を選定するにあたり、私は経験上、6つのポイントを示したいと思っています。

A：「取っ付きやすさ」です。ASDの子どもたちが「やってみたい！」と即思い、すぐに手を出せる要素（アフォーダンス）が大事です。

B：複雑でない「分かりやすいルール」であること。もしもせっかく購入したゲームが「分かりにくいルール」だったとしても、放棄せず、使う側の視点で「分かりやすいルール」に変えて、使用すれば良いのです。

C：「自分が優位に進められるという安心感」です。テーブルゲームの進行にあたり、やはり「自分が勝てる」という予感や見込みをもてることが「動機づけや意欲の維持」に欠かせません。ここに目を向けて、子どもの得意分野を調べておきましょう。

D：近年、子どもたちの「やり抜く力（GRIT）」に注目が集まっています。これは、途中で諦めないこと、意欲を継続させることであり、子どものレジリエンス（回復力、しなやかさ）や忍耐力の成長につながる能力として捉えられています。そのためにも、ゲーム自体に子どもを「飽きさせない」要素があることが不可欠です。

E：集団遊びでは、人と喜びを共有して、励まされ、応援しての「達成感」を得ることが容易となります。ですから、大人は、「勝ち負け」に執着しないで、子どもたちが互いに協力し合い、助け合って、一緒に「達成感」が得られるようにサポートしたいものです。それらのことが起こりやすい要素があることが大事です。

F：テーブルゲームの流行は続いており、次々に魅力のある新作が誕生しています。したがって、一つのゲームを足がかりとして、他のゲームに進出し、ＡＳＤの子どもたちの「強み」を活かしながら、「弱み」の克服に向かっていけるような「発展性のある」ゲームを求め続けたいと思います。

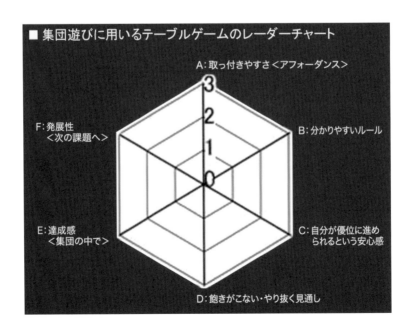

■集団遊びに用いるテーブルゲームのレーダーチャート

A：取っ付きやすさ＜アフォーダンス＞
B：分かりやすいルール
C：自分が優位に進められるという安心感
D：飽きがこない・やり抜く見通し
E：達成感＜集団の中で＞
F：発展性＜次の課題へ＞

# 2. 集団遊びに用いる
# カードゲームとレーダーチャート

## (1) ひゃっぴき いっしゅ（入門編）

　商品名は「ひゃっぴきいっしゅ（入門編）」という、百人一首の命名ですが、要は、カルタです。しかも、「入門編」とあるように、一番はじめにカルタに接する、というお子さん向けのまさしく「初心者向け」簡単カルタなのです。

　このカルタの「お勧めポイント」は、まず、文字が読めなくても参加できることにあります。子どもにとって馴染みのあるよく知られた動物が30匹用意されていて（百匹ではなく……）、それらの名前が分かっていれば、3歳から参加可能です。そして、動物の名前と各々の動物を特徴づける色とを結びつけることによって、動物の名前と色の学習を同時並行的に進めていけることが、もう一つのポイントです。また、「しろい○○」「きいろい○○」というカードが各色6枚もあることから、子どもたちは「早合点して」「お手つき」を犯しやすくなります。したがって、「しろい」と聞いても即判断しないで、続きの動物名が読み上げられるまで耳を傾けていなければなりません。この作りから、子どもたちの「聞く姿勢」を養うことができるという点が3番目のポイントです。

　さらに、イラストなどの装飾もシンプルで親しみやすく「取っ付きやすさ」は高く、「ルールも分かりやすく」、「これなら自分でも絵札がたくさん取れるぞ！」という安心感を得て、カルタに参

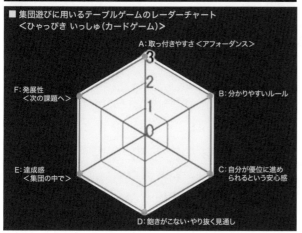

■集団遊びに用いるテーブルゲームのレーダーチャート
＜ひゃっぴき いっしゅ（カードゲーム）＞

A：取っ付きやすさ＜アフォーダンス＞
B：分かりやすいルール
C：自分が優位に進められるという安心感
D：飽きがこない・やり抜く見通し
E：達成感＜集団の中で＞
F：発展性＜次の課題へ＞

加することができます。そして、実際参加すると絵札がゲットできますから「飽きない」し「このままやり遂げられる」という予測も立てやすいでしょう。家族や友だちという集団で行うカルタ遊びですが、年齢に関係なくほぼ平等に達成感を得られる優れ物です。この達成感を基にして、自信や意欲を培い、他のカルタや次に紹介する「どうぶつババ抜き」などに進んでいくことが容易にできます。

　なお、本カルタの登場動物は30匹、その色は、「白、白黒、紫、緑、黄、橙、赤、青」の合計8色が揃っています。このカルタは、集団遊びのイントロダクション（導入）に最適です。
☆「ひゃっぴきいっしゅ（入門編）」株式会社スタジオムンディ（メーカー希望小売価格1,280円税込）

## ⑵　どうぶつババ抜き　～カードを抜いて鳴きマネするババ抜き～

　今、テレビのバラエティー番組の影響もあって、トランプの「ババ抜き」が注目されています。元々、カードゲームの代表格ですし、ルールも簡単なので、取っ付きやすさも最良です。

　さて、このカードゲームを推奨するポイントは3つあります。まず、第一は、相手から引いて、手持ちになったカードに描かれた動物の「鳴き声」を「マネして」鳴く、というルールがあること。これによって、「内気な子ども」であっても、「動物の鳴き声のマネ」をしなければならないので、「人前で声を出す」ことや「思い切って演じる」ことの体験ができることがポイントです。

　第二は、カードを引いて、手持ち札にするたびに、手にした動物の鳴き声をマネするので、参加者の誰がどの動物を持っているのかが大方把握できて、見通しが立ち、安心してゲームを遂行できることがポイントです。

　第三は、「オウムの鳴き声」や「ゾウの鳴き声」、「ひつじとヤギの鳴き声の違い」などの表現方法に工夫が要るので、子どもの個性が反映されやすく、かつ、いろいろな意見が飛び交って、ゲームが楽しく盛り上がることがポイントです。

　以上の3つのポイントから、コミュニケーションに問題があったり、通常のババ抜きだと参加者の手持ち札が気になって気になって、落ち着きがなくなってし

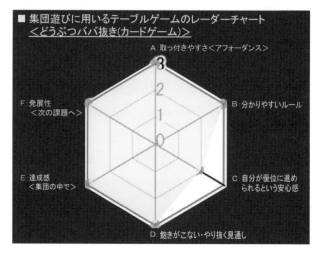

■ 集団遊びに用いるテーブルゲームのレーダーチャート
　＜どうぶつババ抜き（カードゲーム）＞

A：取っ付きやすさ＜アフォーダンス＞
F：発展性＜次の課題へ＞
B：分かりやすいルール
E：達成感＜集団の中で＞
C：自分が優位に進められるという安心感
D：飽きがこない・やり抜く見通し

まったりする子どもたちに向いている、カードゲームなのです。

　ちなみに、「どうぶつババ抜き」における「ババ（ジョーカー）」は、カラス。これを最後まで持っていた人が負けとなります。ただし、このゲームは「動物の鳴き声のマネをして楽しむこと」が第一なので、「カラスが手元に残った人の負け！」を強調しないでください。「カラスは鳥の中でも一番賢い」とか「黒く輝く髪のことを"カラスの濡れ羽色（ぬればいろ）"って言って、誉められたんだよ」と説明して、皆でなぐさめてください。

☆「どうぶつババ抜き」株式会社アークライト（メーカー希望小売価格 1,980 円税込）

## ⑶ ヒットマンガ 〜想像力で楽しむ新感覚かるた〜 （グッド・トイ 2019 受賞）

　ASD の子どもたちの弱みとされる想像力と表現力。これらを「マンガの力」を借りて引き出し、補強する目的で、私はこの「ヒットマンガ」を用いています。

　近年、ASD の子どもには、視覚支援が有効であると周知されているので、絵カードや写真カードの利用が保育や教育現場で定着しています。この強みを踏まえて、我が国の誇る「マンガ文化と技術」を利用します。何故なら、「マンガ」によるデフォルメされた

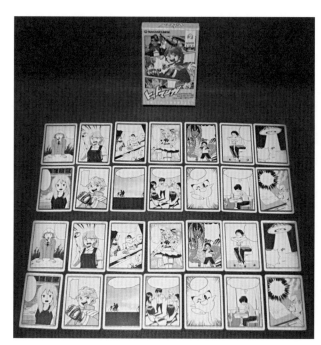

表現の方がより子どもたちの理解を得やすいし、想像力も表現力も促しやすいと考えたからです。

　ここで紹介する「ヒットマンガ」は、40 枚の取り札と 40 枚の読み札からなっている「カルタ」です。写真中段の赤い枠が示されているカードが取り札の一部で、下段のカードが中段の取り札に対応する読み札の一部です。これらを見てお分かりのように、このカルタには「文字やセリフ」がありません。つまり、読み手が読み札の「セリフを創造して」読み上げて、それ

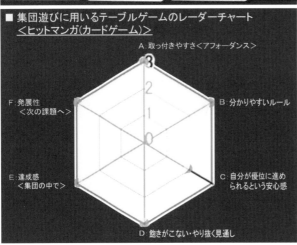

■ 集団遊びに用いるテーブルゲームのレーダーチャート
＜ヒットマンガ（カードゲーム）＞

を聞いて「そのシーンを想像した」参加者が、取り札の奪取を競うというゲームなのです。マンガになった私の創造したセリフをご参照ください。

ゲームを成り立たせるには、読み手がシーンに合った表現を工夫しなければなりません。よって、最初は大人が読み手となり、子どもたちを「ゲット！」に誘導してあげます。

そして、取り札を一番多く取った子どもを次のゲームでは「読み手」に指名して、その子どもの「表現」で進行をしていきます。ただし、足りないところや分かりにくいところは、大人が補足したり、解説したりします。それでも「マンガの力」によって、子どもたちは取り札を取り、読み札のセリフも創造して、集団の中で楽しく時間を過ごします。

☆「ヒットマンガ」タンサン株式会社
（メーカー希望小売価格 2,310円税込）

## ⑷ 写真 DE ヒトコト 〜お題の写真でおもしろい一言！〜

「お笑い」や「コント」のネタになるような「おふざけ」の状況写真が55枚同封されています。1枚1枚の写真は「お題カード」と呼ばれ、裏返しでテーブルに積んでおき、参加者が上から1枚引いて出た「お題」に合わせての「状況説明」を即興で行います。例えば、次ページ左上の写真【男児が変顔する】では、「空飛ぶ円盤に向かって"地球人は怖いんだぞ！手を出すな！"って威嚇している二人」という説明が可能です。また、その

右隣の写真【スマホを見ている女児】では、「女の子がYouTubeを見ながらミカンを食べようとしていたら、画面にミカンぼうやが出てきて"食べないで！"とメッセージを送ってきたので、驚いて手が止まったところ」という説明も可能です。

このような「状況説明」を聞かされた参加者は、手持ちの○と×カードを使って、ジャッジするルールになっています。

しかし、私は、それを省いています。何故なら、子どもは、情報量の多い写真という媒体から懸命に取捨選択して注目点を見出し応えてくれているのです。その努力を認め、尊重したいと思うのです。

私は、ジャッジの代わりに、「君は写真の○○に注目して、詳しく説明し

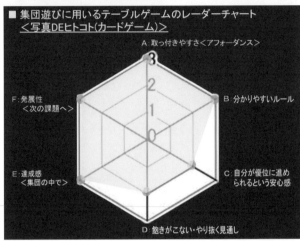

■ 集団遊びに用いるテーブルゲームのレーダーチャート
＜写真DEヒトコト（カードゲーム）＞

A:取っ付きやすさ＜アフォーダンス＞
F:発展性＜次の課題へ＞
B:分かりやすいルール
E:達成感＜集団の中で＞
C:自分が優位に進められるという安心感
D:飽きがこない・やり抜く見通し

してくれたね。よく観察して、お話もできました。みんなにも伝わったと思います。よく頑張りました！ みんなで拍手！」というように、発表者を参加者たちの前で多く褒めることにしています。実際、前掲した「ヒットマンガ」より、こちらの「写真によるお題」の状況説明の方が、難易度が高いと思います。それでも、写真が「お笑い系」なので、楽しさを忘れず進めましょう。

☆「写真 DE ヒトコト」株式会社ビバリー（メーカー希望小売価格 1,650 円税込）

## ⑸ ツッコミかるた ～トーク＆かるたゲーム～

ASDの子どもたちは、他者からの「質問」や「問いかけ」に対応することを苦手としている場合が多いと思います。

具体的には、「今年の目標は何ですか？」と質問したとします。すると返事は「……」と無言であったり、無視をされたり、「そんなことわかんないよ」とか「聞かないで！」と拒絶されたりします。

しかし、そのようなASDの子どもたちでも「質問」や「問いかけ」が目に見える形の「文字」や「文章」になって、簡潔に示されていると、対応が容易になる傾向を有していると思われます。これは、「聞くこと」よりも「見ること」を得意とし、「人」よりも「物」

■集団遊びに用いるテーブルゲームのレーダーチャート
　＜ツッコミかるた（カードゲーム）＞

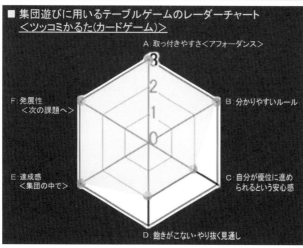

への親和性が強いというASDの子どもたちの特性が影響していると考えることができます。

　そこで、私は、ASDの子どもたちへの「質問」や「問いかけ」は、事前に「紙に記して」提示するように心がけてきました。「目で見たことは理解されやすい」という特徴を有するASDの子どもたち。すると、先の「今年の目標」のような難しい質問であっても、よく考えて「時間を守ろうと思います」などと答えてくれるのです。したがって、「好きな漫画」とか「好きなYouTube」という質問掲示なら、より主体的になって答えてくれたりもします。

　このような「質問」や「問いかけ」が印刷されてカードになっているのが「ツッコミかるた」です。左上の写真は、その一部で、実際は100枚用意されています。なお本来は、各カードに記された文言を「お題」として、それに沿ったトークをしながら「ボケ」をひねり出し、誰かがボケたら的確な「ツッコミカード」を取ることで得点を重ねていくゲームです。

　しかし、私は、写真のように「お題」となるカードをテーブル上に並べておいて、参加者が順番に“好きなお題を自由に選んで”は、それに自分で答えて、皆から拍手で誉め讃えられるという、コミュニケーションのための遊びに代えて実施しています。なお、写真に用いた商品は旧版で、新装版は好評発売中です。　　☆「ツッコミかるた 新装版」企画・デザイン：株式会社チョコレイト 発売元：株式会社ブシロードクリエイティブ（1,650円税込）

## ⑹ うんちあつめポーカー 〜うんちを集めて強さを競え！〜

　100円ショップのDAISOで販売しているポーカーのカードゲームです。

　パッケージからして、うんちがあふれ出ていて、カードもうんちが盛りだくさんで、子どもにとって「取っ付きやすさ」は、最高です。参加者に5枚ずつ、うんちカードを配っていくだけで、もう子どもたちは大はしゃぎ。

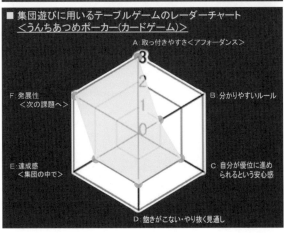

■集団遊びに用いるテーブルゲームのレーダーチャート
＜うんちあつめポーカー（カードゲーム）＞

A：取っ付きやすさ＜アフォーダンス＞
B：分かりやすいルール
C：自分が優位に進められるという安心感
D：飽きがこない・やり抜く見通し
E：達成感＜集団の中で＞
F：発展性＜次の課題へ＞

　そのうんちカードは1の「ミニうんち」、2の「ハーフうんち」、3の「並盛うんち」、4の「中盛うんち」、5の「大盛うんち」、6の「特盛うんち」、7の「メガ盛うんち」、そして8の「キング盛うんち」の8段階が用意されています。そして、その数字通りに、カードの点数になります。つまり、1の「ミニうんち」を5枚持っていても5点にしかならない、ということなのです。

　そのことから、参加者は、順番に手持ちカードから1枚を選び放出し、代わりにテーブル中央に積まれた山の札から新しいカード1枚をゲットして、手持ち札の総合点数を高めていくように進めていきます。そして、そのカード交換を3回終えた時点で、全員が手持ち札5枚をテーブルの上にオープンにして見せて、「総合点数の高い者が勝ち」となります。ちなみに「トイレ」カードで相手の点数を洗い流すこともできます。

　このポーカーのやり方に馴染みのない子どもたちには、「分かりやすいルール」という話にはなりません。よって、「分かりやすくはない」し、「自分が勝てるかどうかの見通しも立ちにくい」、だから「飽きてしまう」可能性もあります。すると、「達成感も思うように得られない」かも知れません。

　そのことから、私は、このカードゲームをより簡素化したルールにして用いています。具体的には、参加者に5枚のカードを配り終えたその時点で、「さぁ、誰が一番、"うん"

が強かったか？ オープン！」と全員に手持ちカードの「開示」を求めてしまいます。つまり、1回のカード配りで「勝負がつく」というあっけなさ。私は、このカードゲームを「集団遊びの中に加えるアイスブレイク（緊張を溶かすこと）」として、便利に利用しています。

☆「うんちあつめポーカー」DAISO（110円税込）

## (7) 鉄道の顔カードゲーム

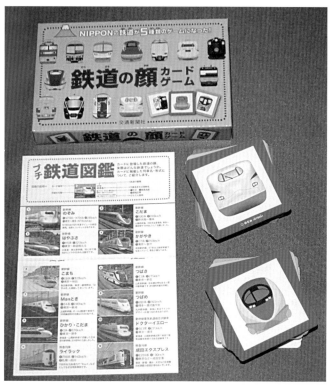

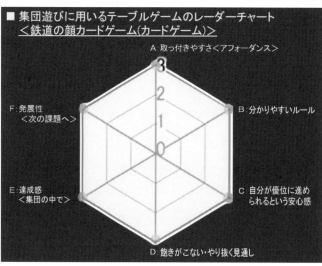

この「鉄道の顔カードゲーム」は、「メモリーゲーム」や「同じ顔は見つかった？」など、5種類のゲームが、3歳から（99歳まで）楽しめるように工夫されています。

もう、「電車好き！」のASDの子どもたちにとっては、パッケージを見ただけで「たまらない！」という、「取っ付きやすさ」があります。そして、電車マニアなら「自分こそが優位にゲームを進められる」という安心感も強く得られるし、当然、「飽きもこない」でしょう。さらには、参加者に「自分の電車知識を知らしめることができる」ので、大きな「達成感」も得られますし、「カードゲームはお手の物！」という自信になって、意欲も増長されて、他の課題への取り組みも容易になります。

私は、このカードゲームをASDの子どもたちへの「ご褒美」ゲームとして用いています。

☆「鉄道の顔カードゲーム」
　交通新聞社（1,760円税込）

## ⑻ どうしてかな？ 理由の説明 学習絵カード

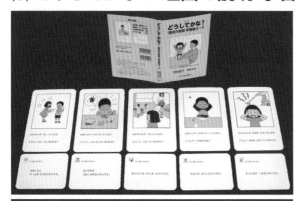

まあくんが おかあさんに
おこられています。

どうして おこられているのかな？

せつめいの れい

ほんを やぶいてしまったからです。

ななちゃんが ないています。

どうして ないているのかな？

せつめいの れい

ちゅうしゃが いたいからです。

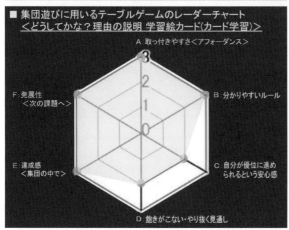

■ 集団遊びに用いるテーブルゲームのレーダーチャート
＜どうしてかな？ 理由の説明 学習絵カード（カード学習）＞

この「どうしてかな？理由の説明 学習絵カード」は、ASDの子どもたちが苦手としている「状況の理解」と「状況の説明」を補い、促すように配慮された教材になります。左中の写真の「注射の女児」を例にとって説明しますと、子どもにその絵を見せながら「ななちゃんはどうしているの？」と尋ねて、子どもが「泣いている」と答えたならば、「何で泣いているんだろう？」と質問を続けます。そこで子どもが「注射！」と言ったならば、「注射？　注射でどうして泣くの？」とさらに聞いていきます。そして子どもが「痛いから」とか「怖いから」と答えたならば、「そうね、注射は痛いし、怖いね」と受け止めて、「注射は痛いし、怖いから、ななちゃんは泣いているのね」とまとめてあげましょう。また、「ところで、○○君は注射で泣くことあるの？」とか「注射は何のためにするの？」と尋ねて、さらに会話を続けさせて、コミュニケーションを深めていきます。

このように用いる「状況の絵と設問が記されたカード（大）」とこれに対応する「説明の例が記されたカード（小）」が32枚ずつ用意されています。

さて、私はこの「どうしてかな？ 理由の説明 学習絵カード」を「かるた」の様にして集団で用いることがあります。

具体的には、「状況の絵と設問が記されたカード（大）」32枚を表にしてテーブルに並べ置き、「説明の例が記されたカード（小）」32枚全てを私が読み札として持ち、順番に「ちゅうしゃがいたいからです！のカードはどこ

でしょう？分かった人は手で押さえてください。早い者勝ちです」などと読み上げていきます。

そして、その「ななちゃんがないています。どうしてないているのかな？」カードをゲットした子どもに、改めて「泣いている理由」を尋ね、説明してもらいます。

これによって、「状況の説明」の繰り返しの練習となります。

☆『どうしてかな？理由の説明 学習絵カード』スペクトラム出版社/Amazon（3,520円税込）

# 3. 集団遊びに用いる
# ボードゲームとレーダーチャート

## （1）ブロックス ～家族みんなで楽しめるテリトリー戦略ゲーム～

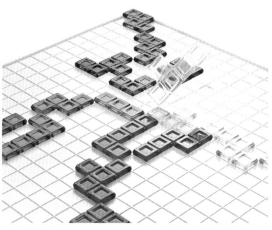

ブロックスは、■が連続した形の＋やW、┏、⊥などのピースを一人21個手にして、ピースの角と角（┛┏）をつなげて盤の上に配置していき、自分の色の陣地を拡大させるとともに、手持ちのピースを減らしていく「陣取りゲーム」です。これは、昔に流行った「テトリスゲーム」の手動版です。よって、図形ゲームが好きなASDの子どもたちのみならず、テトリスゲームを覚えている世代にも「ウケる」要素をもっています。

私は、このゲームの「良さ」は、自分も含めて「参加者全員がより多くの陣地を広げて、手持ちピースを減らしていく」という、「共存共栄」の視点に立てることにあると思っています。したがって、大人は「競争心を煽る」のではなく、「みんなで協力して、緑、青、赤、黄色それぞれの陣地を広げて行きましょう！」というスローガンを掲げて欲しいのです。

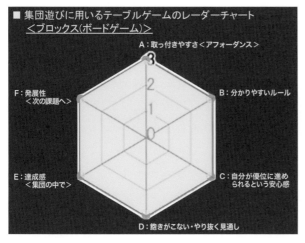

　実際、ゲームを進めていくと、自分のピースを置く場所が段々見つけにくくなっていくのに反して、他者の"置ける場所"が次々に"見えてくる"という現象に遭遇します。その時は、「臆せずに、相手の立場になって、助言してあげましょう！」と声をかけてください。幸せなゲーム展開になります。なお、ピースの紛失防止に、容器を用意しましょう（**226ページ**写真）。

☆「ブロックス」マテル・インターナショナル株式会社（メーカー希望小売価格 3,300 円税込）

## ⑵ ローリーズストーリーキューブスで楽しく苦手克服！

　「ローリーズストーリーキューブス」は、名前の通り、「物語を作るキューブ」です。写真にあるように、各キューブは、六面体でそれぞれの面に「物語を構成しやすいようなアイコン」が描かれています。そして、このキューブを3個から9個、ひとまとまりにして卓上に"振って"、仰向け正面に出た3個から9個のアイコンたちを使って、一つの物語を即興で作成して、参加者に聞かせる、というゲームです。これは、ある種、アナログな「ロールプレイングゲーム」であると言えるでしょう。

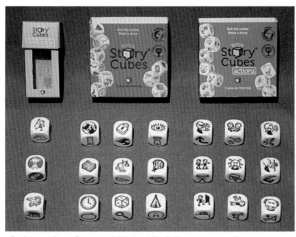

　具体的には、上の写真左端の縦に並ぶ3個のキューブを例にとって見てみると「恐竜の世界が噴火によって消滅して、その後、原始人が現れて地球を征服した」というショートストーリーが組み立てられます。

　正直に言って、この種の「物語を創造すること」「物語を即興で演じること」は、ASDの子どもたちにとって、特に苦手な活動でありましょう。

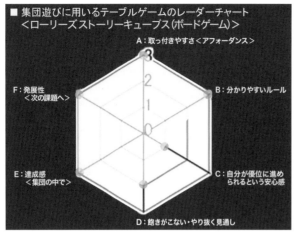

■ 集団遊びに用いるテーブルゲームのレーダーチャート
＜ローリーズ ストーリーキューブス（ボードゲーム）＞

A：取っ付きやすさ＜アフォーダンス＞
F：発展性＜次の課題へ＞
B：分かりやすいルール
E：達成感＜集団の中で＞
C：自分が優位に進められるという安心感
D：飽きがこない・やり抜く見通し

レーダーチャートでもその辺の事情を鑑み「自分が優位に進められるという安心感」を1に、「飽きがこない・やり抜く見通し」を2で評定しています。

しかし、「苦手だから避ける」のではなく、「苦手なことも楽しくゲーム感覚で学び直すことで身につく」こともある、という"教育的な意図"をもって、集団遊びに取り入れていくことも必要でありましょう。

　実際、最初は多くのASDの子どもたちが「お話作るの難しいよぉ……」「何を話せば良いか分からない！」「絵を見ても頭、真っ白」などと弱音を吐きます。よって、初めの3回くらいの実演は、大人が「手本」を見せる場とすることを勧めます。例えば、トップバッターは支援者が行い、次に父親、その次に母親、そして、本人に順番を回す、という流れです。さらに、本人には「3個のキューブでいいから頑張れ！」と敷居を低く設定します。

　もし、それでも物語が思い浮かばない場合は、「キューブから好きな絵を選び出して、物語が作りやすい絵だけを並べて、お話を作っても良いよ」と条件を変えてあげます。このような支援があれば、彼らの苦手意識も少しずつ、緩和されていくことでしょう。ちなみに、ムーミンのバージョンも発売中です。

☆「ローリーズストーリーキューブス」OHSサプライ（メーカー希望小売価格 649〜1,848円税込）

## ⑶ バランスゲーム3種でハラハラドキドキの共有

　ここで紹介するバランスゲーム3種は、難易度の低い順から、「スマートボックス 集中力」「テトラタワープラス」「ブロックビルディング」となります。特に最後の「ブロックビルディング」に至っては、ピースが小さいことと軽いことが相まって、大変に難しいゲームとなっています。

　さて、これらバランスゲームは、各ピースの形を選び、選んだピースを合体させて、半円の土台にバランスを取りながら上や横に積み置きしていく、「複合的な課題」をこなす「ハラハラドキドキ」のゲームとなっています。したがって、大人が子どものために半円の土台を支えてあげたり、ピースが崩れ落ちないように手で押さえてあげたりすることで、「みんなで協力して、ピースを積み上げた！」という大きな「達成感」が得られるように、心がけましょう。

　なお、参加者は順番にピースを一つずつ、積み置きしていきます。

テトラタワープラス

ブロックビルディング

☆「スマートボックス 集中
　力」学研
　※現在は生産終了

☆「テトラタワープラス」
　株式会社エンスカイ（メーカー
　希望小売価格 2,420 円税込）

☆「ブロックビルディング」
　株式会社戸成
　（楽天市場 924 円税込）

意外にも、ASDの子ど
もたちは、このバランス
ゲームが大好きです。ただ、
不注意や不器用さでもっ
てバランスを壊しやすく、
「自分は勝てない！」「諦め
た！ 飽きた」という心境
に陥りやすい子もいます
ので、なおさら、大人の
サポートが重要になりま
す。

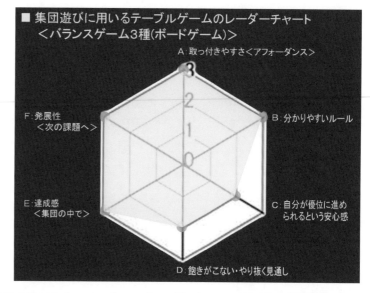

■ 集団遊びに用いるテーブルゲームのレーダーチャート
　　＜バランスゲーム3種（ボードゲーム）＞

A：取っ付きやすさ＜アフォーダンス＞
B：分かりやすいルール
C：自分が優位に進められるという安心感
D：飽きがこない・やり抜く見通し
E：達成感＜集団の中で＞
F：発展性＜次の課題へ＞

## ⑷ はじめてのつみき RING10（リングテン）で "ごっこ遊び" を目指す！

　この節の最後に、「40 以上もの遊び方」がある注目のおもちゃ教材をご紹介します。
それがリングテンで、桃色のリング、緑色のリング、水色のリング、黄色のリング、紫
色のリングが各色 10 個あって、それらをポールに刺して、積んで遊ぶおもちゃ教材です。
これらのリングは、付属のひもで「ひも通し」の遊びができますし、色と数のサイコロ
を使っての「数をかぞえてルールを学ぶ」遊びも可能です。さらに、親切なのは、40 も
の遊び方が、子どもの年齢（1.5 歳～ 4 歳）に合わせて例示されていることです。子ども
と親、子ども同士が楽しく、集中して、長く、多様に「遊び続けられる」おもちゃ教材
として、一押しです。

　そして、私がこのリングテンをお勧めする理由が他にもあります。それは、リングの他に付属している５つの"顔"と４つの"帽子"と１つの"冠"でもって、着せ替えての"ごっこ遊び"が展開できるからです。

　例えば、桃色の「コック帽」を使って「パン屋さん」になり、緑色の「ヨーロッパタイプのシェフ帽」に替えて「フランス料理のシェフ」に"なりきる"ことができるのです。また、水色の「エナン（帽子）」を用いれば「魔女や魔法使い」に、黄色の「王冠」をかぶれば「王様」に、紫色の「トップハット」にすれば「貴族」や「探偵」に"変身"することができるのです。

　ごっこ遊びは、「人と関わる遊び」の代表例です。そして、「相手に合わせて、自分を変える」ことや「複数の人の変化に合わせて、自分も変え続けていく」ことが求められる、まさしく「ロールプレイング」そのものなのです。

　このごっこ遊びは、概ね２歳６ヶ月頃から成立するようになると考えられていますが、ASDの子どもの場合は、うまくはいきません。そうです。ASDの子どもは、社会性の障害によって「相手の立場を理解すること」や「人と役割を交換すること」が難しいし、コミュニケーションの障害により「相手や集団と交渉すること」も困難なので、"ごっこの遊び"への参加がしにくくなります。

　しかし、諦めることなく、「なりきりゲーム」を開催して、弱点を乗り越えていきましょう。その「なりきりゲーム」とは、５人一組になって、参加者それぞれが「魔女（魔法使い）」「探偵（貴族）」「王様」「パン屋さん」「シェフ」の役を担い、順番に「その役に適したセリフを言って」、その都度、みんなから「評価の点数」を付けてもらい、その点数だけ、

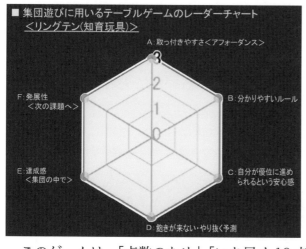

■ 集団遊びに用いるテーブルゲームのレーダーチャート
＜リングテン(知育玩具)＞

A：取っ付きやすさ＜アフォーダンス＞
B：分かりやすいルール
C：自分が優位に進められるという安心感
D：飽きが来ない・やり抜く予測
E：達成感＜集団の中で＞
F：発展性＜次の課題へ＞

自分の色のリングをゲットできる、というルールです。各自、持ち駒たるリングは10個ですから、したがって、「おしゃれなセリフ」を言って、みんなの心を打てれば、「2点！」「2点！」「3点！」「3点！」と4者から評価され、その点数の合計が「一回目でも10点に達する」ことで、「いっちょうあがり！」なんていう、「スーパープレイ」も可能となるのです。

　このゲームは、「点数のため」「いち早く10点に達してあがる！ため」という動機づけによって、ASDの子どもを引きつけて、「役割を演じること」を経験させて、学ばせる良い機会となります。

☆「はじめてのつみき リングテン」株式会社ウッディプッディ(メーカー希望小売価格 6,600円税込)

# 4. 100円ショップのグッズで集団遊びと集団指導

### (1) シャトルキャッチ

　不器用（発達性協調運動症）があったり、不注意だったり、注意が散漫だったりして、ボールを使った遊びを続けられない。だから、集団の輪に入っての遊びや活動にも加われない。

　そのような状態にあるお子さんたちのために用意した「遊びと指導」をご紹介します。

　まず、ボール遊びは当分、脇に置いておきます。何故なら、ボールは転がり、あっちこっちと暴れるので、管理が大変だから。そのボールに代えて、バドミントンのシャトルを用います。

　今、100円ショップのSeriaでは、通常の大きさのシャトル（3個入り）に加え、ジャンボシャトルが販売されています。この2種類のシャトルを使って、これまた、DAISOで売っている大中小の紙コップを床に並べ置いての「コップ入れゲーム」を実施します。

　シャトルは羽根をもって高く放り投げると、先端のコルクの頭が重さで下がって、弧を描いて落下していきます。この動きが

①シャトルの羽根をもって上方に投げる

②シャトルが弧を描く

③シャトルが下を向いて落下するのを待ってキャッチする

ボールよりもはるかにスローなので、目で追いやすいのが特徴です。なおかつ、シャトルがコップを外しても、先端のコルクが床に弾かれてバウンドして、空中を何回転かして、見事、コップの中に収まる！ことが起きるのです。惜しくもコップに入らなかった場合でも、シャトルは転がっていかず、落下地点に留まってくれるので、拾いやすいのです。前ページの写真上のように、小さいシャトルが小さいコップに入ったら何点、大きいシャトルが大きいコップに入ったら何点と決めておいて、点数を競うと楽しい遊びになりますし、的に向かってよく見て投げる、という集中と運動のための活動にもなります。

　お次は、シャトルを使ってのキャッチボールです（**イラスト**参照）。シャトルを使うと軌道が目で追いやすく、キャッチもしやすくなります。そのキャッチを大きな紙コップで行うとさらに、目と手の協応訓練にもなって、不器用改善、不注意改善につながります。そして、キャッチする確率も上がりますから、自信につながり、意欲をかき立てます。

　上のイラストでは、マンツーマンのキャッチボールを紹介していますが、これを集団で行うともっと楽しくなります。

　この遊びと指導が数百円（正確には税込 220 ～ 550 円）で叶うのです！ おすすめです。

## ⑵ パッチン飛ばしと生活単元学習

### ① 定規

　ASDの子どもたちは、文房具を使うのが上手であるとは言えません。特に定規がそうです。

　まず、扱いが乱暴で危なっかしい。そして、その使い方に慣れていません。具体的には、点と点を結ぶのに定規の直線を利用できなかったり、定規を当てているにもかかわらず、それに沿って線が引けなかったりします。

当然、定規は無用の長物に化し、意味をなくし乱暴に扱われた挙げ句、ケガの原因にもなりやすいのです。

また、数字にはうるさいのにもかかわらず、「3cmを測って」と言われた時、定規で測ることができないASDの子どもがいます。

それらの問題をどのように改善したら良いのでしょうか。私は、定規を意味あることで使い続けて「経験を積むこと」がその鍵であると思っています。

では、どのようにして定規に慣れ親しみ、定規本来の意味や役割を実感させればよいのか。私なりにずっと考えてきました。

## ② 包丁

ある特別支援学校でのワンシーンです。中学部1年生のクラス合同での「調理活動」では、「豚汁を作って食べよう」という単元が進められていました。

全員がかっぽう着を着て、三角巾で頭を覆い、本格的な出で立ちで調理に向かいます。まずは下ごしらえにジャガイモやニンジン、ゴボウを洗い、皮むき器を使って皮を剥いていきます。そして、包丁を取り出して、"食べやすい大きさ"に切っていく仕事が始まるのですが、ここで、「ストップ！」がかけられます。調理学習を進行していた学年主任の先生が声を掛けたのです。「包丁は危ないし、お野菜をたくさん切っても食べきれませんから、一人、一回（！）お野菜を切ったら、交代です」

包丁を安全に使いこなすこと。これも「経験を積むこと」が大事だと思います。しかし、生野菜や精肉などの具材を無駄にするわけにはいかないし。何とも悩ましい葛藤が先生方に巻き起こっています。何か妙案はありませんか？　私も考え続けてきました。

## ③ 算数、生活科、遊びを合わせた生活単元学習としての「パッチン飛ばし」

特別支援学校では生活に即した体験学習を進めるために、「教科を合わせた学習」として生活単元学習が盛んに行われています。その一例が「修学旅行先でお土産を買おう」という単元の設定に見られます。その授業（小学部）では、「修学旅行先のテーマパークがある都市を地図帳で探そう（生活）」＋「テーマパークまでの交通機関を調べよう（生活）」＋「運賃を調べよう（生活）」＋「運賃の合計金額を計算しよう（算数）」＋「お土産をあらかじめ調べて、買いたい物を書き出しておこう（生活と国語）」＋「お財布にいくら用意しておけば良いのか計算しておこう（算数）」＋「当日の天気を予想して雨具なども考えよう（生活）」というように、生活、算数、国語の各教科が合わせられています。

この特別支援学校ならではの生活単元学習をヒントに考えた、「定規（算数）と包丁（生活科）を使い工作して学び、遊ぶ」方法。それが「パッチン飛ばし」なのです（次ページ写真左下2枚）。

### ④ プールスティックと保温チューブ

　その核となるおもちゃ教材が、100円ショップのSeriaで長く販売され続けている「プールスティック」(写真下中央) です。これは、発泡ポリエチレン製の直径6.5cm、長さ110cmの細長い円柱で、発泡材なので軽く、しかも弾力性に富み、名称のごとくプールで浮き輪のようにして遊べる品物です。

　もう一つ、これに類するおもちゃ教材として、「保温チューブ」(写真右下) を挙げておきましょう。これは、ホームセンターのカインズで販売している、冬期の水道管凍結を防止するための建築資材です。先掲のプールスティックと同じ発泡ポリエチレン製で、直径は3〜5cm、長さも100〜200cmと多様です (税込118円〜)。

　これらを2〜5cmの厚さで輪切りに裁断して、遊びます。具体的には、**写真左下**のように、親指と人差し指＋中指とで輪の部分を挟んだうえで、パチンと一気に弾き飛ばすという遊びです。これが結構遠くまで飛んでいき、楽しいのです。

　大人は、たくさんの"試供品"を先に作っておいて、飛ばして見せて (縦飛ばしや水平飛ばしなど) から、「これを実際に作ってみて遊びましょう」という動機づけをするのが良いと思います。

　作り方の手順は、プールスティックに"柔らかい定規 (または、布製メジャーや下敷き)"を巻きつけて、その上から油性ペンで線を引き、その線に沿って、子ども包丁にて裁断していきます。

　その時、何cmの"厚さ"にするのか、児童・生徒に体験させ、考えさせて、決めさせます。子ども一人ひとりに合った、飛ばしやすい、飛びやすい"厚さ"があるからです。

プールスティックの場合、厚さの加減によっては、フリスビーのような滑らかな飛び具合が得られる時があって、ある種の快感が味わえます。

プールスティック (写真上と右)

保温チューブ

だからこそ、定規が必要になります。自分で厚さを測って、それに沿って線を引き、切る。まさに、目標をもった行動になります。

また、指先に力を込めることが難しいの子ども場合、先掲の「保温チューブ」がお勧めです。それは、側面に切り込みが入っている分、柔らかく、摘まみやすいことと、直径が小さい商品（3cm〜）も用意されているからです。

子どもは、自分の"拇指対向"能力（親指と他の指で物を摘む力）に合わせて、道具を選ぶことになります。

さて、プールスティックの場合、全長が110cmありますから、これを3cmの厚さで切っていきますと、何と36個の「パッチン飛ばし」ができる計算となります。実は、この3cmという厚さが一番、パッチン飛ばしに有効な厚さであることが、経験上分かっています。

### ⑤ 100円と生活単元学習の満足感と達成感

確認します。このプールスティックは、1本、100円（110円税込）。これを児童・生徒一人ひとりに買い与え、最初は10cmとか8cm、5cmという厚さを測らせて切ってもらい、飛ばしてみては、自分に合った厚さを試行錯誤させていきます。つまり、定規が「実際に役立つ物！」として大活躍をします。

そして、「私は2.5cmがちょうど良い！」というように厚さが決まれば、次からは、プールスティックに「厚さ2.5cm」幅で測った線を引いていって、その後、子ども包丁で線に沿って切り込みを入れ、切っていきます。

直径6.5cmのプールスティックの切り心地は、まさに、「ザックリ感」が強く感じられて、1回ごとに得られる「満足感」はとても大きいものです。それを約40個も切り終えた際に得られる「達成感」もすこぶる大きいものになります。

一定量の裁断を終えたら、それらを縦に積んだり、塔の的を作ったりして（**234ページの左上・左下の写真**）、「的当て」や「的倒し」のゲームを行うといっそう楽しくなります。

一連のゲームが終わると、これも100円ショップで買える容器に入れて保管します。この際も裁断したプールスティックの断面積に合う間口のある容器や、一定量の「パッチン飛ばし」を収納できる容量のある容器を探す、という活動を組み入れることが可能です。そのためにも、いろいろな容器を用意して、児童・生徒に試してもらいましょう。なお、これは腐りませんのでいくらでも作り置きが可能なのです。

蛇足ですが、これらをお風呂に持ち込みますと、水分で滑りが良くなって、パチンパチンと勢いよく飛んで、より飛距離が出て、やり甲斐が増します。湯船に洗面器を浮かべて、そこを狙って飛ばして遊ぶと、子どもも親も共に楽しめます。これは、より集中力と根気が求められる課題となりますし、その分、楽しい"お風呂タイム"が得られます。私は10年以上前から、この遊びを学校や家庭に紹介し続けています。

# 5. 人間関係を育てるおもちゃ教材の紹介

## ⑴ バランスにんじゃの仕様

商品名： バランスにんじゃ　　　　　　販売元： 幻冬舎 edu

同　梱： にんじゃピース（6体）、シーソー（2本）、あそびかたブック（1冊）

値　段： 希望小売価格 1,760円（税込）

購入先： Amazon、大型書店

## ⑵ 無理なく「人間関係」の大事さを教え、「ルール」を守ることをイメージさせる方法

　ASDの子どもたちに「人間関係は大事！」とか「ルールや順番を守って、人を怒らせないようにね」と注意したり、説明をしたりしても、なかなかうまく伝わりませんし、理解もされません。

　そこで用いたいのが、この『バランスにんじゃ』です。世にたくさんの小説を送り出していることで有名な幻冬舎が、知育分野にも力を入れて、販売している商品です。

　Amazonのみならず、大きな書店でも手に入れることが可能です。

　箱の中には、木製の6体のにんじゃ（人形）と2本のシーソー、そして「教本」としての遊び方ブックが入っています。この教本に約50通りの"遊び方"が写真で例示されているので、にんじゃの組み合わせを模倣したり、新たに創造したりして、一人でも集団でも簡単に遊べます。

　まず、この6体のにんじゃを使って、"肩を組ませた格好にして横に並べ"てからASDの子どもに「人は人と肩を組んで、一緒に行動すると、大きな成果を生むことができます」というよ

うな説明をします（**左上の写真**）。

　ASDの子どもたちは、元来、自動車の標識や地図の絵記号が大好きです。彼らは、トイレや非常口の「ピクトグラム」も好きで、2021年開催の東京オリンピック・パラリンピックで改めて注目を集めた「競技種目のピクトグラム」にも大いに注目していたことでしょう。

著者が作った
ピクトグラムの参考例

　この特徴を活かして、先のように、「人間関係はね」という「抽象的な話」に「にんじゃ人形」を添えてみて、注目させ、見せて話を「具体化」させるのです。

　さて、運動会シーズン、先生方は子どもたちに「列を作り、線に沿って、乱れず、行進しなさい。順番を守ってアーチをくぐり、縄を跳びなさい」と指示を出すことでしょう。これを校庭の騒がしい中でASDの子どもたちに伝えるのは、難しいことです。したがって、ASDの子どもたちには、教室内で気持ちが落ち着いている状況下で、この『バランスにんじゃ』を並べて（**写真右上と下**）見せて、「いいかい、この人形のように、列を組んで歩き、線に沿って行進し、順番にアーチをくぐり、縄を跳ぶんだよ」と「言って聞かせること」をお勧めします。

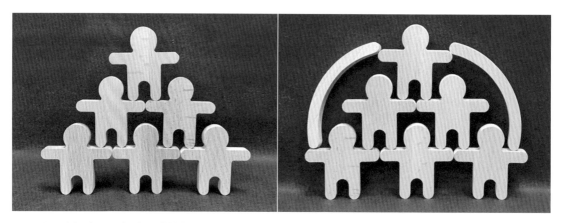

　また、最近では危険な競技として運動会からは姿を消した、「組み体操」ではありますが、上段の写真の2枚は、「体操」としてではなく、「人は、にんじゃ人形のように、支え合い、一つになって、生活しているんだよ」という「お話」の際に用いたい、シンボルです。

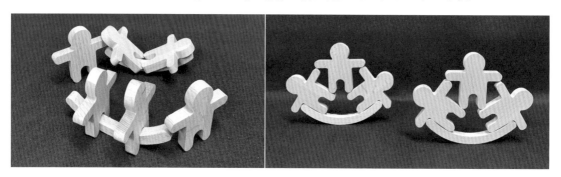

　そして、遊びのシーンの利用になります。
　中段の2枚の写真は、共に2本のシーソーを用いての「集団遊び」を表現しています。左は、シーソーにまたがる2名のにんじゃを一人のにんじゃが「揺らして、押して」あげて、遊びをサポートしています。右の写真は、みんなでまさに協力し合い、「バランス」をとって、シーソー遊びに興じています。
　ここでは、「みんなが楽しく遊ぶためには、みんなで"協力"すると良いんだよね」と言って、左右両方の風景を作って見せると説得力が増して効果的です。

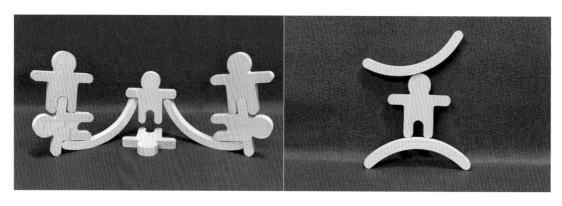

最後は、おまけ。アクロバットな組み合わせです（**前ページ左下の写真**）。これは、手引き書にはない私の"オリジナル作品"です。注目点は、中央に立っているにんじゃが、両脇をシーソーに支えられて、両足が地面から浮いている！　しかもその下を別のにんじゃが通過しようとしている！　という、「興奮のストーリー仕立て」になっているというところです。このような構図をASDの子どもたちに見せたら、もう、彼らは「俺も／私もオリジナルのシーンを作ってみたい！」と張り切ること、間違いありません。

　最後の最後は、私が住む宮城県のシンボルである「伊達政宗公」を表現してみました。イメージとしては、「丘に立つ政宗像」（**前ページ右下の写真**）です。

　以上、どうでしょう？　6体のにんじゃ人形と2本のシーソー棒でもって、「人間関係」の大事さや「順番」「ルール」を目で見て、理解できる可能性が出てくるのです。それも「楽しみながら」です。チャレンジしてみる価値はあります。

# あとがき

　対人関係が苦手でも、心ひかれるおもちゃ教材による課題設定に応じて、達成感を味わい、そして、たくさん誉められて、めったに見せることがなかった最高の笑顔！を見せてくれるASDの子どもたち。

　「うちの子、療育相談の日が来る1ヶ月も前から毎日、"白石先生のとこに行く！""白石先生とお勉強したい！"って言い続けているんです」と報告してくれたASDの子のお母さん。「療育相談室で息子の喜ぶ姿と着実に成長している様子を目の当たりにすることができて、本当に嬉しいです」と言ってくれるお父さん。療育相談室が親子の関係を後押ししています。

　療育相談室から巣立って、特別支援学校の高等部を卒業して、地域の作業所で働くASDの青年と、十数年ぶりに再会を果たした時、彼は驚いた様子も見せず、平然と私の手を握りしめてくれました（まえがき写真参照）。「やっぱり、愛想は良くないけれど、私との人間関係は続いていた！」と身震いするほどの感動を味わいました。

　最近では、強度行動障害に陥っているために、他害や物壊し、そして偏食（過食）がやめられないASDの人を紹介されました。その人と、たくさんのおもちゃ教材を介してやりとりを重ねた結果、「もう、心は満足！」とばかりに、過食をやめ、他害も物壊しもしないで、ニッコニコで帰宅され、関係者を驚かせたことがありました（第9章 事例参照）。

　このような体験と本書に示したたくさんの事例から、ASDの人たちへの支援の核心は、やはり「人間関係」にあるという思いを新たにしています。

　この思いをイラストで丁寧に分かりやすく描いて"可視化"してくれた鈴木亜希子さん（エーディーウェーブ）、あふれ出てくる私のわがままな発想や感情を"なだめ""調律"して、本をまとめてくれた大山茂樹さん、私の思いの実現のために何度も関係者と難しい交渉や協議をしてくれた東京書籍の金井亜由美さんの三者に深く感謝申し上げます。本書のような"手の込んだ"書籍を作り上げること自体、たくさんの課題が突きつけられましたが、それをみんなで話し合い、協議して、一緒に対応して乗り越えることで、出版に漕ぎ着けることができました。今、改めて、「人間関係」の効用ということを実感しています。

　また、私のASD研究と実践面の道標であり発表の機会も与えてくださっている、敬愛して止まない"憧れの師"の杉山登志郎先生から、表紙カバーに「推薦文」のご寄稿を賜りました。まさに本書の"真髄とアピールポイント"をご指摘いただきました。心より感謝申し上げます。

　最後にこの本を手に取りお読みいただいた読者の方々に御礼申し上げます。そして、本書が皆様のお役に立てることを心より願っています。

白石　雅一

# 引用・参考文献 （アルファベット順）

**A** 明石洋子『ありのままの子育て ～自閉症の息子と共に①～』ぶどう社 2002

アーラ・ザクレーピナ (広瀬信雄 訳)『ヴィゴツキー理論でのばす障害のある子どものソーシャルスキル～日常生活と遊びが
つくる「発達の社会的な場」～』明石書店 2020

**B** ボウルビイ, J. (作田勉 監訳)『ボウルビイ 母子関係入門』星和書店 1981

**D** ダンバー, R. (吉嶺英美 訳)『なぜ私たちは友だちをつくるのか～進化心理学から考える人類にとって一番重要な関係～』
青土社 2021

**E** エドモンズ, G. & ベアドン, L. (鈴木正子・室崎育美 訳)『アスペルガー流人間関係～ 14 人それぞれの経験と工夫～』
東京書籍 2011

遠藤利彦・佐久間路子・徳田治子・野田淳子『乳幼児のこころ～子育ち・子育ての発達心理学～』有斐閣 2011

遠藤利彦 編『入門 アタッチメント理論～臨床・実践への架け橋～』日本評論社 2021

遠藤利彦 監修『アタッチメントがわかる本～「愛着」が心の力を育む～』講談社 2022

遠藤利彦『赤ちゃんの発達とアタッチメント』ひとなる書房 2017

遠藤利彦・石井佑可子・佐久間路子 編著『よくわかる情動発達』ミネルヴァ書房 2014

**F** フランクル, F. (辻井正次 監訳)『子どもと親のためのフレンドシップ・プログラム』遠見書房 2023

Fraiberg, S.,Shapiro, V.,& Cherniss, D. : "Treatment Modalities" In J. Call, E. Galenson,& R. Tyson(Eds.),
*Frontiers of Infant Psychiatry I*, New York, Basic Books. 1983

フリス, U. (冨田真紀・清水康夫・鈴木玲子 訳)『新訂 自閉症の謎を解き明かす』東京書籍 2009

**G** ガットステイン, S. E. (杉山登志郎・小野次朗 監修、足立佳美 監訳)『RDI「対人関係発達指導法」
～対人関係のパズルを解く発達支援プログラム～』クリエイツかもがわ 2006

呉東進『赤ちゃんは何を聞いているの?～音楽と聴覚からみた乳幼児の発達～』北大路書房 2009

後藤宗理 編著『子どもに学ぶ発達心理学』樹村房 1998

グリーンスパン, S. & ウィーダー, S. (広瀬宏之 訳)『自閉症のDIR治療プログラム～フロアタイムによる発達の促し～』
創元社 2009

**H** 繁多進 監修『新 乳幼児発達心理学』福村出版 2010

速水敏彦『感情的動機づけ理論の展開～やる気の素顔～』ナカニシヤ出版 2012

本田秀夫『学校の中の発達障害～「多数派」「標準」「友達」に合わせられない子どもたち～』ＳＢ新書 2022

ホームズ, J. (黒田実郎・黒田聖一 訳)『ボウルビィとアタッチメント理論』岩崎学術出版社 1996

**I** 一般財団法人全国児童発達支援協議会 編『障害のある子を支える児童発達支援等実践事例集』中央法規 2017

一般財団法人全国児童発達支援協議会 編『障害のある子を支える放課後等デイサービス実践事例集』中央法規 2017

猪瀬直樹 監修、山崎博 編集『目撃者が語る昭和史～恐慌下の政府・軍と庶民生活～』新人物往来社 1989

石井哲夫『自閉症児への援助技術』チャイルド本社 1990

石井哲夫・白石雅一他『強度行動障害児 (者) の処遇に関する研究』厚生省心身障害研究 平成 2 年度研究報告書 1991

石井哲夫・白石雅一『自閉症とこだわり行動』東京書籍 1993

石井哲夫『自閉症と受容的交流療法』中央法規出版 1995

伊藤美奈子・相馬誠一 編著『グラフィック学校臨床心理学』サイエンス社 2010

**K** 菅野幸恵・塚田みちる・岡本依子『エピソードで学ぶ赤ちゃんの発達と子育て』新曜社 2010

菅修『治療教育学』日本精神薄弱者愛護協会 1974

川上清文・高井清子・川上文人『ヒトはなぜほほえむのか～進化と発達にさぐる微笑の起源～』新曜社 2012

川島一夫・渡辺弥生 編著『図で理解する発達～新しい発達心理学への招待～』福村出版 2010

小林隆児『自閉症の関係障害臨床～母と子のあいだを治療する～』ミネルヴァ書房 2000

小林隆児・遠藤利彦 編『「甘え」とアタッチメント～理論と臨床～』遠見書房 2012

厚生労働省『保育所保育指針』フレーベル館 2017

厚生労働省 編『保育所保育指針解説』フレーベル館 2018

久保田まり『アタッチメントの研究〜内的ワーキング・モデルの形成と発達〜』川島書店 1995

L　レヴァスティ，M.（大藪泰訳）『乳児の対人感覚の発達』新曜社 2014

ローガソン，E. A.（辻井正次・山田智子 監訳）『友だち作りの科学〜社会性に課題のある思春期・青年期のための SST ガイドブック〜』金剛出版 2017

M　正高信男『0 歳児がことばを獲得するとき〜行動学からのアプローチ』中公新書 1993

正高信男『0 歳からの子育ての技術』PHP 研究所 2002

松本太一『アナログゲーム療育 コミュニケーション力を育てる〜幼児期から学齢期まで〜』ぶどう社 2018

マイルズ，B. S. & サウスウィック，J.（冨田真紀 監訳、萩原拓・嶋垣ナオミ 訳）『アスペルガー症候群とパニックへの対処法』東京書籍 2002

ムーア，C. & ダンハム，P.（大神英裕 監訳）『ジョイント・アテンション〜心の起源とその発達を探る〜』ナカニシヤ出版 1999

モレノ，J. L.（増野肇 監訳）『サイコドラマ』白揚社 2006

望月昭 編『対人援助の心理学』朝倉書店 2007

宮尾益知『発達障害と人間関係〜カサンドラ症候群にならないために〜』講談社現代新書 2021

文部科学省『幼稚園教育要領』フレーベル館 2017

文部科学省 編『幼稚園教育要領解説』フレーベル館 2018

三宅和夫・内田伸子『乳幼児心理学』日本放送出版協会 1997

無藤隆・若本純子・小保方晶子『発達心理学〜人の生涯を展望する〜』培風館 2014

N　中川信子『発達障害とことばの相談』小学館 101 新書 2009

内閣府『幼保連携型認定こども園教育・保育要領』フレーベル館 2017

内閣府・厚生労働省・文部科学省 編『幼保連携型認定こども園教育・保育要領解説』フレーベル館 2018

永井徹 監修、青木紀久代・平野直己 共編『乳幼児期・児童期の臨床心理学』培風館 2012

ネボルジーン，E.（大野裕・宇佐美政英 監訳）『子どもの「やり抜く力」を育むワークブック』岩崎学術出版社 2021

日本発達心理学会 編『発達の基盤：身体、認知、情動』新曜社 2012

野口晃菜・陶貴行 編著『発達障害のある子どもと周囲との関係性を支援する〜コミュニケーション支援のための 6 つのポイントと 5 つのフォーカス〜』中央法規 2020

O　大平英樹 編『感情心理学・入門』有斐閣 2010

大豆生田啓友・岩田恵子・久保健太 編著『保育内容「人間関係」』ミネルヴァ書房 2022

大野木裕明・二宮克美 他『ガイドライン 学校教育心理学〜教師としての資質を育む〜』ナカニシヤ出版 2016

大藪泰・田中みどり・伊藤英夫 編著『共同注意の発達と臨床〜人間化の原点の究明〜』川島書店 2004

大藪泰『赤ちゃんの心理学』日本評論社 2013

大藪泰・林もも子・小塩真司・福川康之『人間関係の生涯発達心理学』丸善出版 2014

岡本夏木・浜田寿美男『発達心理学入門』岩波書店 1995

S　齊藤勇『人間関係の心理学〜人づきあいの深層を理解する〜』培風館 2008

佐々木正人編著『アフォーダンスの視点から乳幼児の育ちを考察』小学館 2008

関康子『おもちゃと遊びのコンシェルジュ〜 Best 100 Toys for Self-expression 〜』ADP 2013

心理科学研究会 編『小学生の生活とこころの発達』福村出版 2009

白石雅一『自閉症・アスペルガー症候群とこだわり行動への対処法』東京書籍 2008

白石雅一「感情」中島健一・蘭香代子・下垣光 編著『新・社会福祉士養成講座 2 心理学理論と心理的支援』中央法規出版 2009

白石雅一『こだわり行動への対処法 こだわり行動攻略BOOK 〜こころつながる《やり−とり》〜』NPO法人 アスペ・エルデの会 2010

白石雅一『自閉症スペクトラム 親子いっしょの子どもの療育相談室』東京書籍 2010

白石雅一「心の絆が生まれるとき そのまま教材カタログ (1) 見せること」『アスペハート』Vol.30 アスペ・エルデの会 2012

白石雅一「心の絆が生まれるとき そのまま教材カタログ (2) 聞かせること」『アスペハート』Vol.31 アスペ・エルデの会 2012

白石雅一「心の絆が生まれるとき そのまま教材カタログ (3) 操作すること」『アスペハート』Vol.32 アスペ・エルデの会 2012

白石雅一「特集 パニックにはこうして対処する 自閉症スペクトラム障害 (ASD) のパニック／総論」『アスペハート』Vol.35

アスペ・エルデの会 2013

白石雅一『自閉症スペクトラムとこだわり行動への対処法』東京書籍 2013

白石雅一「学校で取り組めるこだわりとつまずきのためのアセスメントと方向付け」『臨床心理』第 14 巻 4 号 金剛出版 2014

白石雅一「自閉症スペクトラム障害の子どものパニック～その理解と対応～」『発達教育』7 月号 発達協会 2014

白石雅一「好きなことで生きていく～歴史と実践例と展望～」『アスペハート』VoL.40. NPO 法人アスペ・エルデの会 2015

白石雅一『ASD や ADHD をもつ人のための 整理整頓おたすけブック～支援者に助けてもらっていっしょにやろう！～』
　　NPO 法人アスペ・エルデの会 2017

白石雅一「障害・疾病のある人への心理支援」中島健一 編著『公認心理師の基礎と実践 福祉心理学』遠見書房 2018

白石雅一『発達障害の子の子育て相談④ こだわり行動 ～理解と対処と生かし方～』本の種出版 2018

白石雅一「自傷と発達障害～その理解と治療的支援～」『そだちの科学』No.35 日本評論社 2020

白石雅一「こだわり行動への対処法と支援」『教育と医学』No.807 慶應義塾大学出版会 2021

外林大作 監修『教育の現場におけるロール・プレイングの手引』誠信書房 1981

杉山登志郎『発達障害の豊かな世界』日本評論社 2000

杉山登志郎『発達障害の子どもたち』講談社現代新書 2007

杉山登志郎『そだちの臨床 ～発達精神病理学の新地平～』日本評論社 2009

杉山登志郎『子育てで一番大切なこと～愛着形成と発達障害～』講談社現代新書 2018

砂上史子 編著『保育現場の人間関係対処法～事例でわかる！職員・保護者とのつきあい方～』中央法規 2017

スターン, D. N. (馬場禮子・青木紀久代 訳)『親－乳幼児心理療法』岩崎学術出版社 2000

鈴木忠・飯牟礼悦子・滝口のぞみ『生涯発達心理学～認知・対人関係・自己から読み解く～』有斐閣 2016

T　髙橋脩『発達障害児と家族への支援』日本評論社 2022

友田明美・藤澤玲子『虐待が脳を変える～脳科学者からのメッセージ～』新曜社 2018

辻井正次『特別支援教育ではじまる楽しい学校生活の創り方』河出書房新社 2007

月森久江『「小1プロブレム」解決ハンドブック』講談社 2013

U　上淵寿・平林秀美 編著『情動制御の発達心理学』ミネルヴァ書房 2021

上野永子・岡村由紀子・松浦崇『保育とアタッチメント』ひとなる書房 2022

内田伸子 編著『発達心理学キーワード』有斐閣双書 2006

内山登紀夫『ライブ講義 発達障害の診断と支援』岩崎学術出版社 2013

W　ワロン, H. (浜田寿美男 訳)『身体・自我・社会～子どものうけとる世界と子どもの働きかける世界～』ミネルヴァ書房 1983

渡辺久子「治療構造論～乳幼児－母親治療～」岩崎徹也他編『治療構造論』岩崎学術出版社 1990

渡辺久子『母子臨床と世代間伝達』金剛出版 2000

渡辺弥生 監修『よくわかる発達心理学』ナツメ社 2021

渡辺弥生『子どもの「10 歳の壁」とは何か？～乗りこえるための発達心理学～』光文社新書 2011

Winnicott, D. W. : *The child, the family and the outside world*. Penguin Books. 1964

Y　山上雅子『自閉症児の初期発達～発達臨床的理解と援助～』ミネルヴァ書房 1999

Z　ザメロフ, A, J. &エムディ, R. N. 編 (小此木啓吾 監修)『早期関係性障害』岩崎学術出版 2003

## 白石雅一 しらいし まさかず

埼玉県生まれ。東北福祉大学社会福祉学部福祉心理学科で福祉と心理と教育を学び卒業。日本社会事業大学大学院社会福祉研究科障害福祉専攻修士課程修了。ASDの子どもと大人の福祉施設で児童支援員や生活支援員、心理技術員として働く。厚生省（当時）強度行動障害特別処遇研究の研究協力者を務め、実践研究の成果を多数公表。東海大学健康科学部社会福祉学科助手、仙台白百合女子大学人間学部人間生活学科生活福祉専攻講師、助教授を経て、現在、宮城学院女子大学教育学部教育学科（特別支援教育担当）教授。宮城県発達障害者支援センター「えくぼ」心理相談員、仙台市学校生活支援巡回相談員。NPO法人くもりのち晴れ理事。発達障害の子と親への療育相談の他にペアレント・プログラムや傾聴支援、心理アセスメントの講師、社会福祉事業者へのコンサルテーションを行っている。
介護福祉士、臨床心理士、公認心理師。

主 著：『自閉症とこだわり行動』共著　東京書籍
　　　　『自閉症スペクトラム 親子いっしょの子どもの療育相談室』東京書籍
　　　　『自閉症スペクトラムとこだわり行動への対処法』東京書籍
　　　　『発達障害の子の子育て相談④こだわり行動 理解と対処と生かし方』本の種出版
　　　　『ASDやADHDをもつ人のための 整理整頓おたすけブック』アスペ・エルデの会
　　　　『公認心理師の基礎と実践17 福祉心理学』分担執筆 遠見書房　など

イラスト： エーディーウェーブ 鈴木亜希子
装 幀： 長谷川 理
編 集： 金井亜由美
協 力： 小野寺美華、小池彩恵子、東京出版サービス

# おもちゃ教材で育む人間関係と自閉スペクトラム症の療育

### 親・保育園・幼稚園・学校・児童発達支援・放課後等デイサービスのためのガイド

**2024年1月31日　第1刷発行**

| | |
|---|---|
| 著　者 | 白石雅一 |
| 発行者 | 渡辺能理夫 |
| 発行所 | 東京書籍株式会社 |
| | 東京都北区堀船2-17-1 〒114-8524 |
| | 電話　営業 (03) 5390-7531 ／編集 (03) 5390-7512 |
| 印刷・製本所 | 図書印刷株式会社 |

禁無断転載　乱丁・落丁の場合はお取り替えいたします。
https://www.tokyo-shoseki.co.jp
ISBN 978-4-487-81710-8　C0037　NDC378
Copyright © 2024 by Masakazu Shiraishi
All rights reserved.
Printed in Japan